烟台大学黄海法学文库

普通法系侵权法抗辩事由研究

李红玲——著

PUTONG FAXI QINQUANFA
KANGBIAN SHIYOU YANJIU

法律出版社
LAW PRESS·CHINA
——北京——

图书在版编目（CIP）数据

普通法系侵权法抗辩事由研究／李红玲著. --北京：法律出版社，2024. --（烟台大学黄海法学文库）.
ISBN 978-7-5197-9209-1

Ⅰ. D923.04

中国国家版本馆 CIP 数据核字第 20241SS799 号

普通法系侵权法抗辩事由研究
PUTONG FAXI QINQUANFA KANGBIAN SHIYOU YANJIU

李红玲 著

策划编辑 田亚飞
责任编辑 田亚飞
装帧设计 汪奇峰

出版发行 法律出版社
编辑统筹 法律出版社
责任校对 王 丰 李景美
责任印制 胡晓雅
经　　销 新华书店

开本 710 毫米×1000 毫米 1/16
印张 16.25　**字数** 224 千
版本 2024 年 7 月第 1 版
印次 2024 年 7 月第 1 次印刷
印刷 唐山玺诚印务有限公司

地址:北京市丰台区莲花池西里 7 号(100073)
网址:www.lawpress.com.cn
投稿邮箱:info@lawpress.com.cn
举报盗版邮箱:jbwq@lawpress.com.cn
销售电话:010-83938349
客服电话:010-83938350
咨询电话:010-63939796

书号:ISBN 978-7-5197-9209-1
定价:65.00 元

凡购买本社图书,如有印装错误,我社负责退换。电话:010-83938349

总　序

张卫平*

坐落于胶东半岛黄海之滨的烟台，不仅是我国的历史文化名城、中国最佳魅力城市，也是我国法学研究和法学教育的重镇。作为法学研究和教育的重要基地，烟台大学法学院从1984年创建以来，在法学研究和法学教育这两个方面作出了突出的贡献。在法学研究方面，在老中青三代法学家的共同努力之下，研究业绩亦令学界瞩目。尤其是在民法学研究领域，其一直处于前沿方阵之列，为我国民法学研究的一支重要力量，2016年烟台大学法学院成为中国法学会“民法典研究方阵”理事单位就是其明证。

进入21世纪20年代，齐鲁大地在政治、经济、文化各个方面进入了新的发展时期。烟台大学也迎来了新的机遇，进入发展的高速通道。随之，烟台大学的法学事业也进入了一个崭新的发展阶段。由法律出版社推出的“烟台大学黄海法学文库”研究丛书系列正是烟台大学法学新一轮发展的表征，是烟台大学法学研究发展的必然。

“烟台大学黄海法学文库”作为一个学术展示“平台”，不仅展示了烟台大学法学工作者最新的一批法学研究成果，也体现了烟台大学法学持续发展研究的实力和潜力，必将激励和推动烟台大学法学工作者，尤其是青年教师的科研工作，不断提升其研究品质和

* 烟台大学“黄海学者”特聘教授、清华大学教授、中国法学会常务理事、中国法学会学术委员会委员、中国法学会民事诉讼法学研究会会长。

能力。

即将出版面世的“烟台大学黄海法学文库”丛书在其选题上，无一不是我国法学研究的前沿课题，反映了撰稿人对其相关研究领域中前沿问题把握的学术敏感性。在问题的提出、研究路径的选择、命题的概括及论证、研究方法和资料的运用等方面，均体现了著述人的心智和努力。例如，关涛教授的专著《我国典当法律制度研究》，通过回顾我国典当制度的发展史，结合现代民商法理论，对于典当实务中存在的难点问题进行了系统阐述和论证，并在此基础上，对于我国典当制度的完善提出了建设性意见；于海防教授等的专论《消费者在线权益综合保障机制研究》一书，面向网络消费领域，系统、深入地研究了消费者在线权益保障机制问题，为我国消费者在线权益保障制度的建构和实践提供了有益理论指导；毕潇潇副教授的研究作品《临时禁令制度研究》为我国禁令制度的建构提供了域外制度建构、实践及理论样本，并结合我国的行为保全制度进行了阐述，是为我国相关领域研究的“解渴”之作；陈浩副教授的著作《网络即时通讯记录司法认定问题研究》关注了证据实践中的前沿问题——网络即时通讯记录证据，作者通过对这一问题的深入研究，以破解该类证据实践运用中的困境与难题。在此，笔者不能一一列举丛书中十余种专著的主题和意义，仅提示这套丛书的创新性、前沿性和发展性值得学界和实务界关注。

笔者注意到，这套丛书的作者主体以“80后”的青年教师为主，系清一色的法学博士，是烟台大学法学研究的生力军。他们的研究视野更加开阔，他们更善于吸收先进的理念和方法，思维更加活跃和灵动，研究更富有激情和热情，这无疑为“烟台大学黄海法学文库”的创新性、前沿性和发展性提供了最充分的保障。

烟台大学是我国大学中与大海“最亲密接触”的大学。在校园内，人们就能深深地呼吸到大海的气息，看到浪花的跳跃。因此，我有理由相信，烟台大学法律人也自然具有大海的胸襟和气魄，也敢于在法学研究的“大海”中搏击，在风浪中探索前行，成为我国法学研究新时代的“冲浪者”“弄潮儿”。

“烟台大学黄海法学文库”的推出，正是烟台大学法学在前行中打出的“旗语”！烟台大学法学也将在法学研究的“航程”中不断前行，高歌猛进！

笔者作为烟台大学“黄海学者”特聘教授，受法学院之托，为此书作总序，于我无疑是一件极大的幸事和荣誉，也是一种责任。

2022 年 3 月 11 日于清华园

目　　录

导　　言

一、研究意义

相比于大陆法系侵权法，普通法系侵权法依据侵权行为的类型将抗辩事由划分为故意侵权行为的抗辩事由、过失侵权行为的抗辩事由、严格责任的抗辩事由及名誉侵权的抗辩事由，这对于抗辩事由的体系化及各抗辩事由的适用范围具有重要导向作用。本书立足于美国侵权法，首次系统性地介绍和研究了以美国为代表的普通法系侵权法的抗辩事由，围绕《侵权法重述（第二版）》《侵权法重述（第三版）》对不同侵权行为类型下各类抗辩事由的历史渊源、适用范围、适用规则及发展趋势展开研究，以期为我国《民法典》中侵权抗辩事由的适用提供有益借鉴。

（一）美国侵权法的基本认知

美国作为普通法系的典型代表，侵权法是美国法律的重要分支。很少有法学院不讲授作为基础必修课的契约法和侵权法，并且侵权法得以第三次重述。①

首先，从历史渊源看，侵权法是普通法系的重要分支，而普通法源于英格兰几个世纪以来逐渐发展起来的一套由法院判决组成的实体法。② 英格兰将自己的普通法移植到了殖民地，包括北美。因此，美国侵权法有着英国普通法的“血统”。

其次，美国侵权法属于州法，而非联邦法。因此，美国侵权法具有多元性特征，并非统一的一部法律。1842 年美国联邦最高法院在 Swift

---

① 参见［美］彼得·伯克斯：《民事不法行为的概念》，载［美］戴维·G. 欧文主编：《侵权法的哲学基础》，张金海等译，北京大学出版社 2016 年版，第 32 页。

② 参见［美］小詹姆斯·A. 亨德森等：《美国侵权法实体与程序》，王竹等译，北京大学出版社 2014 年版，第 2 页。

v. Tyson 案[1]中确认一项原则，即由法官创制的如侵权法的法律部门，联邦法院应当独立发展联邦法律规则，而非适用个别州的判例法。可见，美国联邦最高法院希望以此方式逐步创设联邦普通法，然而美国联邦最高法院在 Erie Railroad Co. v. Tompkins 案[2]中放弃了此原则。尽管如此，美国侵权法仍保持着一定限度的统一性，如侵权行为的表面要件（prima facie）基本一致；各州法院都对三次《侵权法重述》给予很高认可并作为判案的参照；各州法院的法官都很认同普罗瑟（Prosser）、基顿（Keeton）、施瓦茨（Schwartz）及多布斯（Dobbs）等著名学者的经典侵权法著作。因此，从某种意义上说，美国侵权法是一部内容丰富且多元化的法律。如学者所言，美国侵权法仍是一部法，在某种程度上，美国侵权法就好像一幅印象派画家的画作：越是近处观察细节，越难把握其整体结构内容。[3]

最后，类型化与一般化的融合是美国侵权法的基本特征。美国侵权法与英国普通法一脉相承，最初由一系列独立的令状组成，尤其是“直接侵害令状”和“间接侵害令状”的区分使类型化成为美国侵权法的重要特征。20 世纪前后，随着过失侵权行为的独立，令状制度走向崩溃，现代侵权行为理论产生，美国侵权法上的侵权行为被划分为故意侵权行为、过失侵权行为和严格责任三种基本类型。与此同时，美国侵权法出现一般化的趋势，即过失侵权行为独立，过失标准逐步一般化，过失侵权由“经案例累积而形成的各种各样未尽合理注意义务的侵权行为的集合”转变为“经由前例例示的所有未尽合理注意义务的侵权行为的集合”。[4] 换言之，过失侵权行为将所有“未尽合理注意义务”的行为纳入其中。甚至可以说，过失统治了大部分的美国侵权法，即使过失

---

① See 16 pet. I，1842. 转引自［德］K. 茨威格特、［德］H. 克茨：《比较法总论》，潘汉典等译，法律出版社 2003 年版，第 371 页。

② See 304 US 64，1938. 转引自［德］K. 茨威格特、［德］H. 克茨：《比较法总论》，潘汉典等译，法律出版社 2003 年版，第 372 页。

③ 参见［德］乌尔里希·马格努斯：《为什么美国侵权法如此不同》，毕潇潇译，载金福海主编：《侵权法的比较与发展》，北京大学出版社 2013 年版，第 108 页。

④ 高鸿钧、程汉大主编：《英美法原论》，北京大学出版社 2013 年版，第 767 页。

不能名正言顺地支持案件判决，它们也经常能通过潜移默化的方式影响案件的判决。[①] 过失责任亦成为美国侵权法的主流责任形式。

（二）研究原因及目的

本书以美国侵权法抗辩事由为研究基点的原因有三：第一，我国学界长期注重侵权构成理论的研究，大多数学者将抗辩事由纳入侵权构成理论，且对抗辩事由的关注相对较少，在一定程度上忽视了抗辩事由的独立性价值。《民法典》“总则编”与“侵权责任编”对抗辩事由进行了一般性规定，为抗辩事由提供了基本的适用原则。然而，一般性规定的方式难以为各类抗辩事由的适用范围提供明确指引。第二，美国作为普通法系的典型代表，在其侵权法中，随着过失侵权行为的产生，现代侵权行为理论的确立，学者们花费很大部分精力研究侵权责任的限制问题，作为限制侵权责任的重要制度——抗辩事由备受关注。侵权行为理论的发展史亦是抗辩事由发展史，抗辩事由的类型、适用范围及适用规则随着侵权行为理论的发展而变化。因此，普通法系侵权法形成了区别于大陆法系侵权法的较为独特的抗辩事由类型体系，即不同类型的侵权行为都附有相应的抗辩事由清单。这种类型体系能够为各类抗辩事由的适用提供明确的指引。第三，我国学界尚未对以美国为代表的普通法系侵权法抗辩事由展开系统、深入的研究，大多只涉及某一类型的抗辩事由。

本书的研究目的是：第一，通过体系性地介绍和研究以美国为代表的普通法系侵权法抗辩事由，研究侵权抗辩事由与表面侵权要件的界限，区分抗辩事由与要件事实中防御事实，进而探索侵权抗辩事由的独立性标准，为未来新型抗辩事由与侵权构成要件事实的分离提供理论基础。第二，从整体上把握普通法系中侵权行为类型划分标准的实用性，分析美国侵权法上不同侵权行为类型下各类抗辩事由的适用规则及发展趋势，为我国《民法典》各类侵权抗辩事由的具体适用提供参考。

---

① 参见［美］丹·B. 多布斯：《侵权法》（上册），马静等译，中国政法大学出版社2014年版，第11页。

二、国内外研究文献综述

（一）国内研究文献

目前我国学界对抗辩事由的研究大多散见于侵权法教材及著作（几乎所有的教材及著作都会介绍抗辩事由），但通常是对抗辩事由的概念、特征、类型及各抗辩事由的构成要件做简单的概述。概括而言，我国学界对于侵权抗辩事由的研究特点呈现为以下几个方面：第一，抗辩事由概念使用不统一。我国法律中的“抗辩”一词是随着清末修律移植的德国法上 Einrede 的日译概念，而侵权法中存在“抗辩事由”“免责事由”“违法阻却事由”三种不同的表述，2009 年《侵权责任法》第三章以“不承担责任和减轻责任的情形”的表述方式描述抗辩事由，《民法典》将各类抗辩事由规定在“侵权责任编”的一般条款中，避免了概念使用的争论。第二，侵权抗辩事由与侵权构成要件关系研究观点不一。[①]这一关系的实质是有效区分抗辩事由与构成要件事实，明确原告、被告的证明责任，直接影响侵权责任的承担。尽管侵权抗辩事由具有独立性，但实践中哪些防御事实属于抗辩事由、哪些防御事实属于构成要件事实的相反事实仍需要更深入的类型化研究，不能以目前已有的类型一概而论。第三，侵权抗辩事由适用规则的系统性研究不够充分。[②] 目前

---

① 冯珏的《论侵权法中的抗辩事由》（2011 年）以侵权抗辩事由与构成要件的关系为中心探讨了侵权抗辩事由的特性，即独立性、派生性与例外性，提出与郭佳宁博士完全相反的观点，并在此基础上主张“如果狭义构成要件涉及复杂的权衡过程，则无法从中派生出具有相对独立性并作为例外构成要件要素的抗辩事由，故否定了外来原因抗辩在过错责任领域的适用”。

② 系统研究侵权法抗辩事由的文献有：李韶华的《美国航空产品责任的抗辩事由研究》（2015 年），其研究了美国航空产品责任中的三大抗辩事由；王倩的《侵权抗辩事由研究》（2015 年）从诉讼法中“抗辩”出发探讨抗辩事由的内涵，并说明其与抗辩权、免责事由、违法性阻却事由等相关概念的区别与联系，同时认为“在我国侵权法的语境中，与抗辩事由相关的构成要件主要是过错与因果关系”，故以过错为例探讨了构成要件与抗辩事由的关系；吉林大学郭佳宁博士论文《侵权责任免责事由研究》（2008 年），该文从“古代—近代—现代”视角对侵权抗辩事由进行较为细致的历史考察，“免责事由并非由构成要件所派生，甚至在一定的历史时期和条件下，免责事由是对侵权责任的唯一限制。免责事由是划分侵权责任类型的判断因素和标准并且免责事由的变迁揭示了侵权法的发展变化”。

学界多集中于各类抗辩事由的独立性研究，不够系统深入，难以综合性分析各类事实的属性，探寻抗辩事由与侵权构成要件的关系规律，划清构成要件事实与抗辩事由事实的边界。第四，学界尚未展开域外侵权抗辩事由的系统性研究。①

（二）国外研究文献

普通法系侵权法最初以侵权令状的方式呈现，这样的传统导致美国侵权法抗辩事由类型的划分标准较为固定，即不同的侵权行为类型存在不同的抗辩事由。即使同一抗辩事由适用于不同的侵权行为类型，其适用规则也大相径庭。通常而言，美国侵权法抗辩事由被划分为故意侵权行为抗辩事由、过失侵权行为抗辩事由和严格责任抗辩事由，外加特殊的名誉侵权抗辩事由。基于此，美国学者研究侵权行为的同时，必然涉及抗辩事由的适用问题研究。尽管涉及侵权法抗辩事由的专门著作并不多见，② 但美国学者非常注重各类侵权行为中具体抗辩事由的研究：首先，几乎所有的美国侵权案例书都会在每类侵权行为类型章节之后，介绍相对应的抗辩事由。③ 其次，学者们对具体抗辩事由类型研究较多，尤其是20世纪以来，过失责任成为美国侵权法的主流责任，过失侵权行为的抗辩事由得到重视。学界对比较过失和风险承担进行了大量研究，相关的学术著作、论文丰富，研究内容主要涉及抗辩事由的历史渊

① 目前相关文献有：张学军的《美国侵权法上 比较过失制度的历史演变及其启示》（2010年），该文梳理了美国比较过失取代与有过失的演变过程；黄立嵘的《论美国侵权法“行为人自担风险”规则——兼论我国侵权责任原则的完善》（2014年），该文只是简单地阐述了美国自担风险抗辩事由的社会依据；李红玲的《美国侵权法上“比较过失”之抗辩事由》（2020年）等。

② See Douglas C. Melcher, *Tort Claims and Defenses in the District of Columbia*, CreateSpace Independent Publishing Platform, 2014.

③ Eg, Arthur Best et al., *Basic Tort Law: Cases, Statutes, and Problems*, Aspen Publishing, 2022; Ward Farnsworth & Mark F. Grady, *Torts: Cases and Questions*, Aspen Publishing, 2019; Victor Schwartz et al., *William Prosser, Wade and Schwartz's Torts, Cases and Materials*, Foundation Press, 2020; John Diamond et al., *Understanding Torts*, Carolina Academic Press, 2023; Dan Dobbs et al., *Torts and Compensation, Personal Accountability and Social Responsibility for Injury, Concise*, West Academic Publishing, 2022; James A. Henderson & Douglas A. Kysar, *The Torts Process*, Aspen Publishing, 2022.

源、适用范围、适用规则（包括美国联邦最高法院及各州法院的态度）及发展趋势。[①]《侵权法重述（第二版）》与《侵权法重述（第三版）》制定过程中，被美国法律研究院推举负责的学者们深入考察各类抗辩事由的已有判例，并试图总结、归纳抗辩事由的发展趋势，其中以比较责任为典型。

三、研究方法和研究思路

（一）研究方法

1. 概念分析法

概念分析是现代法学研究的主要方法之一，通过区分概念和范畴的逻辑结构或本质属性探求真实。[②] 本书研究普通法系侵权法抗辩事由，立足于美国侵权法，探究各类抗辩事由的适用范围、适用规则及发展趋势等问题时，须以明确的概念为研究基础。例如，抗辩事由在两大法系中基本概念的异同，以及各类抗辩事由的概念界定。因此，概念分析方法将是本书的重要方法之一。

2. 实证研究方法

侵权法抗辩事由的关键在于适用，而非其价值的研究。实证研究方法是法学研究极为重要的方法，本书引用了大量的案例进行实证研究，有助于厘清各抗辩事由的适用规则及司法实践立场，几乎每章中的具体抗辩事由都采用了实证研究的方法。

3. 历史分析法

本书对诸如比较过失等具体的抗辩事由类型进行了历史溯源的梳理，各类抗辩事由发展的历史脉络有助于厘清其适用规则的变化，探寻侵权抗辩事由与侵权构成要件事实的界限，进而探索侵权抗辩事由的独立性标准，为未来新型抗辩事由与侵权构成要件事实的分离提供理论基础。

---

① Eg, Victor E. Schwartz, *Comparative Negligence*, The Allen Smith Company, 1974; Michael T. Murdock, *Comparative Negligence*, Ins-Edu Company, 2020, See below in the article.

② 参见邱昭继：《法学研究中的概念分析方法》，载《法律科学（西北政法大学学报）》2008 年第 6 期。

（二）研究思路

本书依照横向、纵向两个层面展开研究：一是横向层面，普通法系侵权法以侵权行为类型为标准将抗辩事由划分为故意侵权行为的抗辩事由、过失侵权行为的抗辩事由和严格责任的抗辩事由三种类型，即使过失侵权行为与严格责任中的抗辩事由有重合之处，但其适用规则存在很大差异。因此，本书遵循侵权行为类型的划分标准，围绕美国侵权法，系统研究普通法系侵权法抗辩事由。同时，诽谤侵权为美国侵权法中的重要内容，本书还将涉及诽谤侵权行为的抗辩事由。二是纵向层面，研究各类抗辩事由在美国侵权法上的历史渊源、适用范围、适用规则及发展趋势。本书主要采用历史研究方法和实证研究方法对各类抗辩事由展开研究，为我国《民法典》中各类侵权抗辩事由的具体适用与研究提供有益的借鉴。

四、本书所要解决的问题、重点难点和结构安排

（一）本书所要解决的问题

本书立足于美国侵权法，全面系统地梳理普通法系侵权法抗辩事由的类型，客观、深入地介绍各类抗辩事由的基本理论、适用规则、司法实践及发展趋势，尝试总结出侵权抗辩事由与侵权构成要件的关系规律，切实厘清侵权构成要件事实与抗辩事由事实的界限，探索侵权抗辩事由独立于构成要件事实的标准，以期为我国《民法典》中侵权抗辩事由的适用与类型体系提供借鉴。

（二）本书研究的重点难点

本书研究的重点是各类侵权抗辩事由的适用范围及适用规则，通过梳理和观察各类抗辩事由的产生过程与发展趋势，总结侵权抗辩事由与侵权构成要件的关系规律，建立侵权抗辩事由的独立性标准，为区分法律事实的属性提供理论基础。

研究的难点包括以下两个方面：一是本书研究的抗辩事由概念本身含义复杂，大陆法系与普通法系存在较大差异，同时各类抗辩事由的概

念亦存在不同之处。例如，大陆法系国家通常将抗辩事由称为“违法阻却事由”，我国亦有“免责事由”的概念。普通法系侵权法存在“defense”“privilege”等多种表达。二是侵权抗辩事由的独立性标准是什么。这一问题是两大法系侵权法都面临的重要疑难问题，具体而言，是指如何从各类抗辩事由的历史发展及适用规则中总结出侵权抗辩事由与侵权构成要件的关系规律，从而判定法律事实归属于构成要件事实还是抗辩事由事实。

（三）本书的结构安排

本书的主要内容除导言和结论外，共分为五章：第一章“侵权法抗辩事由的基本问题”，具体包括侵权法抗辩事由的概念、侵权抗辩事由与侵权构成的关系阐释以及普通法系侵权法抗辩事由类型划分标准与抗辩事由的类型。第二章“普通法系侵权法上故意侵权行为的抗辩事由”，美国侵权法上故意侵权行为源于13世纪的普通法令状，主要包括非法侵犯、殴打威胁、错误拘禁、侵犯动产及土地侵害，针对故意侵权行为的抗辩事由主要有：同意、防卫和紧急避险。第三章“普通法系侵权法上过失侵权行为的抗辩事由”，过失侵权行为的抗辩事由主要是比较过失和风险承担。比较过失逐渐取代共同过失，被分为纯粹比较过失和修正比较过失。纯粹比较过失更受学者和法院的青睐，但多数司法管辖区采纳了修正比较过失。风险承担分为明示风险承担和默示风险承担，逐渐被比较过失吸收，但仍有独立价值。第四章“普通法系侵权法上严格责任的抗辩事由”，严格责任不是绝对责任，比较过失、风险承担逐渐适用于严格责任。比较过失能否适用于严格责任充满争论，越来越多的法院承认了该抗辩事由。风险承担作为严格责任的经典抗辩事由，随着比较过失的适用逐渐受到质疑。严格产品责任作为重要的严格责任类型，除了比较过失、风险承担，还包括产品误用抗辩、技术水平抗辩、免责条款抗辩及法规遵守抗辩。第五章“普通法系侵权法上诽谤侵权的抗辩事由”，诽谤侵权作为普通法系侵权法中名誉侵权的重要部分，不同于传统的三大侵权行为类型而有独特的抗辩事由：真实性抗辩、特权。

第一章　侵权法抗辩事由的基本问题

在侵权抗辩事由的问题上，无论是大陆法系侵权法还是普通法系侵权法都存在不同。在概念使用上，基于侵权构成中“违法性”要件的存在，大陆法系侵权法通常将抗辩事由称为“违法阻却事由”；我国侵权法存在“免责事由”“抗辩事由”“不承担责任和减轻责任的情形”等多种术语的表达；以美国为代表的普通法系侵权法常将抗辩事由笼统地表述为“defense”，同时亦有“privilege”的表达。在类型上，存在不同的划分标准的同时，具体的抗辩事由类型范围、适用规则亦存在较大区别。本章主要解决三个基本问题：一是侵权法抗辩事由的内涵，从抗辩事由的概念发展探寻其内涵；二是阐述侵权抗辩事由与侵权构成理论的关系，为下文合理分析各具体抗辩事由奠定理论基础；三是围绕美国侵权法，介绍普通法系侵权法抗辩事由类型划分标准与抗辩事由的类型。

第一节　侵权法抗辩事由的概念

侵权法抗辩事由概念看似由来已久且意义明确，但事实上其含义模糊，究其原因，主要体现在以下几个方面：一是抗辩领域中抗辩、否认、抗辩权、抗辩事由、否认事实等概念区分复杂；二是各类抗辩事由的内涵没有关联，如正当防卫与紧急避险，两种抗辩事由截然不同，难以从内涵上抽象出统一概念，只能从功能上归纳出抗辩事由的基本概念；三是抗辩事由与构成要件事实混杂，哪些事实属于抗辩事由，哪些事实属于构成要件事实，两者的界限不明确。本节主要采用历史分析方法、比较分析方法解析侵权抗辩事由的基本概念。

一、侵权法抗辩事由的溯源

一项法律制度只有探究其历史才能得以深入理解，故从抗辩事由的概念发展探寻侵权抗辩事由的内涵实属必要。

（一）抗辩事由的起源

归根溯源，抗辩事由源于罗马法中的抗辩，即作为被告的辩护手段，它是法律尤其是裁判官法赋予被告的对抗原告诉权的权利。[①] 罗马法上的抗辩既包括对抗责任构成要件的实体法抗辩，也包括纯粹的诉讼程序抗辩。[②] 笼统地说，抗辩是被告的辩护手段，显然罗马法上的抗辩作为被告对抗原告的防御行为，不同于抗辩事由。

但被告对抗原告的抗辩行为催生了各类具体的抗辩事由，被告据此抗辩，以对抗构成要件中的“不法”。[③] 例如，在《十二表法》中关于杀死盗贼的免责即正当防卫，对于夜间捕捉的盗贼或白天持械反抗的盗贼，在经过高声叫喊以证明捕捉盗贼的合法性后，允许行为人杀死盗贼并免责。[④] 法学家进一步阐释正当防卫免除责任的理由在于当一个人的生命受到威胁时奋力自保是人的本性，以暴力反抗暴力是应被允许的，而对于因防卫过当或错误防卫而造成的损害则属于不法损害，应承担侵权责任。[⑤]

罗马法上侵权法抗辩事由还包括行为能力的欠缺、[⑥] 紧急避险、履

---

① 参见尹腊梅：《民事抗辩的历史、语义与定位》，载《厦门大学法律评论》2007 年第 2 期。

② 参见黄风编著：《罗马法词典》，法律出版社 2002 年版，第 106 ~ 108 页。

③ 此处的“不法”不同于现代侵权法中的“违法性”，罗马法学家将“不法”理解为过错实施的行为，没有过错行为即非不法，责任无从产生。

④ 参见李钧：《古罗马侵权法律制度与现代沿革》，中国政法大学出版社 2015 年版，第 28 页。

⑤ 参见李钧：《古罗马侵权法律制度与现代沿革》，中国政法大学出版社 2015 年版，第 29 页。

⑥ 现代侵权法通常不把行为能力欠缺作为抗辩事由，行为能力欠缺不需要被告证明，作为否认事实而非抗辩事由。

行公职和意外事件。罗马法学家认为，在面临一个严重的损害风险时，行为人可以基于合理的恐惧而损害他人财物避免自身损害。[①] 换言之，罗马法中的紧急避险规则倾向于认为主观心理状态的合理性能够否定过错的存在，从而免除责任。法学家们在涉及体育损害的讨论中，认为超出人们预见或预防范围之外的损害属于偶然，不具有违法性，[②] 这等同于现代侵权法中的意外事件。

此外，罗马法学家还经常提及另一类抗辩事由。该类抗辩事由不否定或者不考虑加害人行为的不法性，而是单纯地介入到损害事实中，并由于其介入而导致行为人或责任人与侵权责任间的联系发生阻断，故被称为中断因果关系的抗辩事由，如风险承担、受害人过错及第三人过错。[③] 例如，在理发师割伤顾客案件中，法学家们支持风险自担（风险承担）的观点，如果受害人因信赖理发师任其将摊位摆放在危险之地并因此受到损害，则受害人只能抱怨自己而不能起诉理发师。[④] 古罗马法学家保罗（Paulus）指出，在一般情况下，若猎人把捕熊或鹿的陷阱设在人们经过的路上且未加警示，则猎人应赔偿受害人的损失，但如果查明原告本可以避免该损害的发生却因个人原因未能避免，则原告无权提起诉讼。[⑤] 也就是说，受害人过错是罗马法中的完全抗辩事由。罗马法中的第三人过错抗辩主要发生在动物损害诉讼中，如果动物导致的损害是完全由第三人恶意引起的，动物就像第三人的工具或行为的延伸，故将第三人过错和损害联系起来并中断了动物主人的责任。[⑥]

---

① 参见李钧：《古罗马侵权法律制度与现代沿革》，中国政法大学出版社 2015 年版，第 29 页。

② 参见李钧：《古罗马侵权法律制度与现代沿革》，中国政法大学出版社 2015 年版，第 29 页。

③ 参见李钧：《古罗马侵权法律制度与现代沿革》，中国政法大学出版社 2015 年版，第 30 页。

④ 参见李钧：《古罗马侵权法律制度与现代沿革》，中国政法大学出版社 2015 年版，第 30 页。

⑤ 参见李钧：《古罗马侵权法律制度与现代沿革》，中国政法大学出版社 2015 年版，第 23 页。

⑥ 参见李钧：《古罗马侵权法律制度与现代沿革》，中国政法大学出版社 2015 年版，第 30 ~ 31 页。

综上所述，罗马法认可抗辩作为被告的防御手段，从而催生出大量零散的抗辩事由，为后世侵权抗辩事由的产生与发展奠定了历史基础，尤其是德国民法对抗辩制度的研究与发展，逐渐形成了现代侵权法上的抗辩制度。

（二）抗辩事由概念的确立

罗马时代的侵权法并不存在抗辩事由的整体概念。随着抗辩制度的发展，19 世纪德国潘德克顿学派在中世纪事实抗辩与法律抗辩分类的基础上，进一步发展了抗辩概念，抗辩被明确划分为实体法抗辩和程序法抗辩。温德沙伊德（Windscheid）通过对罗马法的深入研究，指出了异议答辩（exceptio）的实体法地位，首次提出实体抗辩的概念。[①] 在他看来，异议答辩不仅是针对诉权的防御，也是实体请求权实现的消极前提，他甚至认为程序中不存在抗辩。[②] 换言之，抗辩是实体请求权得以成立的消极要件，这一观点遭到许多学者的质疑。但值得一提的是，温德沙伊德对罗马法中抗辩的理解与现代侵权法上抗辩事由有异曲同工之妙。

德国法上实体法抗辩可分为事实抗辩和抗辩权。事实抗辩包括权利妨碍抗辩和权利消灭抗辩。事实抗辩即抗辩事由，是阻碍请求权成立的构成要素的要件。[③] 抗辩权的概念是 19 世纪下半叶由萨维尼首次提出的。抗辩权属于被告对抗原告的权利，但与其他权利存在本质的不同，即抗辩权是单纯阻却权利的对抗，与否认原告诉求的权利存在明显的区别。[④] 据此，萨维尼使抗辩权从事实抗辩和其他权利状态中独立出来。由此，德国学者明确区分了事实抗辩与抗辩权，抗辩事由的概念得以确立，即权利阻碍的抗辩事由和权利消灭的抗辩事由。

---

① 参见王葆莳：《德国民法典中抗辩概念的发展史》，载《西南政法大学学报》2004 年第 1 期。

② 参见［德］萨维尼：《当代罗马法体系 Ⅰ》，朱虎译，中国法制出版社 2010 年版，第 160 页。

③ 参见［德］迪特尔·施瓦布：《民法导论》，郑冲译，法律出版社 2006 年版，第 163 页。

④ 参见钟淑健：《民事抗辩权及其基本规则研究》，山东大学 2011 年博士学位论文，第 17 页。

而在德国民事诉讼法上，抗辩有两层意义：一是被告否认原告的请求原因；二是对于被告直接对抗原告的请求原因，既承认原告的请求原因事实，同时也主张例外。[①] 也就是说，诉讼法上的抗辩包括了实体法抗辩和程序法抗辩，即诉讼抗辩实际上包含了实体性防御和程序性防御。但问题在于诉讼法本身即程序法，诉讼法上的抗辩包括实体法抗辩在逻辑上是讲不通的。

尽管德国法对于抗辩概念的使用存在混乱，但较为确定的一点是事实抗辩即抗辩事由，是阻碍请求权成立的构成要件的要件。言外之意，侵权抗辩事由是阻碍侵权责任构成要件的要件，即侵权抗辩事由亦为一种事实构成，是对抗侵权构成要件的事实构成。显然，人们将探讨责任构成要件事实成立与否所遇到的阻碍事实定义为抗辩事由。概括言之，人们关注行为人行为原因后，抗辩的观念由此产生，抗辩事由伊始是侵权构成某一或某些要件的一部分，是构成要件的判断事实。

二、我国侵权法抗辩事由的概念

（一）“抗辩事由”概念使用的合理性

我国侵权法中，抗辩事由还存在“免责事由”“违法性阻却事由”的概念。三种概念是否同一意义？在我国法律语境下，很少选择“违法性阻却事由”的概念，[②] 此概念更多地出现在大陆法系国家，如德国、日本。在日本侵权法中，即使侵权人的侵权行为符合《日本民法》第709条规定的成立要件，在满足正当防卫、紧急避险、合法自助行为、社会正当行为、受害人承诺等要件的场合，违法性将受到阻却，不构成侵权行为。[③] 可见，违法性阻却事由是基于其侵权构成要件中“违法

---

① See Leo Rosenberg et al., *Zivilprozessrecht*, Verlag C. H. Beck Muchen, 2004, p. 678 – 681. 转引自王倩：《侵权抗辩事由研究》，湖北人民出版社 2015 年版，第 27 页。

② 我国立法文件中没有使用“违法性阻却事由”的概念，司法实务中也极少使用。在北大法宝上的案例中，以“违法性阻却事由”为检索词，民事案例、刑事案例和行政案例一共只有 10 篇。

③ 参见［日］田山辉明：《日本侵权行为法》，顾祝轩、丁相顺译，北京大学出版社 2011 年版，第 71 ~ 72 页。

性”而言的，与我国侵权法中的抗辩事由或免责事由相同，如张新宝教授在其著作《侵权责任构成要件研究》中使用了“阻却违法事由”的概念，即“行为虽造成他人损害，但依法能够排除行为违法性的法定的客观事实。具有排除行为违法性，抗辩侵权责任构成的作用”。[①] 同时，他认为阻却违法事由对应普通法系侵权法中的“抗辩事由”，抗辩事由是指加害人一方能够用以对抗受害人一方的损害赔偿等请求、减轻或免除侵权责任的各种事由。[②] 因此，他没有使用“抗辩事由”和“免责事由”的概念而是使用了“阻却违法事由”的概念。

就侵权法中“抗辩事由”与“免责事由”两个概念而言，我国学者存在不同的看法。有学者认为它们是同一意义，侵权抗辩事由是针对承担民事责任的请求而提出的，故又称免责或减轻责任的事由。[③] 而很多学者认为抗辩事由不同于免责事由，其理由在于：其一，抗辩事由范围更广。免责事由是指那些因其存在而使侵权责任不成立的法律事实。[④] 侵权抗辩事由是指在侵权诉讼中被告针对原告的请求而提出的任何有关侵权责任不成立或应当减轻或者免除侵权责任的主张或理由。[⑤] 由此，抗辩事由包含了免责事由。其二，免责事由是在侵权构成要件表面满足后，免除行为人责任的法律事实，它往往蕴含了立法者的价值判断，必须由法律明确规定。[⑥] 而抗辩事由不需要法律逐一规定。2009 年《侵权责任法》第三章没有使用“抗辩事由”或“免责事由”的概念，而是使用了“不承担责任或减轻责任的情形”的概念。起草者解释：[⑦] 第一，免责是以责任成立为前提，但在有些情形（如不可抗力）中不存在谁有责任问题。并且除免除责任外还包括减轻责任的情形，使用

① 张新宝：《侵权责任构成要件研究》，法律出版社 2007 年版，第 59 页。
② 参见张新宝：《侵权责任构成要件研究》，法律出版社 2007 年版，第 59 页。
③ 参见马俊驹、余延满：《民法原论》，法律出版社 2005 年版，第 1051 页。
④ 参见程啸：《侵权责任法》，法律出版社 2021 年版，第 351 页。
⑤ 参见程啸：《侵权责任法》，法律出版社 2021 年版，第 352 页。
⑥ 参见程啸：《侵权责任法》，法律出版社 2021 年版，第 352 页。
⑦ 参见王胜明主编：《中华人民共和国侵权责任法解读》，中国法制出版社 2010 年版，第 114 页。

“免责事由”不够准确。第二，使用“抗辩事由”作为章名，范围宽泛，无法一一列举。且此概念过于专业，不能为人民群众所理解。颇为遗憾的是，《民法典》“侵权责任编”亦没有使用“抗辩事由”的表达，而是在“一般规定”中规定了各类型的抗辩事由。

目前，在众多的学者著作中没有任何一位学者将 2009 年《侵权责任法》第三章规定的事由划分为抗辩事由或免责事由，即使是认为两个概念不相同的学者也只会选择一个概念容纳法律规定的正当防卫、紧急避险、不可抗力等事由。因此，即使有学者认为两个概念不同但实际上仍将其作为一个概念使用。然而法律上同一意义的两个概念的命运必将是一个概念为另一个概念所取代或两个概念被新的概念取代，如美国侵权法上的“comparative negligence”（比较过失）取代了“contributory negligence”（共同过失）。在短期内不会产生新的概念情况下，抗辩事由与免责事由，哪个更为准确、合理？笔者建议以抗辩事由取代免责事由。其原因在于：其一，“免责事由”从文义上容易让人误解为侵权责任成立后因故免除责任，且表达较为随意。事实上，有一些事由（如第三人行为）会直接导致侵权责任的构成要件欠缺而无法成立责任，何谈责任的免除？其二，免责只是被告的诉讼追求，免责事由并不一定免责，但“抗辩事由”的概念表达和证明责任制度更契合，更能显示诉讼的特征。在侵权诉讼中，原告为获得赔偿须提供初步证据（要件事实）以证明被告的行为构成侵权，被告则为自己责任的不成立或责任的减轻提出抗辩意见。在这一过程中，支持被告抗辩意见的事实就是侵权构成要件事实的阻碍因素或抗辩事由，责任的免除仅仅是被告追求的结果。用免责事由表达支持被告抗辩意见的事实，可能会混淆侵权构成要件事实与阻碍事实的界限，也就是说，免责事由只是判断侵权构成要件事实真伪的阻碍因素。以此逻辑，免责事由就是侵权构成要件事实，侵权构成要件事实就是免责事由，容易造成诉讼中双方证明责任的模糊。

综上所述，“违法性阻却事由”的概念是大陆法系国家基于阻却事由对侵权构成中“违法性”要件的阻却而被使用；“免责事由”的表达较为随意且其文义容易引发歧义，更为重要的是诉讼中免责事由与构成要件事实难以区分，进而影响侵权构成理论的自洽；“抗辩事由”的概念表达更专业，且更能显示诉讼的特征，与证明责任制度更契合。因此，我国民法选择“抗辩事由”的表述更为妥当。

（二）我国侵权抗辩事由概念的立法与司法阐释

我国民事实体法学界通常将侵权抗辩事由定义为：在侵权诉讼中被告针对原告的请求而提出的任何有关侵权责任不成立或应当减轻或者免除侵权责任的主张或理由。① 简言之，侵权抗辩事由是被告提出的导致原告请求不成立或成立但责任减损的一切事实。从概念表述看，实体法学界显然是从诉讼角度阐释侵权抗辩事由的，然而此种理解导致与诉讼中的“抗辩理由”无法区别，同时也将诉讼中的否认事实纳入抗辩事由体系中，否认事实可能仅仅是构成要件事实的阻碍因素，并非独立事实，用否认事实说明构成要件事实的不成立或不存在，如侵权行为者另有其人的事实从根本上否认被告违法行为的存在，但其却非抗辩事由，仅仅是对违法行为存在的直接否认。

1. 立法中“抗辩事由”与“抗辩”、“抗辩理由”的理解

“抗辩事由”的概念与“抗辩”的概念息息相关，有必要对立法文件中出现的“抗辩”予以剖析。1986 年的《民法通则》和 1991 年的《民事诉讼法》② 都没有出现“抗辩”一词。1995 年发布的《票据法》③ 直接使用了“抗辩”一词并规定“本法所称抗辩，是指票据债务人根据本法规定对票据债权人拒绝履行义务的行为”。《民法典》第 192 条亦提到“抗辩”一词：“诉讼时效期间届满的，义务人可以提出不履行义务的抗辩。”可见，抗辩的内涵是负有义务的义务人（责任人）基于某一或某些事实提出不履行义务或不承担责任的行为。正如有学者认为，抗辩系承认他人主张之事实，但提出另一事实，足以使他人主张之

① 参见程啸：《侵权责任法》，法律出版社 2021 年版，第 352 页。

② 之后的历次修正中亦没有出现“抗辩”一词。

③ 该法于 2004 年修正。

事实应生之法律上效果不发生或消灭。[①] 换言之，抗辩是被告认可原告主张的前提下，提出新的事实致使责任不成立或责任减轻、免除的诉讼行为。这与诉讼中的否认并不相同：抗辩行为在承认请求原因事实客观存在的前提下，排斥请求原因事实发生的法律效果；而否认直接排斥请求原因事实本身。[②]

那么，被告因抗辩行为而提出的事实理由就是抗辩事由吗？我国现有立法文件极少将“抗辩”与“抗辩事由”两个概念联系起来，唯有2020年修正的最高人民法院《关于适用〈中华人民共和国民事诉讼法〉的解释》第219条规定：“当事人超过诉讼时效期间起诉的，人民法院应予受理。受理后对方当事人提出诉讼时效抗辩，人民法院经审理认为抗辩事由成立的，判决驳回原告的诉讼请求。”这一规定似乎是“抗辩”与“抗辩事由”的首次同框，但这仅说明抗辩事由是被告抗辩行为的事实理由之一，并不能将抗辩行为的事实理由直接描述为抗辩事由。

“抗辩事由”一词出现在我国立法文件中的时间较晚、频率较低。1992年发布的《海商法》第58条使用了“抗辩理由”一词，[③] 且没有给出明确的定义，但通过语境，此“抗辩理由”指的是“抗辩事由”，即该法第51条[④]规定的承运人不承担赔偿责任的原因。2020年修正的

---

① 参见杨建华原著：《民事诉讼法要论》，郑杰夫增订，北京大学出版社2013年版，第159页。

② 参见袁琳：《证明责任视角下的抗辩与否认界别》，载《现代法学》2016年第6期。

③ 《海商法》第58条第1款规定：“就海上货物运输合同所涉及的货物灭失、损坏或者迟延交付对承运人提起的任何诉讼，不论海事请求人是否合同的一方，也不论是根据合同或者是根据侵权行为提起的，均适用本章关于承运人的抗辩理由和限制赔偿责任的规定。”

④ 《海商法》第51条规定：“在责任期间货物发生的灭失或者损坏是由于下列原因之一造成的，承运人不负赔偿责任：（一）船长、船员、引航员或者承运人的其他受雇人在驾驶船舶或者管理船舶中的过失；（二）火灾，但是由于承运人本人的过失所造成的除外；（三）天灾，海上或者其他可航水域的危险或者意外事故；（四）战争或者武装冲突；（五）政府或者主管部门的行为、检疫限制或者司法扣押；（六）罢工、停工或者劳动受到限制；（七）在海上救助或者企图救助人命或者财产；（八）托运人、货物所有人或者他们的代理人的行为；（九）货物的自然特性或者固有缺陷；（十）货物包装不良或者标志欠缺、不清；（十一）经谨慎处理仍未发现的船舶潜在缺陷；（十二）非由于承运人或者承运人的受雇人、代理人的过失造成的其他原因。承运人依照前款规定免除赔偿责任的，除第（二）项规定的原因外，应当负举证责任。”

最高人民法院《关于审理医疗损害责任纠纷案件适用法律若干问题的解释》第4条第3款[①]直接使用了“抗辩事由”的概念，将《民法典》第1224条规定的医疗机构不承担赔偿责任的三种情形表述为“抗辩事由”。由此，立法中的“抗辩事由”被简单地理解为“被告不履行义务或不承担赔偿责任的事实和理由”，但这一理解与我国立法规定的各类抗辩事由并不一致。例如，《民法典》明确规定的抗辩事由有：正当防卫、紧急避险、自助行为、受害人同意、不可抗力、意外事件、受害人过错、第三人行为、风险承担。这些抗辩事由被学者划分为正当理由和外来原因。正当理由是针对侵权构成中“违法性”要件（或过错要件）的阻碍事实；外来原因则是针对侵权构成中“因果关系”要件的阻碍事实。可见，抗辩事由是诉讼中被告得以主张不履行义务或不承担赔偿责任的一系列独立的阻碍要件事实的相斥事实，并不能被简单地理解为“不履行义务或不承担责任的事实和理由”。

2. 司法实践中“抗辩事由”与“抗辩理由”的理解

在司法层面，“抗辩”一词在裁判文书中反复出现，法院对“抗辩事由”“抗辩理由”概念的使用也很常见。[②]“抗辩事由”与“抗辩理由”表面上都是被告为其自身抗辩行为提出的事实和理由，两个概念有何不同？总体而言，法院通常将法律明确规定的“不承担责任或免除、减轻责任的情形”表述为“抗辩事由”，而将被告提出的旨在责任不成立或责任免除、减轻的，除法定情形外的事实和原因表述为“抗辩理由”，两个概念似乎只是“名分”的区别。例如，在孔某荣、汤某民等与邳州市铁富镇中心卫生院、邳州市安康医院医疗损害责任纠纷案[③]中，法院认为：“……医疗机构主张不承担责任的，应当就侵权责任法

---

① 最高人民法院《关于审理医疗损害责任纠纷案件适用法律若干问题的解释》第4条第3款规定：“医疗机构主张不承担责任的，应当就民法典第一千二百二十四条第一款规定情形等抗辩事由承担举证证明责任。”

② 在北大法宝上的案例中，分别以“抗辩事由”“抗辩理由”为检索词，民事案例的数量都达以万计。这说明在民事诉讼中，被告为抗辩行为提出的事实和理由通常被表述为“抗辩理由”“抗辩事由”。

③ 江苏省徐州市中级人民法院民事判决书，（2020）苏03民终5721号。

第六十条第一款[①]规定情形等抗辩事由承担举证证明责任。”此处的“抗辩事由”是指法律明确规定的不承担责任的情形。而在孙某山诉南京欧尚超市有限公司江宁店买卖合同纠纷案[②]中，法院认为：“……孙某山实施了购买商品的行为，且孙某山并未将所购香肠用于再次销售经营，欧尚超市江宁店也未提供证据证明其购买商品是为了生产经营。……因此欧尚超市江宁店认为孙某山‘买假索赔’不是消费者的抗辩理由不能成立。”该案中，法院将“孙某山不是消费者”表述为欧尚超市江宁店的“抗辩理由”而非“抗辩事由”。

那么“抗辩事由”与“抗辩理由”的区别仅仅是法律规定的有无吗？答案并非如此。2015 年最高人民法院《关于当前商事审判工作中的若干具体问题》在“关于证券投资类金融纠纷案件的审理问题”中提到，对卖方机构违反“适当性”义务的损失赔偿，立法例上普遍采用损失填补原则赔偿金融消费者因此所受的实际损失。在卖方机构未尽“适当性”义务的情况下，除金融消费者故意提供虚假信息这一抗辩事由外，如果根据投资者的既往投资经验、受教育程度等事实，卖方机构能够证明“适当性”义务的违反并未影响投资者的自主决定的，也应当认定免责抗辩事由成立，由金融消费者自负投资风险。也就是说，在投资类金融纠纷中，除已被认可的抗辩事由“金融消费者故意提供虚假信息”外，司法实践总结出了卖方机构的另一种抗辩事由：卖方机构违反“适当性”义务的行为不影响投资者的自主决定。卖方机构“适当性”义务的履行是原告（投资者）损害赔偿请求权发生的要件事实，而“卖方机构违反‘适当性’义务的行为不影响投资者的自主决定”这一抗辩事由对该要件事实予以否定。可见，这一抗辩事由是被告认可原告主张的要件事实的前提下提出的阻碍要件事实的新的独立的相斥事实。诚如冯珏博士所言：“相对于原告主张而被告防御的法律后果而言，

---

① 现为《民法典》第 1224 条第 1 款。

② 孙某山诉南京欧尚超市有限公司江宁店买卖合同纠纷案，最高人民法院指导性案例 23 号（2014 年）。

抗辩事由显然属于事实构成的范畴。”① 而“抗辩理由”的范围更加广泛，主要是指否认事实或侵权构成要件事实的判断因素，如上述孙某山案的核心问题在于消费者购买不符合食品安全标准的食品是否有权要求销售者或者生产者依法支付价款10倍赔偿金，被告（欧尚超市江宁店）以“原告非消费者”进行抗辩，实质是对构成要件中“消费者”的理解提出了异议，直接否定了原告的消费者资格而非在认可原告主张的前提下提出的相反事实。可见，“抗辩理由”与“抗辩事由”都是被告进行抗辩的事实和理由，但并非必然是由独立的事实构成，而可能仅仅是构成要件事实的阻碍因素。尽管“抗辩事由”与“抗辩理由”都可能导致责任的不成立或责任的免除、减轻，但两者存在很大不同：抗辩事由是被告在认可原告主张的基础上提出的阻碍要件事实法律效果的独立相斥事实；抗辩理由概念笼统，并非专业名词，泛指被告提出的阻碍原告主张的要件事实的非独立事实或者直接否认原告主张的否认事实。

综上所述，侵权抗辩事由不能被笼统地理解为被告提出的导致原告请求不成立或成立却责任减损的一切事实。这一理解将抗辩理由、否认事实都涵摄在内，与抗辩事由的本质不符。侵权抗辩事由的真正内涵是被告为了证明侵权责任不成立或侵权责任的免除、减轻而提出的阻碍侵权构成要件事实法律效果的新的独立相斥事实，为抗辩行为提供依据。鉴于此，抗辩事由体系应当是开放的，除法律明确规定的类型外，能够致使请求权不能成立或免除、减轻责任的阻碍构成要件事实的独立相斥事实亦可被认定为抗辩事由。

三、普通法系侵权法上抗辩事由的概念

相比于大陆法系中的抗辩，普通法中的抗辩概念并不区分抗辩权和抗辩。但普通法上的抗辩制度较为特殊，并且它的发展情形到现在为止

---

① 冯珏：《论侵权法中的抗辩事由》，载《法律科学（西北政法大学学报）》2011年第4期。

仍不清楚。[1] 普通法系中关于抗辩的表达有“objection”和“defense”。“objection”指程序法的抗辩。本书研究实体法上的抗辩事由，不对该概念作出探讨。

作为实体法上的“defense”指对民事诉求或刑事指控的事实否认，被告在答辩或辩论中提出的 defense 是证明原告或公诉人主张被告承担责任理由不正确或不可用的事由。defense 有三层含义：一是一般抗辩，如一般的否认（denial），只能说明原告所说的并不充分或不能完全证明该案件；二是一些特别抗辩的形式，一旦提出，必须由原告驳斥；三是积极抗辩（affirmative defense），被告可能有充分证据证明其主张，原告必须驳倒才能胜诉。[2] 其中，积极抗辩并非来自原告陈述的矛盾事实，它是驳回原告起诉的理由，不是对申诉中提出的事实的抗辩，而是基于新的事实或法律抗辩以阻却原告的诉求。[3] 早在 19 世纪末 20 世纪初，美国大法官盖诺（Gaynor）认为，否认不仅是不重要、不相关的，而且还会引起歧义和混淆，破坏适当有序的抗辩规则，故任何种类的否认都不能在积极抗辩中占据适当的位置。[4] 可见，“否认”与“积极抗辩”是截然不同的两个概念。简单地说，积极抗辩提出了新的事实，即假设请愿书中的主张（指控）是真实的，这一新的事实构成对该诉讼的抗辩，并依据案情阻却原告的诉讼主张。[5] 而否认则无须提出新事实。可见，普通法系侵权法中也存在“否认”与“积极抗辩”的区分，defense 包含了“否认”和“积极抗辩”两种含义，而这两种含义与大陆法系中的否认与抗辩之区分并无不同。

事实上，狭义的 defense 不同于否认，仅仅指积极抗辩。有美国学

---

① 参见［美］阿瑟·库恩：《英美法原理》，陈朝璧译注，法律出版社 2002 年版，第 53 页。

② The Wolters Kluwer Bouvier Law Dictionary（Desk ed. Vol. 1），Stephen Michael Sheppard（General editor），2012，p. 776.

③ The Wolters Kluwer Bouvier Law Dictionary（Desk ed. Vol. 1），Stephen Michael Sheppard（General editor），2012，p. 777.

④ “Denials in Affirmative Defenses—Demurrers and Motions to Strike out”，Bench and Bar 4，no. 2（February 15，1906），p. 46－48.

⑤ Alexander v. Cornett，961 So. 2d 622，628（La. Ct. App. 2007）.

者在描述 defense 时指出：当原告起诉被告时，原告必须确切地证明被告引起的损害和原告有权利获得来自被告的赔偿。被告则提出他对原告的损害无责任，无须对原告承担赔偿责任。这只是简单的否认（denial）。但是，被告可以提出抗辩事由（defense），抗辩事由可以减轻或者完全消除责任。一些抗辩事由被认为是绝对抗辩事由或完全抗辩事由，意味着如果陪审团或法官相信此抗辩事由，则被告将对原告不承担责任。很多抗辩事由被创造以减缓被告的责任。在民法中，这些抗辩事由通常使用“是—但是”（I did，but）的表达方式。[①] 由此，狭义的 defense 并不包含否认（denial），仅仅指抗辩事由。尽管美国侵权法并不注重研究 defense 概念本身，但仍然在诉讼中区分单纯的否认与抗辩，这与大陆法系侵权法中否认与抗辩的区分有异曲同工之妙。

综上所述，无论是大陆法系还是普通法系，尽管抗辩事由存在不同的称谓、不同的类型、不同的适用范围等，但两大法系都不约而同地区分否认与抗辩：否认与抗辩的不同在于是否需要提出新事实。抗辩事由应当是被告认可原告主张的前提下提出的阻却原告主张的新事实。

第二节　侵权抗辩事由与侵权构成的关系阐释

长期以来，侵权构成要件一直是学界研究的重点，但关于侵权抗辩事由与侵权构成要件理论的关系问题，一直没有引起充分的重视。实际上，此问题直接影响到侵权责任的认定与承担。“整部侵权责任法从不同的角度回答侵权是否构成和责任如何承担的问题。”[②] “不同的角度”无疑包括原告角度和被告角度，从原告角度解决侵权构成问题，从被告角度回应责任承担问题，侵权责任的实质是原告为自身权益而主张的侵

① See Neal R. Bewans, *Tort Law for Paralegals*, Wolters Kluwer Law & Business, 2013, p. 77.

② 全国人大常委会法制工作委员会民法室编著：《中华人民共和国侵权责任法解读》，中国法制出版社 2010 年版，第 1 页。

权构成与被告因“对抗性利益”提出的侵权抗辩事由的最终博弈。《民法典》首次全面规定了抗辩事由的具体类型，其“侵权责任编”删除了2019年《侵权责任法》第三章“不承担责任和减轻责任的情形”，将抗辩事由统一纳入“一般规定”。但《民法典》没有对抗辩事由的体系地位如何、抗辩事由的类型是否只能法定、各具体抗辩事由的适用范围与条件如何等问题进行回应。而这些问题都集中于一个关键问题：侵权抗辩事由与侵权构成存在何种关系？具体而言，哪些事实属于侵权构成要件事实，哪些事实可以被纳入抗辩事由的范畴，厘清诉讼双方的证明责任，明确各类抗辩事由在不同侵权行为类型中的适用前提与适用范围。例如，在堆放物因第三人行为而倒塌致损的情形中，依据《民法典》第1255条，堆放物倒塌致损责任采用过错推定原则，被告只要证明自己没有过错就无须承担责任。被告提出因第三人行为而导致原告受损以证明自己无过错，此时第三人行为是抗辩事由还是侵权构成之过错要件？一方面，被告以第三人行为这一事实证明自己没有过错，使侵权构成中的过错推定不能成立，此时第三人行为这一事实作为过错要件的判断事实，或者说第三人行为是过错要件的阻碍因素，当然属于侵权构成的事实涵摄范围。另一方面，依据《民法典》第1175条，第三人行为属于法定的侵权抗辩事由。当第三人行为作为构成要件事实时，原告承担证明责任；当第三人行为属于抗辩事由时，被告承担证明责任。可见，堆放物因第三人行为倒塌致害情形下，不可忽视的关键问题是，第三人的行为属于构成要件事实还是抗辩事由事实。

一、侵权构成的本质

在回答侵权抗辩事由与侵权构成要件的关系前，须厘清一个问题：何为侵权构成？我国学者对于侵权构成是“侵权责任构成”还是“侵权行为构成”存在争议。笔者认为侵权构成理论作为一项法律技术，目的是体现原告请求权成立的最大可能性，法官据此综合考量各种因素分析行为人（被告）的侵权行为，最终判断侵权责任的成立与承担。侵权构成理论着眼于侵权行为，落脚于责任，但其仅能够体现出原告请求期待的最大可能性，并不指向被告侵权责任的确定性，而侵权责任是否成立及如何承担仍需法官的综合判断，故侵权构成被理解为“侵权行为构成”更妥。

侵权构成理论的意义在于赋予原告一件武器，使原告据以起诉的请求是正当的：满足侵权构成要件，则行为人具备承担侵权责任的最大可能性；欠缺任一侵权构成要件时，侵权责任不成立。由此，侵权构成理论能够证明侵权责任成立的最大可能性，亦可表明侵权责任的不成立。行为人（被告）可通过对侵权构成要件事实的否认，说明责任的不成立，否认侵权构成要件事实的事由是要件事实中的考量因素，或者说否认的事由本身就是侵权构成要件事实，显然无法被解释为抗辩事由。换言之，侵权构成实际上是原告起诉需要初步证明的要件事实集合，而侵权抗辩事由则是被告提出的对抗原告侵权构成某一要件或某些要件事实的新的相斥事实，以否定或限制侵权构成中的某一或多个要件，实现免除或减轻自身责任的目的。因此，侵权责任的最终承担需满足两个条件：原告请求权的成立和被告主张的抗辩事由不成立或不存在，这是学界提出广义的侵权构成论的基本逻辑所在。但这一理解实际是对已经证成的侵权责任所满足条件的归纳，无疑是一种经过法律价值判断的结果，本质上已成既定事实。但侵权责任的认定并非一个既定事实，而是法官依据法律及事实进行价值判断的结果，在这一过程中，真正需要价值判断的恰恰是原告主张的侵权构成和被告提出的抗辩事由。法官需要将构成要件与抗辩事由进行综合衡量，理论上区分两者的意义对于最终责任而言似无差别，然而对诉讼中的原告与被告却截然不同：侵权构成要件事实由原告证明，而抗辩事由则由被告证明。因此，将侵权构成与抗辩事由统一纳入广义的侵权构成理论是无法自洽的。同时，广义的侵权构成理论对于侵权责任的认定与承担并无实际价值，更不能回应侵权抗辩事由与侵权构成关系的本质问题，故笔者反对将侵权构成作广义理解，只能从狭义的角度理解侵权构成。

二、大陆法系侵权法抗辩事由与侵权构成的关系考察

在大陆法系侵权法中，抗辩事由即谓“违法性阻却事由”，言外之

意，抗辩事由作为阻却侵权构成中“违法性”要件的事实和理由，被置于“违法性”要件中。基于此，抗辩事由被视为侵权构成要件的组成部分，不具有独立性。但问题在于抗辩事由能否被违法性要件所涵盖。在德国民法上，违法性的概念由耶林[①]提出并引起学者的争议。目前，学者关于违法性的观点主要有两种学说，即“结果不法说”和“行为不法说”。

结果不法说认为，只要行为人侵害法律上保护之利益，除非行为人之行为具有阻却违法事由，否则不法。[②] 换言之，行为人的行为是否具有违法性取决于行为损害结果，只有存在阻却违法性事由时，违法性要件才可能被阻断。但需要注意的是，阻却违法性事由必须由被告提供证明责任，而不需要原告提供证据。也就是说，原告只要证明侵权构成中的其他要件，则违法性要件即当然成立。这意味着违法性要件的判断标准被客观化，只要行为造成受法律保护的法益受损即符合违法性要件。以此逻辑，阻断违法性要件的阻碍事实——抗辩事由在事实上不属于“违法性”要件的构成部分，而是独立于违法性要件之外的事实构成。换言之，结果不法说下的违法性要件在事实上无法涵摄抗辩事由。

行为不法说认为，行为人之不法应取决于行为人之行为违反法律强制或禁止规范。行为人欠缺法规范上、社会上期待之注意义务，构成违法。[③] 因此，行为人侵犯他人权益未必构成违法。也就是说，行为人行为必须违反任何人所应负担之一般性、避免他人发生损害之注意义务，始成立违法性。[④] 行为不法说判断“不法”的标准是行为人对注意义务的违反，这与结果不法说截然不同。《德国民法典》第 823 条采纳了行为不法说的观点，行为人的行为侵害该条所列举的权益构成不法，但该条特别使用了“不法侵害”，可见仅是侵害权益未必不法。德国法院采

---

① 耶林在其 1867 年所作的《罗马法上的过错因素》一文中将 19 世纪以来民事和刑事责任立足于过错行为的个人可归责性予以修正。他认为，私法中的过错行为在主观可归责外，区分客观不法的概念，将违法性与过失并列。

② 参见陈聪富：《侵权违法性与损害赔偿》，北京大学出版社 2012 年版，第 8 页。

③ 参见陈聪富：《侵权违法性与损害赔偿》，北京大学出版社 2012 年版，第 9 页。

④ 参见陈聪富：《侵权违法性与损害赔偿》，北京大学出版社 2012 年版，第 9 页。

取行为不法说之代表案例是德国联邦最高法院 BGHZ24，21（1957）案。[①] 该案原告搭乘铁路电车时，被告司机在其即将上车之际开动电车，致使原告跌倒且其右脚被轧断。原告主张被告司机及其站员有过失，电车公司负连带责任。被告司机抗辩：站员已经给予开车信号，司机按照信号开车并无不法，且原告突然跳上车。司机在紧急信号后立即停车，符合相关交通法令规定。法院认为，在交通意外事故中，必须行为人之行为具有违法性，单纯行为结果并非当然发生赔偿责任。可见，法官在实务中寻求行为正当性的界限，行为不法说中的违法性要件需要一种积极认定，而非必须存在阻却违法的事由。也就是说，行为不法说中违法性要件的判断标准是行为人是否违反其注意义务，而非阻却违法事由的存在。BGHZ24，21（1957）案中的被告司机在违法性要件问题上，提出其已经履行了开车的注意义务这一客观事实，证明其开车行为具有正当性而非违法。“履行注意义务”这一客观事实就是违法性要件事实本身，而非阻却违法的抗辩事由。行为不法说下的违法性要件不能涵摄阻却违法事由，因此阻却违法性事由（抗辩事由）在事实上区别于违法性要件事实本身，不能成为其组成部分。

综上所述，从表面上看，大陆法系侵权法承继了罗马法抗辩理念，试图构建完整的侵权构成理论，将抗辩事由纳入侵权构成体系，使之成为违法性要件的组成部分。但实质上，侵权构成并不能涵摄抗辩事由，尽管抗辩事由是阻却违法性要件的事实，但此事实完全独立于违法性要件，是违法性要件事实外的相反事实。因此，大陆法系国家将抗辩事由命名为“阻却违法事由”，并视之为侵权构成违法性要件的一部分，这实际上是违背事实的。因此，属种关系论下的侵权抗辩事由在体系上被置于侵权构成要件之内，但事实上不能被侵权构成要件涵摄而是独立的事实构成。侵权抗辩事由与侵权构成属种论的实质是两者相互独立互斥，侵权构成不能涵摄侵权抗辩事由，故属种关系论下的侵权抗辩事由具有独立性、互斥性。

---

① 参见陈聪富：《侵权违法性与损害赔偿》，北京大学出版社 2012 年版，第 11 页。

三、美国侵权法抗辩事由与侵权构成关系考察

（一）美国侵权构成理论：表面侵权理论

事实上，美国学者对于英美法中是否存在一般侵权行为存在争论。鉴于侵权令状制度的产生与发展，各种传统的侵权行为发展相对独立，本质上是不同的侵权行为形式。作为一般术语的“侵权”并无定义，不存在一般侵权行为的概念。尽管因历史和语义的原因，仍有学者坚持认为，一般的侵权行为概念是一个有用的法律概念，并且从更宽泛的意义界定行为形式及从中产生的诉讼严密规则，伴随普通法的发展，特别是侵权法作为社会政策的“调整器”，并非无所不在。[①] 例如，英国学者波洛克（Pollock）承认侵权行为的一般概念，他将“tort”表述为“涵摄各类责任规则的集合名称，尽管它们的主题范围广泛且各不相同，但具有某些广泛的共同特征，受同一法律程序执行及限制”。他指出，这一概念建立在一般义务基础上，尽管该种义务的确切范围依据不同的案件有所不同，但不影响原则的一般性。[②] 另有学者不承认“tort”能够被“逻辑而精确”地定义，但概念是法律思维中的最高类别而非此类别的不存在，因此除较为容易定义的特殊侵权行为外，该术语也可用于其他“一般的非法行为，包括未分类的行为（指传统特殊侵权行为以外的行为）及具体可定义的非法行为”。[③] 法院基于“有权利即有救济”的观念亦接受了一般侵权行为的观点。[④]

普通法系中对应一般侵权行为的概念是“表面侵权”（或表面案件、初步证据），术语表达为“prima facie tort”。19 世纪末期，英国法

---

① Harper and James, *The Law of Torts*, Aspen Law & Business Publishers, 1995, Introduction.

② Pollock on the Law of Torts § 3 (15th ed). quote: American Law Reports: *Comment note: Prima Facie Tort*, 16 A. L. R. 3d 1191 (Originally published in 1967).

③ Thomas Atkins Street, *in The Foundations of Legal Liability*, Kessinger Publishing LLC., Volume 1, 2008, Introduction.

④ American Law Reports: "Comment note: Prima Facie Tort", 16 A. L. R. 3d 1191 (Originally published in 1967).

官伯恩（Bowen）在审理 Mogul Steamship Co. v. McGregor，Gow& Co. 案[①]时认为：故意导致的可以正常计算的损害，并且事实上在另一人的财产或交易中损害了他人，如果没有正当理由或借口，则该行为可诉。这被理解为对表面侵权的经典式描述。英国学者波洛克以此判决为基础，试图创造侵权法的一般理论。他认为，没有权威的证据证明“没有正当理由或借口故意损害他人行为是非法行为”是英国法律的一般理论，但之后继续假设这一侵权责任理论则应当是法律的一般理论。[②] 而萨尔蒙德（Salmond）对于波洛克的观点提出不同意见。他指出：“侵权法是否包括一项基本的一般理论，即在没有某些具体理由或借口的情况下对他人造成伤害是不法行为，或是由一些禁止某些种类的非法活动的具体规则组成，并将其他所有行为置于法律责任范围之外？这些替代办法中的第二种是我们的法律所接受的。正如刑法包括一系列规定具体罪行的规则一样，侵权法由一系列规定具体伤害的规则组成。在一个案件中和在另一个案件中都没有任何一般责任原则。无论我因指称的罪行被起诉，还是因指称的侵权行为而被起诉，我的对手都应证明这种情况属于某种具体的既定责任规则，而不是为了通过证明自己有某些具体和既定的理由或借口规则。”[③] 英国学者拒绝了波洛克的侵权责任一般理论。例如，朗顿（Landon）指出，上议院已经拒绝了侵权责任的一般理论，尽管波洛克倡导责任一般理论，但原告不能通过证明不合理的损害证实诉因，他必须证明侵权而非学术定理。[④] 而回顾英国先例，英国普通法没有任何依据可以证明表面侵权。Mayor of Bradford v. Pickles 案[⑤]直接违反了表面侵权原则。此案中，被告试图强迫原告以他的价格

① 23 Q. B. D. 598，613（1889），aff'd，A. C. 25（1892）.

② F. Pollack，Law of Torts § 21（1st. 1887）. quote：American Law Reports：“Comment note：Prima Facie Tort”，16 A. L. R. 3d 1191（Originally published in 1967）.

③ J. Salmond，Law of Torts § 9（6th ed. 1924）. quote：American Law Reports：“Comment note：Prima Facie Tort”，16 A. L. R. 3d 1191（Originally published in 1967）.

④ See F. Pollack，Law of Torts § 45（P. A. Landon rev. ed. 1951）. quote：American Law Reports：“Comment note：Prima Facie Tort”，16 A. L. R. 3d 1191（Originally published in 1967）.

⑤ See App. Cas. 587（1895）.

买下他的土地，转移他的土地上的地下水，以防止它流入原告的水库。原告认为被告应对其损害负责，因为他的行为是有恶意的。上议院拒绝了这一理论，即“不使用财产，如果由于适当的动机是合法的，可以变得非法，因为它是由于不当的动机甚至是恶意”。同样，“这是行为，而不是行为的动机。如果除了动机之外，这种行为仅仅产生没有法律伤害的损害，那么它的动机，不管它可能是多么可怕，都不会提供这个元素”。[①] 英国上议院在 Allen v. Flood 案[②]中再次重申这一观点。因此，表面侵权原则从来不是英国侵权法中的一部分。[③]

受到波洛克侵权一般理论的影响，美国联邦最高法院法官霍姆斯（Holmes）首先倡导表面侵权原则在司法中予以适用。事实上，表面侵权原则最初是故意侵权行为的一般理论，可以简单地概括为：无正当理由故意造成他人损害的行为是可诉的。[④] 在 19 世纪晚期之前，侵权法没有包括被称为“故意侵权”的类别。这些被称为“经典”故意侵权的诉讼因素通常被引入侵犯诉讼的行为，不需要有故意伤害的指控，较新的故意侵权形式几乎没有得到承认。[⑤] 之后经过霍姆斯、波洛克及比奇洛（Bigelow）等学者的努力，侵权法被划分为三类：故意侵权行为、过失侵权行为及严格责任。霍姆斯在《特权、恶意和意图》（*Privilege*, *Malice*, *and Intent*）一书中引用 Mogul Steamship Co. 和 Walker v. Cronin 两个案例，首次阐述了表面侵权行为理论：故意施加时间损害，或做出明显可能造成这种损害并对其造成损害的行为，如果没有正当理由而行事是可诉的。只要法院认为被告以正当理由行事方可

---

① App. Cas. 598, 601 (1895).

② See App. Cas. 1 (1898).

③ R. Heuston, Salmond on The Law of Torts 26 (14th ed. 1965). quote: Forkosch, “An Analysis of the ‘Prima Facie Tort’ Cause of Action”, 42 Cornell L. Q. 465, 1957, p. 466 – 467.

④ Kenneth J. Vandevelde, “A History of Prima Facie Tort: The Origins of a General Theory of Intentional Tort”, 19 Hofstra L. Rev. 447, 1990, p. 447.

⑤ J. Koffler, A. Reppy, *Handbook of Common Law Pleading*, p. 64, p. 153, p. 174 (1969). quote: Kenneth J. Vandevelde, “A History of Prima Facie Tort: The Origins of a General Theory of Intentional Tort”, 19 Hofstra L. Rev. 447, 1990.

免除责任。[①] 依据霍姆斯的观点，表面侵权行为的原则不一定扩大赔偿责任，实际上有可能收缩赔偿责任。在他看来，表面侵权不仅仅是另一种故意侵权，而是作为一般原则，对故意伤害承担全部责任。基于正当理由，责任得以免除，否则这些行为可能根据这一侵权理论承担责任。[②]

随后，作为美国联邦最高法院法官霍姆斯在 Aikens v. Wisconsin[③] 和 American Bank & Trust Co. v. Federal Reserve Bank[④] 两个案例中再次阐述了侵权一般理论。Aikens 案涉及威斯康星州刑事法规的合宪性，该法规禁止以故意或恶意损害他人声誉、贸易、业务或职业为目的的任何蓄意联合行动。虽然承认"英国的主流观点是动机不重要"，但霍姆斯法官仍然援引 Mogul Steamship Co. 案的观点。也就是说，即使在普通法下，这种联合造成的损害也是可诉的。从表面来看，故意造成时间损害是一种诉因，根据实体法，无论诉状的形式如何，被告得以免除责任，都需要有正当理由。这一阐述被认为是美国表面侵权行为理论的起源。[⑤] 然而，早期的表面侵权行为理论通常适用于被告与原告的客户或雇员的业务关系中，从未与干预的侵权行为的预期利益分离。[⑥] 纽约州的适用使表面侵权行为理论扩展到各种各样的环境并被赋予该名称。[⑦] 美国《侵权法重述（第一版）》规定，一个人如果为了给他人或其物品或他人的金钱利益造成损害而实施任何侵权行为，则应对由此造成的损害负责，除非损害是由外力造成的，而被告的行为并没有增加造成损害

① Oliver W. Holmes, "Privilege, Malice and Intent", 8 Harv. L. Rev. 1, 1894, p. 8.

② Kenneth J. Vandevelde, "A History of Prima Facie Tort: The Origins of a General Theory of Intentional Tort", 19 Hofstra L. Rev. 447, 1990, p. 447.

③ 195 U. S. 194 (1904).

④ 256 U. S. 350 (1921).

⑤ James P. Bieg, "Prima Facie Tort Comes to New Mexico: A Summary of Prima Facie Tort Law", 21 N. M. L. Rev. 327, 1991, p. 327.

⑥ P. Keeton et al., *Tort and Accident Law*, Minneapolis, West Publishing Co., 1989, p. 1010 – 1011.

⑦ James P. Bieg, "Prima Facie Tort Comes to New Mexico: A Summary of Prima Facie Tort Law", 21 N. M. L. Rev. 327, 1991, p. 327.

的风险。[1] 这反映出当时学界对侵权法一般理论的兴趣，但从语言上看，霍姆斯的理论受到严格限制。[2] 因此，该条对判例影响较小。美国《侵权法重述（第二版）》规定，故意造成他人伤害的人，如果其行为在当时的情况下一般是应受谴责的，而且是不合理的，则应为该伤害向他人承担责任。尽管行为人的行为不属于传统的侵权责任范畴，但仍可能要承担这种责任。[3] 换言之，无正当理由的损害行为是可诉的。目前，表面侵权行为理论作为现代侵权法的一般理论，大多数州已经采用《侵权法重述（第二版）》中的规定。[4]

总体而言，一般的故意侵权理论与19世纪后期工业主义引发的一类新的故意伤害行为的出现相吻合。这些新形式的伤害行为使霍姆斯和其他法官有机会将故意侵权的一般理论写入法律。与过失侵权一样，故意侵权的一般理论为这些新形式的经济损害行为提供了责任承担基础。[5] 同时，表面侵权仅仅体现了侵权法的流动性的原则形式，它不断提醒人们，受到保护不受故意干扰的利益类别不是固定的、不可避免的或封闭的。[6] 随后，表面侵权行为理论适用于过失侵权行为并不被视为新的原则，而是作为先前存在的严格赔偿责任规则的限定条件。[7]

对故意侵权行为而言，表面侵权要素通常包括：原告的损害（“损害”意味着入侵受法律保护的权利）；行为人的行为是否非法；行为人的行为是否有正当理由。[8] 评估这些要素时，通常考虑的因素主要有：

---

① Restatement (First) of Torts §870 (1939).

② Halpern, “Intentional Torts and the Restatement”, 7 Buffal L. Rev. 7, 1957, p. 18 – 19 n. 41.

③ Restatement (Second) of Torts §870 (1979).

④ Kenneth J. Vandevelde, “The Modern Prima Facie Tort Doctrine”, 79 KY. L. J. 519, 1991.

⑤ James P. Bieg, “Prima Facie Tort Comes to New Mexico: A Summary of Prima Facie Tort Law”, 21 N. M. L. Rev. 327, 1991, p. 330.

⑥ Kenneth J. Vandevelde, “The Modern Prima Facie Tort Doctrine”, 79 KY. L. J. 519, 1991.

⑦ James P. Bieg, “Prima Facie Tort Comes to New Mexico: A Summary of Prima Facie Tort Law”, 21 N. M. L. Rev. 327, 1991, p. 333.

⑧ Restatement (Second) of Torts §870, comment e (1979).

原告的伤害性质和严重性、行为人行为所促进的利益的性质和重要性、行为人的手段及动机。[①] 过失侵权行为中，表面侵权要素包括：被告负有注意义务；被告违反了该义务；原告损害；行为与损害存在因果关系；损害属于法律上承认的损害。[②]

可见，大陆法系侵权法中的侵权构成理论与美国侵权法中的表面侵权理论（表面侵权或表面案件）在各自的侵权法中具有同一意义，是侵权责任构成的各类要素（主客观条件）的集合。但值得注意的是，两者存在一些差别。大陆法系的侵权构成理论对应的是被告的终极责任，即被告最终侵权责任的承担需要满足的责任构成要件；而美国侵权法的表面侵权理论对应原告需要证明的要件，侧重于被告的行为满足侵权行为的构成要件。简言之，大陆法系侵权构成理论针对的是被告最终责任构成，而美国侵权法表面侵权理论则针对被告初步责任构成。

（二）独立于表面侵权理论体系之外的抗辩事由

从上文可见，当原告提供了有关事实的证词，证明其所诉被告的行为必需的所有要素时即确立了表面侵权行为。[③] 但这不代表原告获得胜诉，仅仅意味着法官不会直接作出原告败诉的裁决。只有当原告通过提供证据证明所有必需的要素确立表面侵权，并且被陪审团相信，被告的抗辩问题才会显露出来。[④] 也就是说，美国侵权法中的表面侵权并不直接解决侵权责任成立与承担的问题，仅是原告用来证明被告行为构成侵权的事实构成，此时不涉及侵权抗辩事由，当表面侵权被认可时，抗辩事由才进入诉讼的视野。由此，在诉讼中，表面侵权与抗辩事由的提出存在时间上的先后顺序，原告证明表面侵权后，被告才提出抗辩事由以

---

① Restatement (Second) of Torts §870, comment e (1979).

② 参见［美］丹·B. 多布斯：《侵权法》（上册），马静等译，中国政法大学出版社2014年版，第239页。

③ 参见［美］丹·B. 多布斯：《侵权法》（上册），马静等译，中国政法大学出版社2014年版，第34页。

④ 参见［美］丹·B. 多布斯：《侵权法》（上册），马静等译，中国政法大学出版社2014年版，第35页。

挫败原告的事实主张。诚如多布斯所言，美国侵权法中的表面侵权行为理论更像是一个公式，并不解决案件却提出问题，确立争论案件的术语。证明表面侵权的原告不必然处于优势，可能因被告的抗辩而败诉。[①] 也就是说，美国侵权法传统并不关注侵权构成与抗辩事由之间彼此涵摄与否的关系问题，而是更倾向于将侵权构成与抗辩事由分别视为原告和被告为获得胜诉而需要证明的事实要素，彼此独立、互斥对抗，即表面侵权证成侵权行为，而抗辩事由限制、阻却侵权行为，两者共同论证侵权责任的成立和承担。但与之相悖的是表面侵权理论将“正当理由或借口”纳入其中，侵权抗辩事由与表面侵权理论形成理论上的属种关系。故对抗互斥关系论下的侵权抗辩事由具有依赖性、非独立性。

四、两大法系侵权抗辩事由与侵权构成的关系比较

通过上文可知，两大法系对于侵权构成与侵权抗辩事由的关系问题存在截然不同的解释路径和观点。基于侵权令状的传统，美国侵权法关注的是每一种具体侵权行为构成规则，并不需要专门探讨侵权抗辩事由与侵权构成的关系问题。在19世纪和20世纪早期，出于将普通法加以合理化的努力，英美法学家从大陆法借鉴了有关思想，并以之重新组织此前存在的法律规则。[②] 表面侵权理论的提出与发展可谓是普通法系在其令状制度的基础上，吸收借鉴大陆法系侵权构成理论的结果，因此正如学者所说的，表面侵权理论更像一个公式。而事实上，表面侵权理论的争论过程本质在于应否将侵权的事实构成抽象化、固定化，尤其是“正当理由或借口”（抗辩事由）是否应当被固定化。表面侵权理论的确立意味着普通法系侵权法运用了大陆法的观念重新解释已有侵权规则，但普通法系侵权法仍保留了其传统侵权诉讼规则，从诉讼程序上展

---

① 参见［美］丹·B. 多布斯：《侵权法》（上册），马静等译，中国政法大学出版社2014年版，第239页。

② 参见［美］詹姆斯·戈德雷：《私法的基础》，张家勇译，法律出版社2007年版，第252页。

现出侵权构成与抗辩事由的时间先后关系，被告提出的抗辩事由是能够否定或限制原告证明的表面侵权要件事实的独立事实构成，以达到原告主张不成立或责任免除、减轻的目的。

但从表面侵权理论的阐释来看，“正当理由或借口”被纳入其中，这与大陆法系侵权构成理论不谋而合，都有将要件事实分为积极要件事实和消极要件事实之意。两种理论的根本不同在于：表面侵权理论的形成过程是在总结侵权令状的基础上，试图将消极要件事实（抗辩事由）固定化并融入侵权构成的过程，尽管诉讼程序仍然将表面侵权与抗辩事由划分了先后顺序，但理论上原本独立于侵权构成的抗辩事由却被纳入表面侵权理论。因此，普通法系侵权法上的抗辩事由可以被称为“外发型”抗辩事由。反观大陆法系侵权构成理论则是试图将消极要件事实（抗辩事由）逐渐剥离侵权构成的过程，抗辩事由最初是侵权构成中具体要件事实的考量因素，但随着侵权构成理论的发展与侵权抗辩事由规则体系化，侵权抗辩事由被逐渐独立，大陆侵权法上的侵权抗辩事由属于“内发型”抗辩事由。两大法系的根本性的不同也恰恰体现出侵权抗辩事由与侵权构成之间关系的复杂性与重要性。

综上所述，两大法系从不同视角展示出侵权抗辩事由与侵权构成的不同关系：大陆法系侵权构成理论着眼于已成立的侵权责任，以结果论视角归纳出承担侵权责任所必需的要件事实，即积极要件与消极要件，展现出侵权抗辩事由的内发性、非独立性；普通法系表面侵权理论着眼于原告、被告主张，从诉讼程序视角分析承担侵权责任所必经的两个步骤，展现出侵权抗辩事由的外发性、独立性、开放性。

我国学者对侵权抗辩事由与侵权构成的关系问题目前主要存在以下观点：第一，新侵权构成理论认为，抗辩事由是侵权构成的消极要件。该观点将侵权构成要件概括为：具备客观构成条件；具备主观的归责依据；不存在抗辩事由。前两者是侵权构成的积极要素，以其存在或具备为侵权责任构成的条件。抗辩事由为侵权责任构成的消极要件，以其不存在为侵权责任构成的条件。[①] 该观点实质是以最终侵权责任的承担为视角，并将特殊侵权及公平责任纳入传统侵权构成，建立了一种更宏观的分析框架和分析路径，抗辩事由理所当然地成为侵权构成的消极要件。第二，侵权抗辩事由兼具派生性和独立性，即侵权抗辩事由是从狭义侵权构成要件[②]中派生出来的，但抗辩事由具有独立的事实涵摄范围。该观点认为，侵权抗辩事由应当具有独立性，但其独立性取决于构成要件的“权衡”，即如果侵权行为的构成要件之一涉及复杂的权衡过程，那么通常不从该要件中分离出相对独立的抗辩事由，此处的“权衡”已经对该构成要件意义范围内的事实进行了综合考虑与判断。[③] 因此，狭义侵权构成要件与侵权抗辩事由是一种惯例与例外的关系。第三，将侵权抗辩事由与侵权责任构成要件之间的关联性予以切割，并在抗辩事由的基础之上构造侵权责任免责权，将抗辩事由改造为侵权责任免责权的构成要件。[④] 该观点在权利思维下构建与原告权益相对应的“侵权责任免责权”，实现“权益对抗权益”效果，避免了抗辩事由与侵权构成发生直接关联。[⑤]

由以上观点可知，深受大陆法系影响的我国，通常将侵权抗辩事由作为侵权构成中的一个要素。以美国为代表的普通法系则更倾向于将侵

---

① 李开国：《侵权责任构成理论研究——一种新的分析框架和路径的提出》，载《中国法学》2008 年第 2 期。

② 冯珏教授将现有的观点总结为广义的侵权构成和狭义的侵权构成，广义的侵权构成包括狭义的侵权构成和抗辩事由，狭义的侵权构成是指侵权行为构成的积极要件。

③ 冯珏：《论侵权法中的抗辩事由》，载《法律科学（西北政法大学学报）》2011 年第 4 期。

④ 谢潇：《侵权责任免责权：既有理论商榷基础上的概念构造尝试》，载《政治与法律》2018 年第 8 期。侵权责任免责权被定义为侵权人所享有的，在特定事由下，得以免除或者减轻侵权责任，对抗被侵权人要求其承担侵权责任主张的权利。

⑤ 笔者认为这一观点是值得斟酌的：首先，“侵权责任免责权”的概念表述没有实质性内涵，只是为侵权人（被告）因抗辩事由对抗被侵权人（原告）的权利（或者称为“资格”）选择了“免责权”的表述。其次，抗辩事由的合理性不仅基于被告的权益或行为自由（如正当防卫），还可能是他人利益（如紧急避险），甚至是公共利益（如不可抗力）等可以对抗原告合法权益的“对抗性利益”，被法院认可的抗辩事由产生责任不成立或责任减轻或免除的法律效果。该观点将抗辩事由改造为侵权责任免责权的构成要件，即设置侵权责任免责权作为抗辩事由存在的合理性基础有本末倒置之嫌。最后，侵权责任免责权并不能切割抗辩事由与侵权构成要件的关联性，新概念只是掩盖了两者的关系问题。

权构成与抗辩事由视为原告和被告为获得胜诉而需要证明的事实要素，彼此相互独立并彼此对抗。在笔者看来，尽管美国学者并没有将侵权构成与侵权抗辩事由的关系进行专门的讨论，但鉴于美国侵权法更多地从程序上得以展现，被告提出的抗辩事由直接对原告所证明的表面侵权要素进行了反驳或否认，同时借助证据规则分配原告、被告的证明责任，进一步区分侵权构成要件事实与抗辩事由事实。

第三节　普通法系侵权法抗辩事由类型划分标准与抗辩事由的类型

普罗瑟在其经典侵权法著作中指出，“或许与任何其他法律分支相比，更重要的是侵权法则是社会理论的战场”。[①] 换言之，尽管侵权法中有一些变化甚微的系统规则，但侵权法上的救济仍不可避免地存在争议。所有的法律都是社会和经济利益的反射，[②] 侵权法从来不可能是价值中立的。因此，侵权构成理论和以抗辩事由为核心的侵权责任限制理论总是随着社会的发展而不断演变。

一、侵权行为类型的划分标准

作为普通法系的典型代表，美国侵权法并不像大陆法系国家一样形成统一的整体侵权概念，而是一系列侵权令状的集合，具有典型的类型化特征，直到表面侵权理论的形成与发展，美国侵权法才趋向一般化。因此，美国侵权法上抗辩事由类型的划分标准较为明确，以侵权行为类型为划分标准，即不同的侵权行为类型存在不同的抗辩事由类型。

① William L. Prosser, *Handbook of the Law of Torts*, West Pub. Co., 1971, p. 3. quote: Michael L. Rustad, Thomas H. Koenig, “Taming the Tort Monster: The American Civil Justice System as a Battleground of Social Theory”, 68 Brook. L. Rev. 3, 2002.

② Michael L. Rustad, Thomas H. Koenig, “Taming the Tort Monster: The American Civil Justice System as a Battleground of Social Theory”, 68 Brook. L. Rev. 3, 2002.

（一）19 世纪前的早期侵权令状制度

19 世纪前半叶，美国侵权法并不是一个独立的法律分支，只是一些毫无关联的令状的集合而已。令状制度源于英国国王衡平法院，是为满足形式主义诉求而预先形成的技术性的制度。[1] 波洛克和麦特兰（Maitland）将亨利三世时期的令状制度归为收费制度：显然有一些令状可能无关紧要，对于其他令状，至少在亨利时代的早期，一个商标或一个半价商标将被收取费用，甚至只能以高价格收取。债权人同意支付国王债务的四分之一或三分之一以期恢复、创造经济激励，支持债权人对债务人的利益。[2] 在令状制度下，原告在侵犯、蓄意攻击和非法监禁的侵权情形下以及在其财产利益受到侵害时，如在侵犯土地、侵犯动产、滋扰等情形下获得救济。只要被告的行为属于侵权行为，则被告对其邻居造成的伤害承担绝对责任。[3]

此时期的侵权法通常用于裁决邻居和土地所有者之间的冲突，以及调解雇主和雇员之间的关系，保护了国家的和平以及家庭和社区的安宁。布莱克斯通（Blackstone）的《英国法律评论》（第 3 卷）在"法律主体被分为私人和公共领域，私法进一步分为可识别的侵权、合同和财产"的基础上，分析个人非法行为（private wrongs）。[4] 当事人使用侵权法令"证明被告因其行为与他（原告）人身或财产产生接触"。[5] 简言之，早期普通法的侵权制度对于损害的分类基于对人或财产的直接或间接损害，而非根据被告的心理状态。如果原告受到损害，在不受直

---

① Paul R. Sugarman, Marc G. Perlin, "Proposed Changes to Discovery Rules in Aid of Tort Reform: Has the Case Been Made?", 42 AM. U. L. Rev. 1465, 1993.

② Frederick Pollock, Frederic Maitland, *The History of English Law before the Time of Edward*, The Lawbook Exchange, Ltd., 2007, p. 195.

③ Michael L. Rustad, Thomas H. Koenig, "Taming the Tort Monster: The American Civil Justice System as a Battleground of Social Theory", 68 Brook. L. Rev. 3, 2002.

④ R. Blake Brown, "Cecil A. Wright and the Foundations of Canadian Tort Law Scholarship", 64 SASK. L. Rev. 169, 2001, p. 174.

⑤ Charles O. Gregory, "Trespass to Negligence to Absolute Liability", 37 VA. L. Rev. 359, 1951, p. 361 – 362.

接侵犯的情况下，他不能在国王法院提起诉讼。[①] 随着英国社会的发展，新型的损害产生了，这与形式主义至上的令状制度并不相称："如果原告没有为他的特定伤害找到一个鸽洞（pigeon hole），他在令状制度下将没有追索权。"[②] 换言之，人们因偶然用箭射击目标或被落下的树枝受损，在令状制度下尚且得以获得救济，而其他损害——没有直接接触的行为人则不能获得救济。[③] 13 世纪和 14 世纪，这一情况逐渐得到改善，间接损害亦开始得到救济。[④]

作为英国殖民地的美国引进了布莱克斯通的英国普通法版本。1774年，美国第一届大陆会议决定，美国人有权适用普通法以及在殖民时期存在的所有英国法规。[⑤] 美国法学家们将布莱克斯通的理论应用于美国各州，他关于英国普通法的注释版本对于美国私法的形成至关重要。[⑥] 一些学者认为，布莱克斯通理论的动机在于保卫英国精英特权，[⑦] 他被认为是英国政治等级制度和 18 世纪中期英国财富和权力的最高辩护者。[⑧] 但自由主义的侵权法学者爱泼斯坦（Epstein）赞扬了布莱克斯通的产权绝对原则，该原则成为社会发展保持活力的基石，而霍姆斯斥责布莱克斯通的英国普通法的形式主义模式缺乏一致性和不能演变以应对

---

① Charles O. Gregory, "Trespass to Negligence to Absolute Liability", 37 VA. L. Rev. 359, 1951, p. 362.

② Charles O. Gregory, "Trespass to Negligence to Absolute Liability", 37 VA. L. Rev. 359, 1951, p. 362.

③ Charles O. Gregory, "Trespass to Negligence to Absolute Liability", 37 VA. L. Rev. 359, 1951, p. 363.

④ Betsy J. Grey, Make Congress Speak Clearly: Federal Preemption of State Tort Remedies, 77 B. U. L. Rev. 559, 613 –615 n. 310 (1997).

⑤ Douglas G. Smith, "Natural Law, Article IV, and Section One of the Fourteenth Amendment", 47 AM. U. L. Rev. 351, 1997, p. 381, n. 131.

⑥ Nicola W. Palmieri, "Good Faith Disclosures Required During Precontractual Negotiations", 24 SETON HALL L. Rev. 70, 1993, p. 213.

⑦ Steve Sheppard, "Casebooks, Commentaries, and Curmudgeons: An Introductory History of Law in the Lecture Hall", 82 Lowa L. Rev. 547, 1997, p. 561, n. 54.

⑧ Herbert Hovenkamp, "The Economics of Legal History", 67 Minn. L. Rev. 645, 1983, p. 661.

新的社会挑战。[①]

在 19 世纪初期的美国，令状制度作为法学学科分类的工具发挥着重要的理论功能。格林（Green）指出，令状制度下的诉讼科学为一种平衡当事人之间正义的手段，掌握了这门科学的律师在案件中将具有优势地位，与其他手段相比，令状能够使律师对案件有更为清晰的认识，令状诉讼的知识就是法律知识。[②] 但此种从英国继承而来的令状制度实际上杂乱无章，如同一团乱麻。[③] 如同庞德（Pound）所言，“我们的法院系统太过陈旧，我们的程序已经过时”。[④] 霍姆斯亦指出，令状的本质是人为的，历史是其存在的唯一原因，除对其起源的尊重外，没有任何理由使其继续保留。[⑤] 因此，19 世纪中期以后，随着美国程序改革运动的开展，令状制度最终被废止。[⑥]

（二）19 世纪晚期到 20 世纪初期：现代过失责任的确立

随着令状制度的崩溃，侵权行为法作为独立的法律部门的想法应运而生。尽管布莱克斯通及其同时代的学者意识到了侵权法的存在，但他们从未在作品中使用“侵权”（tort）这一术语。[⑦] 美国第一部侵权法著作出现于 1859 年，而英国的第一部侵权法是波洛克于 1886 年出版的侵

---

① Richard A. Epstein, *Principles for a Free Social*: *Reconciling Individual Liability with the Common Good*, New York, Basic Books, 1998, p. 14.

② N. Green, “Some Results of Reform in Indictments”, in Essays and Notes on the Law of Tort and Crime, 1933, p. 151. 转引自［美］G. 爱德华·怀特：《美国侵权行为法：一部知识史》（原书增订版），王晓明、李宇译，北京大学出版社 2014 年版，第 15 页。

③ 参见［美］劳伦斯·弗里德曼：《二十世纪美国法律史》，周大伟等译，北京大学出版社 2016 年版，第 251 页。

④ See Roscoe Pound, “The Causes of Popular Dissatisfaction with the Administration of Justice”, 14 Am. Law. 445, 1906, p. 445 – 451.

⑤ See Holmes, “Book Review”, 5Am. L. Rev. 341, 1871, p. 359.

⑥ 美国法上程序改革运动是反对、废弃枯燥晦涩的形式主义程序的必然结果。当形式主义的法律程序被废除后，以此为基础的令状制度随之崩溃。参见［美］劳伦斯·弗里德曼：《二十世纪美国法律史》，周大伟等译，北京大学出版社 2016 年版，第 9 章。

⑦ 布莱克斯通通常用“个人非法行为”（private wrongs）表示。See Willam Blackstone, Commentaries on the Laws of England, 1768, p. 121 (photo. reprint 1979). Quote: Michael L. Rustad, Thomas H. Koenig, “Taming the Tort Monster: the American Civil Justice System as a Battleground of Social Theory”, 68 Brook. L. Rev. 3, 2002.

权法。[①] G. 爱德华·怀特（Edward G. White）将此时期称为侵权行为法的概念主义时代，而过失成为其中心概念。恰如劳伦斯·弗里德曼（Lawrence Friedman）所言，19 世纪的侵权行为法是一部限定性的法律，其目的在于设定企业赔偿责任的边界，是一部使争取人身损害赔偿变得困难的法律。[②] 侵权责任由绝对责任演变为以过失为判断标准的责任，Brown v. Kendall 案[③]被引论为美国侵权法案件中首次使用过失标准的案件。[④] 该案的首席法官提出了基于过错的理论，被告在此种情况下应当采取合理谨慎的态度。[⑤] 之后过失理论开始席卷美国，法院将该理论适用于包括工业事故等各类案件。[⑥]

过失行为通常被认为是产生不合理的风险或行为偏离合理注意标准。[⑦] 换言之，被告并非刻意伤害原告。过失侵权行为理论的发展加速了令状制度的崩溃，法院开始考虑和权衡行为的社会效益（公众事业）与对公众造成伤害风险的判断。工业发展的新技术有益于公众，但在不能谨慎合理管理的情况下将危及公众，如不合理运用工业经济中所需的新技术导致的火灾、爆炸，沉船和其他大规模灾害等事故。因此，法院认识到，现代侵权法应当为工业革命敞开大门，工业革命带来的机器（新技术）正大量收割着工人的生命和健康。[⑧] 此时期，法院发展了责任限制理论，承认了共同过失（contributory negligence）抗辩、风险承担（assumption of risk）抗辩和雇员同伴责任（the fellow servant rule）

---

① 参见［美］G. 爱德华·怀特：《美国侵权行为法：一部知识史》（原书增订版），王晓明、李宇译，北京大学出版社 2014 年版，第 7 页。

② 参见［美］劳伦斯·弗里德曼：《二十世纪美国法律史》，周大伟等译，北京大学出版社 2016 年版，第 431 页。

③ See 60 Mass.（6 Cush.）292（1850）.

④ See M. Franklin, *Injures and Remedies: Cases and Materials on Tort Law and Alternatives*, Foundation Press, 1971, p. 30.

⑤ See Peter Karsten, Book Review, 18 Law & Hist. Rev. 683, 2000.

⑥ See Michael L. Rustad, Thomas H. Koenig, "Taming the Tort Monster: The American Civil Justice System as a Battleground of Social Theory", 68 Brook. L. Rev. 1, 2002, p. 11.

⑦ See David W. Barnes, Rosemary McCool, "Reasonable Care in Tort Law: The Duty to Take Corrective Precautions", 36 ARIZ. L. Rev. 357, 1994, p. 365, p. 393.

⑧ See Michael L. Rustad, Thomas H. Koenig, "Taming the Tort Monster: The American Civil Justice System as a Battleground of Social Theory", 68 Brook. L. Rev. 1, 2002, p. 12.

抗辩。如果原告对其损失存在过失则无法获得赔偿；如果员工自愿承担危险工作的风险，则雇主因风险承担抗辩而无须承担责任。同时，美国法院援引英国法中“雇员同伴责任抗辩”进一步限制雇主责任，雇主无须承担因同事雇员的过失而造成的雇员伤害的责任。[①] 实际上，学者们对于法院援引的抗辩事由存在不同的观点。格雷戈里（Gregory）认为，过失责任限制理论对于建立有益于良好社会的工业经济是必要的，使风险创造企业对投资者和企业家不那么危险。[②] 而霍维茨（Horwitz）对责任限制理论提出了质疑，在他看来，被告的抗辩事由，如雇员同伴责任抗辩、共同过失抗辩和风险承担抗辩破坏了对损害进行公正补偿的传统原则，实际上以牺牲工人和消费者为代价补贴工业发展，鼓励雇主使用新的却危险的技术。[③]

总体而言，19 世纪末到 20 世纪初，美国侵权法呈现的特征是，现代过失责任得以确立并发展，伴随而来的限制过失侵权责任的抗辩事由，如共同过失、风险承担等亦成为学界关注的焦点。但过失理论在实践中一方面扩大了民事义务的内在范围，另一方面强调对侵权责任的限制，故此时侵权行为法则的主旨仍在于限制侵权行为法的损害赔偿功能。[④]

（三）20 世纪初到 50 年代：向补偿功能倾斜的侵权法

这一时期是法律现实主义的高峰期，并被美国各大法学院广泛认可。法律现实主义用两种方式改变了侵权法。首先，法律现实主义批判 19 世纪的概念主义，如格林对过失侵权法中的近因理论进行了大规模的修正，他认为应对“原因”这一概念的适用范围进行限缩并以此肃

---

① See Priestly v. Fowler, 150 Eng. Rep. 1030 (Ex. 1837).

② See Charles O. Gregory, “Trespass to Negligence to Absolute Liability”, 37 VA. L. Rev. 359, 1951, p. 368.

③ See Morton J. Horwitz, *The Transformation of American Law*: 1780 – 1860, Harvard University Press, 1978, p. 294.

④ 参见［美］G. 爱德华·怀特：《美国侵权行为法：一部知识史》（原书增订版），王晓明、李宇译，北京大学出版社 2014 年版，第 75 页。

清因果关系问题,[①] 即将与被告行为和原告损害的因果关系无关的问题排除在因果关系之外。这实际上是与被告对原告承担的义务范围问题紧密联系在一起。[②] 其次，法律现实主义有意识地将侵权行为法视为一种公共政策工具。例如，Palsgraf v. Long Island 案[③]中的两种观点都含蓄地承认，19 世纪以来的侵权行为法理家发展出来的正统法则和概念已经不能令人满意地解决案件中的责任问题,[④] 该案意味着传统的因果关系作为法律一般法则的完结和作为公共政策的开始，之后近因问题逐渐包括了“那些时常难以理解和基于模糊的情感或正常而又可取的本能的公平、正义和社会政策问题”。[⑤] 普罗瑟认为，近因不能消减为绝对规则，判断案件事实通常要综合考虑概念、正义、政策及先例判决等。[⑥] 同时，在现实主义的影响下，法院“发现”了一些新的侵权行为法则，如故意致人精神痛苦。[⑦]

这一时期，在法律现实主义的影响下，人们不再认为侵权行为法是一个独立自主、充满秩序的领域，以往的概念与法则受到抨击。侵权行为法被视为社会公共政策的工具，换言之，损害的救济不再被视作实现私人之间矫正正义的问题，而是一种由社会成员共同负责的公共政策问题。[⑧] 侵权行为法的主流观念开始由以往的责任限制（强调惩罚）转变为补偿。

---

① See Leon Green, Rational of Proximate Cause, Rothman Reprints, 1976, p. 39.

② 参见［美］G. 爱德华·怀特:《美国侵权行为法：一部知识史》（原书增订版），王晓明、李宇译，北京大学出版社 2014 年版，第 109 页。

③ See Palsgraf v. Long Island R. Co., 248 N. Y. 339 (1928).

④ 参见［美］G. 爱德华·怀特:《美国侵权行为法：一部知识史》（原书增订版），王晓明、李宇译，北京大学出版社 2014 年版，第 116 页。

⑤ F. Harper, *The Law of Torts*, Aspen Publisher, 1995, p. 258.

⑥ See William L. Prosser, *Handbook of the Law of Torts*, West Pub. Co., 1971, p. 319 – 320.

⑦ See William L. Prosser, “Intentional Infliction of Mental Suffering: A New Tort”, 37 Mach. L. Rev. 874, 1939.

⑧ 参见［美］G. 爱德华·怀特:《美国侵权行为法：一部知识史》（原书增订版），王晓明、李宇译，北京大学出版社 2014 年版，第 356 页。

（四）20 世纪 50 年代到 80 年代：迈向损害分配机制的侵权法

第二次世界大战后的美国侵权行为法开始产生巨大变化，责任限制理论下的无义务规则、抗辩事由及责任豁免逐渐黯然失色，如同在恶劣环境中逐渐融化的冰川。① 以往过失侵权行为理论下被告原则被原告导向的改革所取代，如大多数州比较过失（comparative negligence）抗辩、医疗事故和严格的产品责任领域逐渐成为热烈争议的新诉因。② 在医疗事故中，消除地方规则和出现面向患者的知情同意使原告更容易对抗医生的抗辩事由。自 20 世纪早期以来存在的制造商对消费者的义务的扩展和编纂催化了新出现的严格产品责任原则。在旁观者规则下故意施加情绪困扰的出现，以及故意造成情绪困扰，造成了全新形式的过失理论。比较过失替代了共同过失的抗辩，许多法院将风险承担抗辩合并入比较过失抗辩中。法院和立法机构也放宽了因果关系规则，首先引入替代性责任，然后通过引入市场份额责任和机会损失等概念扩大实质因素检验。正如施瓦茨著名的评论，直到 20 世纪 80 年代初，添加到案例簿的现代案件“几乎是原告的胜利，这些案件的收集可以被称为‘原告的最大反击’”。③ 作为美国民主扩张的时代，这一时期侵权法开始承认新类别的原告和新型损害，如女性侵权追索权障碍的消失。④ 在 20 世纪以前，“侵权法律掌握在社会上富有的、受过教育的精英的手中，因此服务于他们的利益——他们倾向于专注于自己

---

① See Robert L. Rabin, *Perspectives on Tort Law*, Aspen Publishers, 1983, p. 68.

② See Michael L. Rustad, Thomas H. Koenig, “Taming the Tort Monster: The American Civil Justice System as a Battleground of Social Theory”, 68 Brook. L. Rev. 3, 2002, p. 12.

③ Gary T. Schwartz, “The Beginning and the Possible End of the Rise of Modern American Tort Law”, 26 Ga. L. Rev. 604, 1992.

④ See Leslie Bender, “From Gender Difference to Feminist Solidarity: Using Carol Gilligan and an Ethic of Care in Law”, 15 VT. L. Rev. 1, 1990; Mary Kate Kearney, “Breaking the Silence: Tort Liability for Failing to Protect Children from Abuse”, 42 BUFF. L. Rev. 404, 1994.

的声誉和财富，而不是工厂工人的安全”。[①] 故意行为造成的精神损害直到20世纪中叶才被认可为单独的侵权行为。相比之下，到20世纪70年代，大规模市场产品、医院过失、性别歧视、种族歧视和毒物暴露的受害者却能够单独地或在集体诉讼中进行侵权诉讼。[②]

此外，侵权法论争的中心问题是，侵权法主要是一种惩戒不可取的民事行为工具，抑或是一种补偿受害人的手段。[③] 随着学者对责任保险观点由雇用人与保险人间契约关系向侵权法中分配损害的主要机制的转变，侵权法成为一种意在将损害的成本有效率且公平地分散于社会的补偿制度而非旨在威慑与惩罚可归责行为的制度。[④]

（五）20世纪80年代至今：过失侵权行为理论的回流

自1986年始，美国各州逐渐对原告的救济权利进行了限制，掀起美国侵权法改革的浪潮。20世纪60年代末开始急剧增加的保险费用引发了“医疗事故危机”。侵权改革者将此归咎于司法判决，这些判决允许陪审团仅从医疗过程中发生的不良结果推定过失，并承认医生负有向患者披露治疗风险的义务。[⑤] 截至21世纪初，32个州对原告获得惩罚性损害赔偿的能力施加了限制。[⑥] 惩罚性损害赔偿的目的是惩罚和制止与社会福利有关的恶劣行为。任意上限限制了补救措施的效率。这样的

---

① Anthony J. Sebok, “Can Tort Litigation Against Enron Work? The Problems and Possibilities in Suing a Bankrupt Company”, http://writ.news.findlaw.com/sebok/20020225.html. quote: Michael L. Rustad, Thomas H. Koenig, “Taming the Tort Monster: The American Civil Justice System as a Battleground of Social Theory”, 68 Brook. L. Rev. 3, 2002, p. 17.

② See Michael L. Rustad, Thomas H. Koenig, “Taming the Tort Monster: The American Civil Justice System as a Battleground of Social Theory”, 68 Brook. L. Rev. 3, 2002, p. 17.

③ 参见［美］G. 爱德华·怀特：《美国侵权行为法：一部知识史》（原书增订版），王晓明、李宇译，北京大学出版社2014年版，第163页。

④ 参见［美］G. 爱德华·怀特：《美国侵权行为法：一部知识史》（原书增订版），王晓明、李宇译，北京大学出版社2014年版，第165页。

⑤ See Joseph A. Page, “Deforming Tort Reform Liability: the Legal Revolution and Its Consequences”, 78 GEO. L. J. 649, 1990.

⑥ See Michael L. Rustad, Thomas H. Koenig, “Taming the Tort Monster: The American Civil Justice System as a Battleground of Social Theory”, 68 Brook. L. Rev. 3, 2002, p. 30.

上限允许公司实体提前准确预测其处罚，并将该成本纳入经营价格。[①]故企业将成本转移给消费者，而非采取措施避免过失行为。

可以说，自20世纪80年代以来，美国侵权法再次重现了概念主义的趋势。过失侵权行为理论出现复兴的迹象，传统的过失侵权行为在新型的侵权案件中展现出持久的活力。[②]依据怀特的观点，这是关于将市场与政府作为受害人补偿机制与风险行为责任分担机制的更广泛的思想观念转变之产物。[③]例如，或然性因果关系法则的出现意味着即使原告不能证明因被告行为而更可能造成损害，仍可以从有过失的被告处获得赔偿。在Petriello v. Kalman案[④]中，法院认为，被告的过失所造成的受害人得以从不可预防的手术并发症中幸存的机会丧失及特定的未来损害风险的增加是原告获得损害赔偿的依据。罗宾（Rabin）描述的"enabling torts"（为加害侵权行为提供机会的行为），即第三方的行为如有不可接受地增大了他人对公众成员造成损害的风险后果，则允许原告获得赔偿。[⑤]在Cruz v. Middlekauf Lincoln—Mercury，Inc. 案[⑥]中，被告未锁车门、未熄火离车而去，增大了窃贼盗车后对他人造成损害的风险，故原告有权获得赔偿。同时，这一理论亦被引入对于造成公众健康风险行业的集团诉讼。可见，过失责任并未消失且再次复兴，为限制责任提供了基础。

二、美国侵权法抗辩事由的类型

美国侵权法抗辩事由的类型随着侵权行为理论的发展而逐步演变。在早期侵权令状时期，美国侵权法秉持绝对责任原则，在符合令状条件

---

① See Peter W. Huber, *Liability: The Legal Revolution and Its Consequences*, Basic Books, 1990, p. 127.

② 参见［美］G. 爱德华·怀特：《美国侵权行为法：一部知识史》（原书增订版），王晓明、李宇译，北京大学出版社2014年版，第356页。

③ 参见［美］G. 爱德华·怀特：《美国侵权行为法：一部知识史》（原书增订版），王晓明、李宇译，北京大学出版社2014年版，第261页。

④ See 576 A. 2d 474（Conn. 1990）.

⑤ See Robert Rabin，"Enabling Torts"，49 DePaul L. Rev. 435，1999.

⑥ See 909 P. 2d 1252（Utah 1996）.

下，被告无从抗辩，不存在抗辩事由，无所谓抗辩事由的类型。自 19 世纪晚期始，侵权行为理论产生并不断完善，过失侵权行为与故意侵权行为、严格责任分离，使抗辩事由有了生存空间，被告的抗辩免责问题相应地得到学者们的关注，如被告的共同过失抗辩为企业创造了避免其活动之损害的激励，以避免成本超过损害成本为临界点。[①] 换言之，共同过失抗辩的出现使企业活动更加安全。鉴于此时的美国侵权法强调对侵权责任的限制，最大限度地保护企业发展，抗辩事由的适用规则显得非常简单粗暴。以共同过失抗辩为例，只要原告存在过失，被告即可免责。20 世纪以后，现实主义影响下的美国侵权行为法由责任限制理念转变为责任补偿，责任限制理念下的抗辩事由的适用范围与适用规则开始发生巨大变化，如最后明显机会规则的诞生限制了共同过失抗辩的适用，与此同时，比较过失开始逐渐取代共同过失。20 世纪 80 年代以后，过失侵权行为理论再次复兴，侵权抗辩事由的适用规则再次演变，如比较过失适用规则及适用范围的变化等。

概括而言，美国侵权法上抗辩事由的类型主要有故意侵权行为的抗辩事由（第二章）、过失侵权行为的抗辩事由（第三章）和严格责任的抗辩事由（第四章）。故意侵权行为的抗辩事由包括：同意、自我防卫、捍卫他人、财产防卫、取回财产及紧急避险；过失侵权行为的抗辩事由主要有：比较过失和风险承担；严格责任的抗辩事由与过失侵权行为的抗辩事由相同但适用规则存在较大差异。此外，美国《侵权法重述（第二版）》还规定了诽谤侵权的抗辩事由（第五章），即真实性抗辩、绝对特权及条件特权。

---

① 参见［美］G. 爱德华·怀特：《美国侵权行为法：一部知识史》（原书增订版），王晓明、李宇译，北京大学出版社 2014 年版，第 234 页。

第二章 普通法系侵权法上故意侵权行为的抗辩事由

依据《十二铜表法》，故意侵权这种侵权形式在侵权法发展的早期占据了核心地位。① 因此，故意侵害行为通常被理论家视为侵权行为的"固有形态"，而过失侵权则只是"准侵权行为"而已。② 大陆法系国家沿袭罗马法将过错分为故意和过失，但没有具体区分两者的实际效果规范，因此故意与过失区分问题没有引起关注。反观英美法，最早的侵权令状制度通常涉及故意侵权，过失侵权和严格责任的形态陆续出现，因此故意侵权在侵权法中一开始便有着独立的地位，甚至被视作侵权法的代名词。

第一节 普通法系侵权法上故意侵权行为的溯源与构成

在某种意义上，故意侵权行为构成一种对被告行为的社会不可取性与原告损害的可认识到的严重性之间的衡量。③ 在美国侵权法上，传统的故意侵权行为通常是指对人的故意干涉，如非法侵犯、殴打威胁、错误拘禁、侵犯动产及土地侵害。④ 实际上，19 世纪晚期，霍姆斯提出，

---

① 《十二铜表法》中有关侵权行为的条款所涉及的主要是故意侵害。

② 参见邱聪智：《从侵权行为归责原理之变动论危险责任之构成》，中国人民大学出版社 2006 年版，第 15 页。

③ 参见［美］G.爱德华·怀特：《美国侵权行为法：一部知识史》（原书增订版），王晓明、李宇译，北京大学出版社 2014 年版，第 250 页。

④ See M. Franklin, R. Rabin, *Cases and Materials on Tort Law and Alternatives*, Foundation Press, 1987, p. 768.

美国侵权法概念化改革前，这些侵权行为都不包括被告故意伤害行为，而被认为是严格责任。

一、故意侵权行为的历史溯源

传统故意侵权行为通常被认为源于13世纪的普通法令状制度。① 为了取得令状，原告必须证明被告运用“暴力或武器”侵害其人身或财产权利。令状并不要求所有的损害都由故意侵权造成，但必须是被告的暴力行为直接侵害原告。随后，使用暴力的含义亦包括被告行为直接导致的对原告人身或财产的损害。鉴于侵权令状并不要求故意或过失的主观诉求，此时侵权责任倾向于严格责任，而被告在多大程度上的错误构成侵权存在很大争议。② 现代学者认为侵权不以故意行为为必要。问题在于由被告行为间接造成的损害将无法获得赔偿，故14世纪法官开始签发间接侵权令状以覆盖间接伤害，简称类案。③ 类案诉讼涵摄了各类侵权行为，原告原则上必须证明被告基于疏忽行为造成其人身或财产损失，换言之，类案诉讼是与被告的过错（故意或过失）相关的。然而，在当时及19世纪中叶前期过错不必然意味着承担法律责任，非如现在所理解的“不合理采取谨慎义务”。④ 因为被告不履行义务可能是不可避免的，而在特定情况下类案诉讼可以适用严格责任规则。

19世纪初，普通法侵权令状和类案诉讼两种形式的侵权都不要求被告主观故意致害，故非现代意义上的故意侵权。当时的案例也显示故

---

① See Woodbine, The Origins of the Action of Trespass, 34 YALE L. J. 343, 1925; Deiser, “The Development of Principle in Trespass”, 27 YALE L. J. 220, 1917, p. 221.

② See Gregory, “Trespass to Negligence to Absolute Liability”, 37 VA. L. Rev. 359, 1951, p. 361 – 363; Winfield, “The Myth of Absolute Liability”, 42 LAW Q. Rev. 37, 1926; M. Horwitz, *The Transformation of American Law*: 1780 – 1860, Harvard University Press, 1979, p. 31 – 62.

③ See Plucknett, “Case and the Statute of Westminster II”, 31 Colum. L. Rev. 778, 1931; Dix, “The Origins of the Action of Trespass on the Case”, 46 Yale L. J. 1142, 1937.

④ M. Horwitz, *The Transformation of American Law*: 1780 – 1860, Harvard University Press, 1979, p. 86 – 87.

意并非传统故意侵权行为的重要因素，如在 Ricker v. Freeman 案①中，16 岁的被告在楼梯遇到 13 岁的原告并抓住他使他旋转，导致原告撞到另一学生大卫（David）。被告后来承认他推拉原告但仅是与原告开玩笑。大卫将原告推走致使其碰到了墙上的挂钩而受重伤。法院指示陪审团，被告以“粗鲁、暴力”的方式对待原告是不合法的，但与被告的主观状态并不相关。法院指出，“原告证明被告的行为故意并无必要，在无正当理由或特殊情形下做出，即使是意外或错误亦满足侵权”。因此，陪审团调查的是损害是由被告引起还是由大卫引起。在上诉中，被告认为损害是由大卫引起，而法院解释“恶意不是侵权行为构成的必要条件，过失或意外亦可能是损害的唯一或直接原因”，故侵权不要求被告故意伤害原告，被告可能因其过失或意外而承担法律责任，问题主要在于被告是否通过不法行为致害。可见，传统的故意侵权并不关注侵权人的主观意图，与其说是故意侵权，倒不如说是严格责任。此时期，令状制度具有非常重要的理论功能，它解决了侵权行为的因果关系问题，某些抗辩事由，如共同过失（contributory fault）或正当理由（justification）通常不被允许，原告必须想尽办法证明自己所受的损害“直接”或“间接”来自被告的行为。②

19 世纪中期以后，令状制度开始走向崩溃，1848 年《纽约州民事程序法》废除令状制度赖以生存的诉讼格式，到 19 世纪 70 年代达到 23 个州。③ 与此同时，社会思潮中概念主义兴起，法学者们试图建立基于系统的概念结构的法律科学。1859 年希利亚德（Hilliard）出版了第一本美国侵权法的专著，尽管该著作出版于诉讼格式被废除之后 11 年且并未系统地阐述侵权及案例，甚至不能称为系统化的，仅是零散的分章节的讨论，但其却表明法律学者开始将侵权行为法作为独立的法律主

① See 27 Fed. Appx. 113 (2002).

② 参见［美］G. 爱德华·怀特：《美国侵权行为法：一部知识史》（原书增订版），王晓明、李宇译，北京大学出版社 2014 年版，第 15 页。

③ 参见［美］G. 爱德华·怀特：《美国侵权行为法：一部知识史》（原书增订版），王晓明、李宇译，北京大学出版社 2014 年版，第 14 页。

题予以研究。他对侵权行为法作为一个独立的法律部门“非常自信”，只是如何实施却没有信心。[①] 随后库雷（Cooley）于 1880 年出版更为系统的侵权法专著，[②] 该书以权利保护为中心，侵权法被作为权利被侵犯后的补救方法。可见，此时期学者们以不同的方法试图探究侵权行为法的体系化。直到 1873 年霍姆斯在其著作[③]中提出，侵权责任分为三类，分别是极端情况下的严格责任，涉及故意、恶意、欺诈的故意侵权责任和大量案件存在的过失责任，这意味着现代侵权行为理论初现端倪。19 世纪末，波洛克和霍姆斯提出了侵权行为的基本理论，这一理论被法院称为“初级侵权原则”，即无正当理由的故意侵权得以被诉，三大侵权行为类型（故意侵权、过失侵权和严格责任）得以明确化。

二、故意侵权行为的核心要件：故意

故意的概念被认为是故意侵权行为中的重要概念，是原告对抗积极抗辩事由的重要工具。例如，帮助原告（受害人）对抗被告风险承担、比较过失等抗辩事由，使近因规则更加合理。

（一）故意的概念

《侵权法重述（第三版）》明确了故意的双重内涵：目的性故意（purpose），即行为人意欲造成损害后果的发生；明知性故意（knowledge），是指行为人行为时明知行为后果的发生具有实质的确定性。[④] 有学者提出，在法律论证层面上，界定故意的概念时，将“明知损害结果”和“积极追求损害结果”等同是不合理的。[⑤] 与明知性故意相比，目的性故意存在明显的违法性（尽管在某些情况下是恰当的，如正当防卫和紧急避险的情形），无论侵权法的目的是威慑、公平，抑或

---

① See F. Hiliared, The Law of Torts or Private Wrongs, T. Nelson. 1859.

② See T. Cooly, *A Treatise on the Law of Torts or the Wrongs Which Arise Independent of Contract*, Gale, Making of Modern Law, 1880.

③ See O. W. Holmes, “The Theory of Torts”, 7 Am. L. Rev. 652, 1873, p. 660.

④ See Restatement (Third) of Torts: Liability for Physical and Emotional Harm § 1, 2010.

⑤ See Kenneth W. Simons, “Rethinking Mental States”, 72 B. U. L. Rev. 463, 1992.

兼具两者，目的性故意损害人的责任通常具有合理性。① 事实上，明知性故意也并非宽泛意义上知情，而是受到了严格的限制，即明知性故意采用了实质确定性标准，该标准应当被理解为“实际确知”，仅限于被告非常确定地知道其行为将给特定受害人或局部区域内小部分潜在受害人带来损害的情况。② 换言之，明知性故意的“知情”是一种足以构成故意的“相当确定的知情”。美国法律研究所指出，当潜在受害者的身份变得模糊不清时，当涉及行为人行为的时间范围扩大，行为与损害之间的因果顺序变得更加复杂时，该检验标准就失去了说服力。不仅如此，美国法学会还引用 Shaw v. Brown & Williamson Tobacco Corp. 案③表达了采用实质确定性标准的谨慎态度。在该案中，“被告制造、销售或分销香烟的目的不是让非吸烟者接触二手烟”，而且它“并不十分肯定地知道二手烟会接触到任何特定的非吸烟者”。虽然被告公司可能知道二手烟会接触到一些非吸烟者，但法院认为这种泛泛的知情不足以满足故意的要求。可见，《侵权法重述（第三版）》延续了《侵权法重述（第二版）》的故意双重定义的做法，但没有将目的性故意与明知性同意等同起来。

鉴于“目的”和“明知”都是主观性的标准，美国学术界和司法界对于“故意”的内容标准产生较大分歧，④ 主要分为两种观点：单一故意（singlc intent）说和双重故意（dual intent）说。单一故意说是行为人必须意图造成与原告人身的身体接触，而双重故意说是行为人不仅必须具有单一故意（意图造成接触），还必须故意通过接触冒犯对方或造成对方身体伤害。对于此问题，各司法管辖区意见不一：在 White v.

---

① Restatement（Third）of Torts：Liability for Physical and Emotional Harm § 1，coment a，2010.

② Restatement（Third）of Torts：Liability for Physical and Emotional Harm § 1，coment e，Notes a，2010.

③ Shaw v. Brown & Williamson Tobacco Corp.，973 F. Supp. 539，548（D. Md. 1997）.

④ 这与“故意”的双重含义不同，单一故意说和双重故意说都采用了双重含义。

Muniz 案[①]中，科罗拉多州最高法院通过自然解读《侵权法重述（第二版)》文本中的规定，即要求被告的行为必须是“意图造成有害或冒犯性接触”，认定它赞同“双重故意”规则；而在 Wagner v. State 案[②]中，犹他州最高法院则通过引用《侵权法重述（第二版)》第 13 节的评注 c“行为人并非出于对他人的任何个人敌意或伤害他人的欲望，这并不重要”，而且“即使行为人诚实但错误地相信……他人事实上同意接触，也要对殴打行为负责”，从而认为《侵权法重述（第二版)》支持“单一故意”规则。这两种做法都是合理的，换言之，《侵权法重述（第二版)》的文本和评注都没有就双重或单一意图提供明确的指导。

对此，《侵权法重述（第三版)》似乎也没有明确其立场，只是界定了行为人出于目的而必须具有的必要心理状态：“如果……某人的行为是为了产生某种后果；或……明知这种后果在实质上肯定会产生，则该人的行为具有产生这种后果的故意。”[③] 但后续的草案中明确提出采用单一故意规则，理由在于：[④]单一故意规则能够为原告提供更有力的保护，使行为人可能真正甚至合理地相信自己造成的接触不会造成伤害或冒犯时，仍须承担故意侵权责任。尽管如此，该规则不会导致与行为人

---

① See White v. Muniz, 999 P. 2d 814, 816 (Colo. 2000). 科罗拉多州最高法院依据《侵权法重述（第二版)》第 13 节的文本，还引用了第 18 节评注 e 中的以下语言：一个行为必须是为了给……他人或第三者带来有害或冒犯性接触，或知道他的行为在很大程度上肯定会产生这种结果。行为人认识到该行为涉及任何程度的有害或攻击性接触的可能性……但不十分肯定会产生这种结果，这不足以使该行为成为故意行为。[Restatement (Second) of Torts § 18, comment e, 1965]。对“带来有害或冒犯性接触”和“这种结果”这两个短语最自然的解读是，要么必须有伤害或冒犯的目的（以及接触的目的），要么必须知道“这样的结果”会随之而来。

② See Wagner v. State, 122 P. 3d 599, 605 (Utah 2005).

③ Restatement (Third) of Torts: Liability for Physical and Emotional Harm § 1, 2010. 但没有明确规定被告故意造成的后果是仅包括造成接触（或其引起的注意）的故意，还是进一步要求接触（或其引起的注意）的效果是有害的或令人反感的。

④ See Restatement (Third) of Torts: Intentional Torts to Persons § 110, comment b, TD No. 1, 2015.

的罪责不相称的异常宽泛的故意责任。例如，在 Wallace v. Rosen 案[①]中，被告显然有接触的故意，但没有伤害或冒犯的故意，法院认为，在当时的情况下，原告的表面同意或者默示同意表明了被告的身体接触是合理的。可见，很多时候在单一故意和双重故意之间做出选择对法律结果并无明显差别，故多数法院都没有明确表态。值得注意的是，在医疗侵权案件中，如果医生明显超出了病人同意的范围，或者医生只获得了一种治疗的同意，却实施了另一种治疗，几乎所有法院都认可了医生的故意侵权责任。[②]

综上所述，尽管故意的双重内涵较为明确，但具体实践中故意的判断却很复杂。其原因在于故意在某种程度上作为行为的主观心理状态具有一定的抽象性，裁定者并没有思想阅读器直接决定故意与否。因此，行为人的主观故意必须通过其外在行为予以判断。

（二）故意概念的扩张与限制：转移故意

转移故意原则最初由普罗瑟提出。[③] 他认为，转移故意只适用于最初普通法中侵权令状所覆盖的五类侵权行为，[④] 与由被告的行为直接造成的损害相关。依据转移故意原则，被告的故意引起与其行为导致不同的其他损害后果时（被告的非预期后果），被告仍承担故意侵权责任。[⑤]可见，转移故意实质上扩展了故意侵权责任的范围。转移故意在《侵权法重述（第一版）》之前几乎没有得到判例法的支持，随后的美国司法界似乎并不反对将转移故意作为殴打或攻击索赔责任的依据。例如，在

---

① Wallace v. Rosen, 765 N. E. 2d 192 (Ind. App. 2002). 当火警警报响起时，原告正在参观她孩子的小学。被告老师正护送原告孩子的班级下楼。原告站在楼梯间挡住了去路，被告要求她让一让，但没有得到回应。于是被告把手搭在原告的肩膀上以引起她的注意，并将她移到学生们离开的方向。原告因此从楼梯上摔下，受了伤。

② See Joseph H. King, "The Torts Restatement's Inchoate Definition of Intent for Battery, and Reflections on the Province of Restatements", 33 Pepp. L. Rev. 623, 2011, p. 638 – 641; Craig M. Lawson, "The Puzzle of Intended Harm in the Tort of Battery", 74 Temp. L. Rev. 355, 2001, p. 360 – 361.

③ See William L. Prosser, "Transferred Intent", 45 Tex. L. Rev. 650, 1967.

④ 五类侵权行为：非法侵犯、殴打威胁、错误拘禁、侵犯动产及土地侵害。

⑤ Peter B. Kutner, "The Prosser Myth of Transferred Intent", Indiana L. J., Vol. 91, Issue 4, 2016, p. 1108.

Carnes v. Thompson 案[①]中，原告的证据足以证明被告故意袭击其丈夫却打击到原告。法院认为，如果行为人故意殴打另一人而无意打击第三人，行为人亦不能以此借口主张意外事件的抗辩，仍应认定为故意侵权。在此种情形下，被告（行为人）的故意是非法的，不以其所预期的损害后果为必要条件。又如，在 Keel v. Hainline 案[②]中，被告用黑板擦故意打击、吓唬一同学却击中原告的眼睛，法院判定被告承担侵权责任，原因在于被告的行为如此错误而不应当逃避其行为的损害后果。《侵权法重述（第二版）》延续了《侵权法重述（第一版）》的做法，在许多不同的章节中论述了转移故意，作为殴打、攻击和非法拘禁等不同侵权行为中故意定义的一部分。[③]

一般而言，转移故意是一种法律拟制，它适用于故意伤害一人的行为最终伤害了另一人的情况。这意味着当行为人并没有伤害原告的意图，甚至没有伤害原告的目的，也不知道原告会因自己的行为而受到伤害时，行为人构成故意侵权。显然，在转移故意理论中，行为人的心理状态与损害后果是脱节的。换言之，转移故意使行为人在没有故意造成原告损害的情况下也要承担故意侵权的责任。[④] 例如，在 Corn v. Sheppard 案[⑤]中，法院没有拘泥于被告的主观意图，而是将重点放在了他的活动上——开枪。法院认为枪支是“危险工具”，并认定开枪是一种异常危险的活动。法院指出，如果一个人手中持有枪支，而枪支走火，即使是意外和非故意的，他也要对由此造成的伤害承担责任，除非他能证明他采取了一切合理的预防措施来防止意外发生，而且武器走火

---

① 48 S. W. 2d 903，904（Mo. 1932）.

② See 331 P. 2d 397（Okla. 1958）（SATL48）.

③ See Restatement（Second）of Torts § 13（a）；§ 16（2），Comment b；§ 18（1）（a）；§ 20；§ 21（1）（a）；§ 32（2）；§ 35（1）（a）.

④ See Vincent R. Johnson，“Transferred Intent in American Tort Law”，87 Marq. L. Rev. 903，2004，p. 903，n. 1；Allan Beever，“Transferred Malice in Tort Law?”，29 Legal Stud. 400，2009.

⑤ See 229 N. W. 869（Minn. 1930）. 在该案中，被告房主用左轮手枪向聚集在其车库附近的几只狗射击。被告并不知道原告就站在附近，被告的子弹没有击中狗，而是击中了原告的手臂和腹部。被告在此案中并无伤害意图，甚至没有威胁他人的意图，他唯一的目的是驱散一群狗。

不是由于他的任何不小心行为而造成的。也就是说，他的决定是故意的，行为是危险的，因此他应对其行为造成的任何伤害负责。“他无意击中原告，甚至不知道有人在射程之内”这一事实并不能成为免责借口。可见，转移故意原则的适用导致了非故意侵权的结论，或者是与过失侵权、严格责任类似的结论。剥去“故意”的外衣，转移故意实际上是一个无过失概念。因此，该原则受到学者的广泛质疑。

尽管转移故意受到诟病，但如果法院完全用过失理论取代转移意图理论，其效果将是大大限制那些不造成可预见的人身伤害风险的故意侵权行为的责任，如许多攻击性殴打和袭击。此外，转移意图原则已经在美国侵权法中根深蒂固，被多数法院采用。《侵权法重述（第三版）》也在一定范围内认可了转移故意原则，与《侵权法重述（第二版）》规定不同的是，它在一个章节阐述了转移故意原则。[①]

（三）故意与其他概念的区别

1. 故意与动机

动机是否构成故意呢？通常来讲，故意的概念与动机的概念是不一样的。多布斯通过不愿意接受治疗的患者的案例做出了解释，医生出于良好的动机选择自己认为对患者最有利的治疗措施，甚至认为其有权对患者实施强制性治疗。但他良好的动机或错误的相信都不能成为其故意侵犯患者的借口。[②] 可见，侵权责任由行为人的行为决定，侵权行为人的动机对于责任的承担无关紧要。[③] 无论行为人的动机是否恶意，行为本身或行为方式不构成侵犯他人权利则不承担侵权责任。库雷对动机的意义曾有过精辟的观点：恶意的动机会导致损害后果更糟糕，但不能将

---

① See Restatement (Third) of Torts: Liability for Physical and Emotional Harm § 33, comment c, 2010.

② See Dan B. Dobbs et al., *The Law of Torts*, West Group, 2011, § 30.

③ See American Automobile Ass'n v. American Automobile Owners Ass'n, 216 Cal. 125, 13 P. 2d 707, 83 A. L. R. 699 (1932); Pacific Typesetting Co. v. International Typographical Union, 125 Wash. 273, 216 P. 358, 32 A. L. R. 767 (1923).

合法行为转变为侵权行为。[①] 与此相反，本质上的侵权行为不会因良好的动机而改变为合法行为。[②] 而另一个极端则是19世纪后期英国法承认恶意的动机是案件的基本要素。[③]

动机之于侵权法是否是一个多余的概念？依据普罗瑟的观点，动机问题在于平衡各方利益，确定被告是否应该以损害原告为代价。在他看来，法院在认定行为人的行为性质和因故意侵扰原告利益而承担责任时，行为人的动机不可避免地发挥作用。当事人的权益并非由法律明确规定而是互相依存，具有相对性，在很多情况下，为平衡当事人的利益，行为人的动机或目的本身可以决定其责任的承担。[④] 例如，在一起案件[⑤]中，被告政府官员以良好的动机全力帮助房东（原告）的租户搬迁，并承诺花费成本由被告承担。当房东愿意支付更高的价格时，被告改变计划，不再帮助租户搬迁，但为时已晚，租户已经承诺搬迁。法院认为，如果没有政府的介入，租户很可能继续租赁，但政府对于侵扰双方的租赁关系不承担侵权责任，原因在于政府在与租户谈判中并没有不良动机。另外，在 Turrle v. Buck 案[⑥]中，法官作出一个结论：通常来讲，为了自身利益通过较低价格提供货物吸引竞争对手的客户是正当的，但若不为自身盈利，仅是为驱逐竞争对手而且怀有恶意动机的目的逼迫对手退出行业的故意，此行为应当构成侵权。

---

① See Hadley v. Southwest Properties, Inc., 116 Ariz. 503, 570 P.2d 190 (1977); BellSouth Mobility, Inc. v. Cellulink, Inc., 814 So. 2d 203 (Ala. 2001); Montemayor v. Ortiz, 208 S.W.3d 627 (Tex. App. Corpus Christi 2006).

② See Newman v. Christensen, 149 Neb. 471, 31 N.W.2d 417 (1948).

③ See Lumley v. Gye, (1853) 2 E&B 216, 118 Eng Rep 749; Bowen v. Hall, (1881) 6 QB Div. 333, 50 L.J. (Q.B.) 305; Temperton v. Russell, (1893) 1 Q.B. 715, 62 L.J. (Q.B.) 412.

④ See William L. Prosser et al., *Prosser and Keeton on Torts*, West Group, 1984, §5, Motive.

⑤ See RAR Development Associates v. New Jersey Schools Const. Corp., 2008 WL 2663403 (N.J. Super. Ct. App. Div. 2008).

⑥ See J.B. Ames, "How Far an Act May Be a Tort Because of the Wrongful Motive of the Actor", 18Harv. l. Rev. 411, 1905.

2. 故意与错误

故意、过失及意外事故都指向侵权行为产生的效果，并非行为本身，否则所有的侵权行为都是故意的。① 出现效果错误的情况下可能不构成侵权。通常情况下，错误与故意问题无关，如果被告有意作出侵权行为，被告错误地认为其享有特权，甚至被告的错误是合理的，该特权也无法成为抗辩事由。② 例如，在 Ranson v. Kitner 案③中，被告向原告的狗射击，并错误地认为那是一匹狼。法院认为，该错误并非原告故意诱导，被告应当承担赔偿责任。又如，在 Perry v. Jefferies 案④中，被告砍伐树枝落入原告土地上，但被告错误地认为树枝会落到自己的土地上。法院认定了被告的侵权责任。换言之，行为人故意实施的行为给他人造成损害不因其自身错误的认识而免除侵权责任。

法院已经将错误理论应用到各类故意侵权案件中。⑤ 在很多情况下，涉及自卫等特权时，被告可能无须承担因错误而导致的责任。以警察的行为为例，法院通常会认定警察在执行公务时有犯合理错误的权利。⑥

3. 故意侵权行为与故意行为

故意侵权行为和故意行为并不相同。故意行为不一定表明损害亦是由故意造成，不能界定为故意侵权。例如，普通法对故意生火而超出控制引起火灾的个人施加责任，对故意将马放在公共道路上的个人施加责任。换言之，普通法要求当事人为其自身故意行为的损害承担赔偿责任，但这些责任不能被界定为故意侵权。例如，在前文所述的

---

① See O. W. Holmes, *Common Law*, The Lawbook Exchange, Ltd., 2005, p. 54 – 55, p. 91, p. 94 – 95.

② See Diamond John J., *Understanding Torts*, Matthew Bender & Company, inc., 2013, p. 5.

③ See 31 I 11. App. 241 (1889).

④ 39 S. E. 515 (S. C. 1901).

⑤ See Diamond John J., *Understanding Torts*, Matthew Bender & Company, inc., 2013, p. 5.

⑥ 参见［美］文森特·R. 约翰逊：《美国侵权法》，赵秀文等译，中国人民大学出版社2004年版，第49页。

Shaw 案[①]中，原告声称，被告明知香烟会伤害无辜的第三者却生产、出售，这属于非法侵害第三人。法院否定了其诉讼请求，强调被告没有任何侵害第三人的目的，其“知情”亦不符合非法侵害中故意的要求，否则将意味着手枪生产者承担责任成为必然。显然，所有的故意侵权行为都应当满足对损害结果的故意，事实上，大多数的殴打案件，原告通过证明被告有目的的故意伤害来寻求赔偿，很少一部分殴打案件通过证明被告明知损害后果而无目的的损害来寻求赔偿。

在工伤案件中，法院认为，“实质的确定性”符合故意的概念，但亦指出，此实质确定性不能通过证据表明“很可能”的损害结果，或此损害在“所有可能性”的结果中得到满足。[②] 相反，虚拟的确定性可以予以检验。即使是最初确立雇主侵权责任的俄亥俄州最高法院也不得不承认雇主的侵权责任并非故意侵权。有法院坚持认为，故意行为绝不是故意侵权行为。[③]

第二节　普通法系侵权法上故意侵权行为的抗辩事由之一：同意

同意之于故意侵权的价值在于“volenti non fit injuria”（同意无损害），故意侵权行为因同意而合法。[④] 可见，本质上是道德的同意因此

---

① Shaw v. Brown & Williamson Tobacco Corp., 973 F. Supp. 539, 548 (D. Md. 1997).

② See Suarez v. Dickmont Plastics Corp., 639 A. 2d 507 (Conn. 1994); Fisher v. Shenandoah Gen. Constr. Co., 498 So. 2d 882 (Fla. 1986); Woodson v. Rowland, 407 S. E. 2d 222 (N. C. 1991); Van Fossen v. Babcock & Wilcox Co., 522 N. E. 2d 489 (Ohio 1988); Harn v. Continental Lumber Co., 506 N. W. 2d 91 (S. D. 1993); Reed Tool Co. v. Copelin, 689 S. W. 2d 404 (Tex. 1985); Birklid v. Boeing Co., 904 P. 2d 278 (Wash. 1995). Fisher v. Shenandoah Gen. Constr. Co., 498 So. 2d 882 (Fla. 1986).

③ See Kawaauhau v. Geiger, 118 S. Ct. 974 (1998).

④ See Terence Ingman, “A History of the Defence of Volenti Non Fit Injuria”, 26 Juri. Rev. 1, 1981, p. 4.

拥有了神奇的力量——将非法行为完全转变为合法行为。[①] 诚如赫德（Hurd）教授所描述的“同意将强奸转化为爱情，将绑架转化为快乐的旅行，将非法碰触转化为足球运动，将盗窃转化为礼物，将非法侵入转化为共进晚餐”。[②] 简言之，同意理论赋予了行为人跨越故意侵权领域界限的权利。当然，同意并非毫无限制的，只有有效的同意才具备神奇的力量。有效的同意应当是理性的、自愿的，而在欺诈或胁迫的情形下或特定人群（未成年人、精神病人等）所作出的同意通常是无效的。[③]

一、同意的类型

《侵权法重述（第二版）》规定“同意”是指用于表示事实上愿意发生某种行为或对某种利益的侵犯，该重述选择“事实上的同意”（consent in fact）、“事实上的意愿”（willingness in fact）的术语表达。[④] 但这种术语表达暗含与“法律上的同意”（consent in law）或“默示同意”（implied consent）的比较，容易忽视其他重要的同意类别，如表面同意和紧急情形的同意。[⑤] 因此，《侵权法重述（第三版）》对同意的类型进行了梳理，并规定了四种不同类型的有效同意：实际同意（actual consent）、表面同意（apparent consent）、推定同意（presumed consent、“constructive” consent）和紧急情形的同意（emergency doctrine）。[⑥]

---

① See Heidi M. Hurd, “The Moral Magic of Consent”, 2 Legal Theory 121, 1996, p. 121, p. 124.

② Heidi M. Hurd, “Blaming the Victim: A Response to the Proposal That Criminal Law Recognize a General Defense of Contributory Responsibility”, 8 Buff. Crim. L. Rev. 503, 2005, p. 504.

③ See Larry Alexander, “The Moral Magic of Consent (1)”, 2 Legal Theory 165, 1996, p. 166 – 167.

④ See Restatement (Second) of Torts § 10A; § § 892 – 892D, 1965. 这些同意条款适用于所有故意侵权索赔的抗辩。第 892 节确定了同意的两个概念：实际同意和表面同意。第 892A、892B 和 892C 节分别涉及同意的效力，错误、虚假陈述或胁迫下的同意以及对犯罪的同意。第 892D 节规定了在未经同意的情况下采取紧急行动的原则。

⑤ See Restatement (Third) of Torts: Intentional Torts to Persons § 12, Note. comment a, TD No. 4, 2019.

⑥ See Restatement (Third) of Torts: Intentional Torts to Persons § 12, TD No. 4, 2019.

需要说明的是，“默示同意”这一术语经常被很多法院用来表示各种不同类型的同意，可谓明示实际同意之外任何其他类型的具有法律效力的同意的首选术语。例如，在 Harvey v. Strickland 案[①]中，法院分析表面同意、紧急情况的同意及替代同意时使用了“默示同意”这一术语。一些州也有所谓的“默示同意”法规，如得克萨斯州《陪审团示范指南》用“默示同意”表示紧急情形的同意：“如果病人失去知觉或因其他原因无法明确表示同意，且有必要立即进行外科手术以保护其生命或健康，则法律默示同意。”[②]尽管该术语能够表明同意不是实际同意，但用其并不能提供更为准确的信息，还可能带来混淆。基于此，《侵权法重述（第三版）》没有继续采用此术语。

（一）实际同意

《侵权法重述（第三版）》从“自愿”（willingness）的心理状态角度界定实际同意：（1）原告自愿行为的发生，且此“自愿”意思可以明示，也可以从事实中推断出；（2）被告的行为属于原告同意的范围；（3）原告有能力表示同意；（4）同意不是在胁迫或重大错误的情况下作出的。[③] 可见，实际同意存在两种形式，即明示实际同意和推断实际同意[④]。明示实际同意是指原告以书面或口头形式明确表示同意的情况。推断实际同意是指从原告的行为中推断出这种意愿的情况。[⑤] 如果病人在同意书上签字，同意接受某类手术，或口头明确表示愿意接受手术，那么他的手术意愿就是明示的；如果一个病人去看医生做体检，那么她允许在这种检查中进行通常预期的普通身体接触的推论是非常有力的，她的实际同意没有明示，却很容易从当时的情况推断出来。

---

① See Harvey v. Strickland, 566 S. E. 2d 529 (S. C. 2002). 还有多个法院将紧急情形的同意视为一种默示同意，如 Mohr v. Williams, 104 N. W. 12 (Minn. 1906); Werth v. Taylor, 475 N. W. 2d 426 (Mich. Ct. App. 1991)。

② See Texas Pattern Jury Instruc. 51. 15 (2016).

③ See Restatement (Third) of Torts: Intentional Torts to Persons § 13, TD No. 4, 2019.

④ 详细论述见下文（三）推定同意。

⑤ See Restatement (Third) of Torts: Intentional Torts to Persons § 13, comment c, TD No. 4, 2019.

（二）表面同意

依据表面同意规则，如果行为人根据所有情况合理地相信原告同意，即使行为人的想法是错误的，行为人也不承担侵权责任。但如果原告没有同意，而行为人选择相信原告同意，而这种相信是不合理的，则行为人仍须承担责任。[①] 换言之，表面同意是指原告没有明示实际同意，但被告合理地认为原告实际同意。例如，在著名的 O'Brien v. Cunard S. S. Co. 案[②]中，原告在移民船中等待接种疫苗入境，她与其他人一样举手接受接种疫苗。之后原告以因接种疫苗受到损害为由提起诉讼，法院认为，尽管原告在主观上没有做出同意，但其举手的行为构成了同意的外观，被告有理由信赖此同意。[③] 最终法院认可了此种同意的效力，被告因此免责。显然，此案中的同意不属于原告有意愿的实际同意，而是基于原告的外在行为，被告合理地认为其实际同意。

对于“合理的相信”的理解有两种：其一，狭义的“合理性”，要求行为人必须根据原告的言语或行为，合理地相信当事人确实同意。例如，在 Ortiz v. Frager 案[④]中，外科医生（被告）在原告没有过错的情况下错误地对原告的右乳房进行了活组织检查，被告承认原告实际上只同意对左侧乳房进行活检。法院认为，“表面同意只有在基于原告的言语或行为的情况下才能存在”，由于原告在进行手术时处于麻醉状态，而且没有其他证据表明原告曾同意对其右侧乳房进行手术，因此法院驳回了被告的表面同意抗辩。其二，只要被告在误认为原告实际同意方面没有过错就可以“合理地相信”。《侵权法重述（第三版）》采取了后一

---

① See Restatement (Third) of Torts: Intentional Torts to Persons § 101, comment g, TD No. 1, 2015.

② See 154 Mass. 272, 28 N. E. 266 (1891). 关于该案例中的同意是明示的同意还是默示的同意，美国学者有不同的看法，多布斯认为是明示的同意，而爱波斯坦（Epstein）和夏基（Sharkey）认为是默示的同意。See Cases and Materials on Torts, Wolters Kluwer Law & Business, 2012, p. 17. 笔者赞同多布斯的观点，原告做出了同其他人一样的举手行为，此行为为同意披上了非常明确的外观，并不存在含糊的可能。

③ 参见［美］丹·B. 多布斯：《侵权法》（上册），马静等译，中国政法大学出版社 2014 年版，第 195 页。

④ 2006 WL 6916527 (Mass. Super).

种解释，理由是能在更大程度上促进互利的人际交往所带来的社会效益。[①]

此外，紧急情形的同意是在无法获得原告或原告授权同意的人的事先同意的情况下进行紧急救生治疗的正当理由，也是被告在没有原告实际同意的前提下，合理地认为原告同意的一种同意，故也可被纳入表面同意类型中。但《侵权法重述（第三版）》已经将紧急情形的同意独立出来。[②]

（三）推定同意

推定同意应当满足下列条件：[③] 根据“现行社会习惯”（prevailing social norms），行为人有理由在原告未实际同意或表面同意的情况下从事该行为，且行为人没有理由相信，如果行为人征求了原告的同意，原告不会实际同意该行为。可见，推定同意的正当性基础来自“现行社会习惯”。例如，在 Prior v. White 案[④]中，上门推销员进入原告家中推销，依据当地零售业的实际情况，上门推销不属于非法侵入。原告并未对此习惯表示反对，故其沉默行为可以被认定为已经同意推销员的进入。但并非所有遵循社会习惯的沉默行为都可以被视为同意，应当满足适当的条件。又如，Florida Publishing Co. v. Fletcher 案[⑤]则引起了较大争议，在原告离开住房期间，一场未知的大火严重毁损其住房并导致护婴员死亡，警察及消防员进入房间并邀请报社摄影师对此拍照，之后摄影师公开了其中一张照片，原告以侵犯隐私为由提起诉讼。法院认为，允许媒体出席具有重大公共利益的现场是本地的传统，因此推定原告同意成立。但其他法院并未认可和适用该案，理由在于：其一，案中的习惯并非适用于个人的通用习惯，无法证明原告已经知晓或应当知晓；其

---

① See Restatement (Third) of Torts: Intentional Torts to Persons § 13, comment c, TD No. 4, 2019.

② See Restatement (Third) of Torts: Intentional Torts to Persons § 17, TD No. 6, 2021.

③ See Restatement (Third) of Torts: Intentional Torts to Persons § 16, comment d, TD No. 4, 2019.

④ See 132 Fla. 1, 180 So. 347, 116 A. L. R. 1176 (1938).

⑤ See 340 So. 2d 914 (Fla1976).

二，原告没有合理的机会对被告的行为予以禁止；其三，被告追求新闻价值的利益与原告私人住所及隐私的利益相比未必更值得保护。由此可见，“现行社会习惯”标准本身存在模糊性，需要综合案情具体判断。

在大多数情况下，实际同意才是判断同意的黄金标准，实际同意是建立在原告意愿基础上的同意，而不是仅依靠推定或反事实的判断说明原告的意愿。推定同意不能被宽泛化，不能仅仅根据一般可靠的预测判断。[①] 例如，在 Miller v. National Broadcasting Co. 案[②]中，NBC 一名制片人将一名医务人员带入原告家中，为原告的丈夫康复治疗，并将整个过程进行了拍摄直至原告丈夫死亡。NBC 以获得原告的默示同意为抗辩事由，但法院并未采纳，因为在尊重个人尊严、个人隐私的大社会背景下，进入私人领域拍摄应当得到明确的同意。换言之，法院并没有因原告同意接受治疗行为而推定同意被告的拍摄行为。此外，在推定同意的情况下，行为人通常只有在轻微侵犯他人利益的情况下，才有理由在未经对方实际同意的情况下实施行为。

（四）紧急情形的同意

《侵权法重述（第三版）》将紧急情形的同意作为一种独特类别的同意进行了规定——紧急情况的同意必须对四个问题进行判断：原告的生命或健康是否存在风险；如果行为人不干预，潜在伤害的紧迫性；在行为人必须采取行动防止伤害之前获得同意是否不切实际；行为人对这些因素的看法是否合理。[③] 可见，紧急情形的同意实质是合理认知的风险严重性与干涉原告选择同意权利的严重性间的权衡。此类同意通常发生在医疗案件中。Schloendorff v. Society of New York Hospital 案[④]确立了这样的规则，每个有行为能力的成年人都有权利决定自己的身体（人

---

① See Restatement (Third) of Torts: Intentional Torts to Persons § 16, comment d, TD No. 4, 2019.

② See 187 Cal. App. 3d 1463, 232 Cal. Rptr. 688, 69 A. L. R. 4th 1027 (1986).

③ See Restatement (Third) of Torts: Intentional Torts to Persons § 17, comment c, TD No. 6, 2021.

④ See 105 N. E. 92, 93 (N. Y. 1914).

身自决权)，医生未经病人的同意施行医术而导致损害应当承担侵权责任。但如果出现紧急情况，病人没有意识却急需救治，医生可以未经同意予以救治。这一默示同意是一种法律上的拟制，是假设原告作为理性人在被问到此问题时一定会选择同意救治。① 这一规则为急需救助的病人提供了及时保护。

紧急情形的同意规则与紧急避险（necessity defense）规则的概念相似，两者都意味着被告的侵权行为具有正当性。但两者有重要的区别：紧急情形的同意须以原告未实际同意为前提，紧急避险则不考量原告同意与否的问题。

二、瑕疵同意的效力

同意作为抗辩事由，成功阻却侵权责任需要满足诸多要件，笔者将不能阻却侵权责任的同意称为“瑕疵同意”，即因欠缺构成要件而无法构成有效抗辩。

（一）无同意能力者作出的同意

有效的同意必须由具备同意能力的原告作出，依据《侵权法重述(第二版)》第892A节第2分节，有效的同意指具有同意能力的人或其代理人（经授权）所作出的同意。同意能力不等同于行为能力，是一种需要确认的事实问题。法院在判断原告的同意能力时，通常参考原告管理日常事务的能力，对自己享有的权利及其行为的性质和效力的理解能力。② 毋庸置疑的是，无同意能力者作出的同意在原则上是无效的，只有在被告履行了谨慎注意义务仍无法知道原告存在无同意能力的情形时除外。无同意能力者作出的同意的主要情形有：未成年人作出的同意；病人作出的同意。

未成年人的同意问题是一个事实问题，法院通常依据未成年人是否

---

① See Epstein, Sharkey, *Cases and Materials on Torts*, Wolters Kluwer Law & Business, 2012, p. 19.

② 参见［美］丹·B. 多布斯：《侵权法》（上册），马静等译，中国政法大学出版社2014年版。第202页。

具备作出相关决定所需要的经验和智力予以判断。显然，未成年人有能力作出许多决定，如同意身体对抗游戏的未成年人无权获得赔偿，① 即使未成年人原告以过失侵权提起诉讼，该同意抗辩亦被作为风险承担抗辩。② 事实上，未成年人原则上被认定为无意思能力，但法院对未成年人的同意能力并没有固定的标准，甚至在 Gardwell v. Bechtol 案③中，法院认定 17 岁的未成年人对其脊椎治疗手术具备同意能力，该医疗手术造成严重损害亦不得提起侵权诉讼。现实中，未成年人的同意行为通常由其监护人代表作出，如针对未成年人的重大医疗④或其他严重侵害的同意，监护人代表未成年人作出同意应当坚持被监护人最大利益原则。

美国一些法院对于成年人拒绝接受必要的医疗救助本身表明其存在无能力的情形，通常会指定监护人代表其作出同意，即将病人视为无能力人。其原因在于成年人需要向国家承担生存和照顾家庭的义务。⑤ 但这一观点逐渐被抛弃，如在 Matter v. Dubreuil 案⑥中，法院认定，如果仅因为病人子女对于其生存享有利益而允许强制医疗，则应当予以驳回，即应尊重病人的选择。有法院甚至支持了一名 96 岁的老人不再继续接受自身医疗，结束生命的决定。⑦

（二）错误的同意

错误的同意是指原告因被告的欺诈或虚假陈述或故意隐瞒而作出同意，该同意不能成为被告的抗辩事由。可见，原告所犯的否定同意效力的错误应当由被告引起。例如，在 Hogan v. Tavzel 案⑧中，原告与被告是结婚 15 年的夫妻但因故离婚。原告因夫妻生活而被传染了性病

---

① See Hellriegel v. Tholl, 69 Wash. 2d 97, 417 P. 2d 362 (1966).

② See Frazier v. Norton, 334 N. W. 2d 865 (S. D. 1983).

③ See 724 S. W. 2d 739, 67 A. L. R. 4th 479 (Tenn. 1987).

④ See Bonner v. Moran, 126 F. 2d 121, 122 (D. C. Cir. 1941).

⑤ 参见［美］丹·B. 多布斯：《侵权法》（上册），马静等译，中国政法大学出版社 2014 年版，第 202 页。

⑥ See 629 So. 2d 819 (Fla. 1993).

⑦ See Matter of Gordy, 658 A. 2d 613, 618 (Del. Ch. 1994).

⑧ See 660 So. 2d 350 (Fla. Ct. App. 1995).

(genital warts)，且被告明确知道自己有此病却没有告知原告，也没有采取任何防止传染的预防措施。法院认为，被告在以下两种情形中不能因原告的同意免除侵权责任：原告对行为的侵害存在认识错误；被告隐藏重要的事实影响原告作出同意。鉴于被告向原告隐藏了其患有性病的事实（无论两人是否已经结婚），法院最终认定，原告对于其与被告发生性行为的同意是无效的。

由于错误直接影响了原告同意的效力，故学者们对原告的错误进行了分类，包括原告对行为性质的认识错误及对行为中相关附属问题的认识错误。[①] 原告对行为性质的认识错误对于其同意行为起到实质性作用，属于重大错误，故同意通常被认定为无效。例如，在 Copeland v. Hubbard Broadcasting Inc. 案[②]中，原告土地所有人同意自称学生的被告进入其土地，且被告隐瞒了其电视台拍节目外景的目的。法院认为，以公认的价值标准判断，原告同意的行为是“学生进入其土地”，这与被告的拍摄行为是完全不同的，故原告有权提起侵权诉讼。那么，原告对行为中附属问题的认识错误会导致同意无效吗？依据《侵权法重述（第二版）》第 892B 节及第 57 节，此类错误不能否定原告的同意，但法院的判决有所不同，如在 De May v. Roberts 案[③]中，被告作为内科医生将一名没有医生职业资格的年轻男人带到原告家中，协助他为原告接生。法院认为，被告没有向原告披露其助手的真实情况，故原告对该助手协助其生产的同意是无效的。可见，无论错误的类型如何，只要对原告作出同意起到实质性的作用，就可能导致同意的无效。

此外，美国侵权案例中出现过一个特殊案件，即原告离婚的妻子称，其同意与被告前夫发生性关系时不知道被告出轨，构成认识错误，主张其之前的同意无效，被告应当承担侵权责任。从传统意义上说，很难明确地说明原告对被告出轨的认识错误与原告同意性生活相关，但法

---

① 关于后者，如《侵权法重述（第二版）》第 57 节和第 892 节评注中提及的行为价值、现金费用及付款方式等认识错误。

② See 526 N. W. 2d 402 (Minn. App. 1995).

③ 9 N. W. 146 (1881).

院认为“原告是否对性生活存在认识错误或原告是否因此受到损害”是陪审团要解决的问题，最终判定侵权责任成立。因此，错误判断及错误对同意的影响问题似乎还会受到人们观念的影响。

（三）非自愿的同意

非自愿的同意是指原告在胁迫或强迫的情况下所作出的同意。在胁迫或强迫情况下，特别是通过身体暴力或明显的威胁方式得以施加时，受害人同意的自由则受到能够客观感知的强烈干扰。[①] 由此，受害人很大可能选择牺牲有价值的远期利益以满足更为紧迫的现实需要，[②] 但这种选择很可能是受害人不期待的。胁迫行为导致罪恶而非罪恶本身，[③] 非自愿的同意实质上是受害人的同意自由被因他人胁迫而产生的巨大恐惧所剥夺。换言之，胁迫必须达到破坏同意的程度，[④] 即能够使受害人产生恐惧心理。例如，A 拿手枪对准 B 的孩子，并威胁 B，如果 B 不能按照其要求作出某些侮辱人格的行为就向其孩子射击，B 因担心孩子的生命安全而屈从。A 不能因 B 的同意免除侵权责任。[⑤]

目前，较为常见的能够否定同意效力的胁迫方式包括雇主及拥有特殊权力的职务人员提出的性要求。[⑥] 例如，在 FBS v. Vinson 案[⑦]中，法院认为，被告雇主的性冒犯是令人反感的，选择受限的原告承认的同意很可能并非真正同意，问题的关键在于原告是否对被诉性冒犯表示欢迎，而非原告是否自愿参加性行为。还有法院提出原告的证据能够证明被告作出了令其反感的性举动，并且原告将此性举动作为影响其薪金、

---

① See S. Litvinoff, “ ‘Error’ in the Civil Law”, in J. Dainow ed. , *Essays on the Civil Law of Obligations*, Louisiana State University Press, 1970, p. 222.

② See S. Litvinoff, “ ‘Error’ in the Civil Law”, in J. Dainow ed. , *Essays on the Civil Law of Obligations*, Louisiana State University Press, 1970, p. 224.

③ See Saul Litvinoff, “Vices of Consent, Error, Fraud, Duress and AN”, 50 La. L. Rev. 1, 1989, p. 48.

④ See La. Civ. Code arts. 2029, 2030.

⑤ See Restatement (Second) of Torts § 58, comment a, 1965.

⑥ 参见［美］丹·B. 多布斯：《侵权法》（上册），马静等译，中国政法大学出版社 2014 年版，第 211 页。

⑦ See 477 U. S. 57, 106 S. Ct. 2399, 91 L. ED. 2d 49, 58 (1986).

工期、工作条件或受雇佣特权的依据，即可认定同意无效。[①]

需要注意的是，胁迫应当是非法和不公正的，[②] 如果被告的威胁内容不具有违法性和侵权性，通常不会导致原告的同意无效。通常情况下，法院不会采纳纯粹经济上的胁迫，如双方买卖动产时，买方故意以“不买”作为威胁大幅度地降低价格，此后卖方不得以其基于买方的威胁作出同意为由，要求买方承担动产侵占责任。[③] 但此情形中的卖方当然可以请求撤销合同。

三、同意的限制

原告的同意可以完全阻却故意侵权责任，美国侵权法在范围及行为性质方面对同意进行了限缩，超出同意的范围或对某些特殊的行为（如犯罪行为）作出同意都不能认定同意的效力。

（一）同意的范围

同意并非单一的概念，它可以在范围上受到限制。该如何界定同意的范围呢？多布斯认为，同意范围本身具有争议性，理由在于同意的范围很大程度上受到具体环境的影响并需要根据具体环境进行理解。例如，在 Kennedy v. Parrott 案[④]中，被告外科医生为原告做阑尾炎切除手术时，发现她卵巢的左边有几个肿囊并故意切除，同时切到了原告的血管，导致原告腿部静脉疼痛。尽管原告并没有对肿囊切除手术作出同意，但原告的侵权诉讼请求仍被驳回。法院认为，在手术中，病人和外科医生都知道病人的确切情况只有在病人被麻醉并切口后才能最终明确地诊断。在这样的案件中，如果没有相反证据，同意应当被理解为外科医生可以依据自己的专业判断进行手术，这一规则适用于病人不能及时

---

① See Karibian v. Columbia University, 14 F. 3d 773, 777 (2d Cir. 1994).

② See S. Litvinoff, “Vices of Consent, Error, Fraud, Duress and AN”, 50 La. L. Rev. 1, 1989, p. 49.

③ 参见［美］丹·B. 多布斯：《侵权法》（上册），马静等译，中国政法大学出版社 2014 年版，第 210 页。

④ See 90 S. E. 2d 754, 759 (N. C. 1956).

作出同意且不能找到同意代表人时，尤其是在紧急医疗情形下。在另一个案件[1]中，原告（一名56岁的女人）在手术前明确表示“不希望切除身体的女性部分”，同时也签订了一份依据手术需要的授权同意书。手术过程中两名医生都认为应当进行切除手术，并切除了原告的子宫和卵巢。法官认为，后来的同意书取代了之前的口头同意。同样是涉及器官的切除，在其他的相关案件[2]中，原告同意有限手术，但被告外科医生将原告器官切除，且在医学上是正确的，但医生在此前并未与病人协商且此情况并非紧急情形，因此被告最终承担侵权责任。

关于同意范围的问题还存在联邦司法机关对个人对政府机构搜查的同意范围作出的限制。虽然从表面看是被告同意的范围，实际上与本书原告同意的范围差异不大，原因在于个人常以政府工作人员行为超出其同意范围而受到侵犯为由提出反诉，此时政府工作人员则主张同意的有效。联邦最高法院在分析同意时，反对《美国宪法第四修正案》中关于搜查的合理性规则。[3]“客观合理性”这一概念成为限制同意范围的因素，如在 Florida v. Jimeno 案[4]中，被告 Jimeno 被一名交通站点的政府工作人员扣押，被告带有麻醉剂，该工作人员要求搜查车辆并告知被告有权拒绝，随后获得被告同意。该工作人员搜查后发现车辆的地板上一个棕色袋子内含有可卡因，被告被逮捕并提出动议，他认为，他所同意的搜查并不能包括打开车上行李和集装箱（装有可卡因）的行为。法院审查该案时运用了“客观合理性”标准，即一个理性人对于该工作人员与被告交流搜查什么所理解的应包含的内容。法院得出结论，在此案件的情形中，一个客观理性的人可以预见到同意搜查的区域包括车辆中含有可卡因的容器。随后的类似案件都遵循了这一先例，[5] 但有学

---

① See Hoofnel v. Segal, 199 S. W. 3d 147, 151 (Ky. 2006).

② See 437 So. 2d 859 (La. 1983).

③ See Charles Katz Petitioner v. United States, 389 U. S. 359. 法官认为，根据第四修正案，对请愿人在公共亭子里的电话交谈进行的官方监视必须接受合理性的检验，而根据我们面前的记录，在没有适当授权令的情况下，所进行的特定监视是不合理的。

④ See Jimeno, 500 U. S. 248 (1991).

⑤ See Such as People v. Adams, 422 N. E. 2d 537 (N. Y. 1981); United States v. Snow, 44 F. 3d 133 (2d Cir. 1995).

者认为此种做法向官员提供很大的自由裁量权，如何经过同意后展开有效的搜查而不损害公民合法权益是需要考虑的问题。[①]

因此，以“客观合理性”标准作为同意范围的判断标准是美国侵权法的通常做法。

（二）对非法行为的同意

对于原告对非法行为同意的效力问题，法院并没有形成统一的规则。一些法院认为，对非法行为的同意并不阻碍其诉求，即不能成为抗辩理由，即被告应承担侵权责任。例如，在 Hudson v. Craft 案[②]中，原告（18 岁男孩）自愿参加非法拳击大赛受伤，法院判定他获得赔偿，原因在于给予违法参加此项拳击大赛人员救济比阻止此项非法活动更为重要。还有法院持相反意见：同意别人伤害自己的人不应事后抱怨，受害人自愿同意违法行为得不到损害补偿可以预防此违法行为。[③] 又如，在 Gastronovo v. Murawsky 案[④]中，原告同意非法堕胎，最后死亡。尽管死亡原因是手术过失而非非法堕胎，但法院仍判定原告无法得到损害赔偿。

四、同意作为抗辩事由角色的争论

许多著名美国侵权法案例书都将同意作为故意侵权行为的积极抗辩事由，[⑤] 但同意作为抗辩事由的角色定位并不清晰。[⑥] 对此存在不同观

---

① See Daniel Fier, “Its in the Bag: Voluntariness, Scope and the Authority to Grant Consent United States District Court Southern District of New York”, 28 Touro L. Rev. 687, 2012.

② See 204 P. 2d 1 (Cal. 1949).

③ 参见［美］小詹姆斯·A. 亨德森等：《美国侵权法实体与程序》，王竹等译，北京大学出版社 2014 年版，第 47 页。

④ See 3 Ⅲ. App. 2d 168, 120 N. E. 2d 871 (1954).

⑤ See Arthur Best et al., *Basic Tort Law: Cases, Statutes, and Problems*, Aspen Publishing, 2022; Ward Farnsworth, Mark F. Grady, *Torts: Cases and Questions*, Aspen Publishing, 2019; Victor Schwartz et al., *Prosser, Wade and Schwartz's Torts, Cases and Materials*, Foundation Press, 2020; John Diamond et al., *Understanding Torts*, Carolina Academic Press, 2023.

⑥ See Nancy J. Moore, “Intent and Consent in the Tort of Battery: Confusion and Controversy”, American University L. Rev., 2012, p. 1589.

点：一是“未经同意”作为侵权构成要件之一，由原告就“未经同意”承担举证责任；二是同意作为独立的抗辩事由对抗侵权构成要件，由被告承担举证责任。

（一）“未经同意”属于构成要件的论点

《侵权法重述（第二版）》对同意的有关规定存在矛盾之处：第13节和第18节对非法侵犯的定义中没有提及同意，而在第13节的评注中将同意认定为如同自卫一样，属于积极抗辩事由阻却责任而非表面侵权的要素。但该评注亦作出这样的描述：在普通法中，非法侵犯、殴打及非法监禁的行为人必然在未经同意的情形下实施侵权行为，因此“未经同意”在诉讼中至关重要并且应当由原告提供初步证明。[①] 这意味着“未经同意”是故意侵权行为表面侵权的构成要件，而非积极抗辩事由。

在司法实践中，很多法院把“未经同意”直接描述为故意侵权行为的基本要件之一。其主要理由是：第一，“同意”可以将本来可能是冒犯性的触摸转化为非冒犯性的触摸。[②] 这一观点与普罗瑟和基顿教授的观点如出一辙。他们认为，同意既不是一种抗辩，也不是一种特权，这一概念首先否定了任何侵权行为的存在。在不违反公共利益的情况下，法院让个人自己决定自己的命运，而不是保护他不因自己的愚蠢而允许他人对他造成伤害。至于对原告利益的故意侵犯，原告的同意否定了被告行为的不法要素，并阻止了侵权行为的存在。[③] 霍姆斯也赞同了此观点。第二，如果原告对已知的行为、风险或后果表示同意，其不仅消除了风险制造者防范该危险的义务，而且赋予了风险制造者作为或不作为的权利。没有责任，就不可能有侵权行为，即使原告诉因的其他要素都得到了满足。[④] 第三，同意的规范力量来自它改变了共同决定他人行为

---

① See Restatement (Second) of Torts § 10, comment a; § 13, comment d, 1965.

② See United States v. Johnson, 54 M. J. 67, 69 (C. A. A. F. 2000).

③ See William L. Prosser et al., *Prosser and Keeton on Torts*, West Group, 1984, p. 112.

④ See Alan Calnan, “Strict Liability and the Liberal—Justice Theory of Torts”, 38 N. M. L. Rev. 95, 2008, p. 114.

正确性的义务和许可，通过同意他人的触摸，一个人可以自由地做其之前有义务不做的事情。[①] 因此，同意能够促进自主权，确保个人能够进行互利的交换，从而增加双方的福祉。[②] 也就是说，“自愿接受”（或者是原告的自主权）是“未经同意”作为表面侵权要件所有论据的基础。

但同意与冒犯[③]存在冲突，并不能消除对个人尊严的冒犯性，个人尊严作为一种值得尊敬和不被贬低的状态由社会标准定义，不法性在一定程度上由陪审团根据社会标准来决定，而非由原告自主决定。因此，有些接触只要得到同意就很可能被视为具有冒犯性，而有些接触只要没有得到同意就很可能被视为不具有冒犯性。[④]

（二）受害人同意作为抗辩事由的论点

与《侵权法重述（第二版）》不同的是，《侵权法重述（第三版）》对同意在侵权行为中的角色没有采取明确立场，但《侵权法重述（第三版）》认为除实际同意外，其他形式的同意侧重于被告缺乏可指责性，而非原告的任何真正同意。它删除了《侵权法重述（第二版）》“被告的信念必须以原告的言词或行为为基础”的相关规定，表面同意的定义中也不再涉及原告的意愿。[⑤] 这显然从根本上动摇了“未经同意”作为表面侵权要件的观点。

支持受害人同意作为抗辩事由的理由主要有：第一，将“受害人同意”作为抗辩事由，能够有效保护原告自主权，实现自主权与尊严的平衡。当没有其他影响尊严的相关因素时，只有同意才能决定是否具有冒犯性。此时，利益权衡法倾向于让干扰原告自主权的被告承担证明同意

---

① See Heidi M. Hurd, “The Moral Magic of Consent”, 2 Lega Theory 121, 1996, p. 124.

② See Restatement (Third) of Torts: Intentional Torts to Persons § 12, comment c, TD No. 4, 2019.

③ 冒犯定义是“冒犯合理的个人尊严感”，从而反映了尊严的一般概念。Restatement (Third) of Torts: Intentional Torts to Persons § 103 (a), TD No. 1, 2015.

④ See Alex Geisinger, “Does Saying ‘Yes’ always Make it Right? The Role of Consent in Civil Battery”, 54 U. C. Davis L. Rev. 1853, 2021.

⑤ See Restatement (Third) of Torts: Intentional Torts to Persons § 16, comment b; § 12, comment a, TD No. 4, 2019.

的责任；当同意不能决定是否具有冒犯性时，它可以作为一种积极的抗辩理由，同意就是“许可”免除被告的责任，原告放弃了索赔的权利。第二，同意作为抗辩事由才能真正促进福利交流。事实上，只有在接触具有冒犯性或有害性的情况下，同意才有存在意义。[①] 如果依据合理标准倾向于不希望有冒犯性或有害的接触，由被告证明侵害原告利益的“同意”以达到“同意的确定性”才是最有效手段。例如，在 City of Houston v. Crabb 案[②]中，法院支持了同意作为非法侵犯的抗辩事由，因为“作为一般规则，要求被告证明同意或付款等积极行为比要求原告证明未付款或未表示同意等不作为更有意义”。正因为同意在责任认定中显现的独立价值，越来越多的法院更倾向于认定同意作为故意侵权行为的抗辩事由，由被告承担举证责任。

可见，美国侵权法倾向于放弃“未经同意”作为表面侵权要件的立场，将同意作为故意侵权行为的抗辩事由的根本原因在于同意在故意侵权行为中发挥着独立的价值。有学者明确指出，同意被视为一种积极抗辩事由时，最符合尊严、自主和效率方面的利益，而“非同意”作为一个由原告承担举证责任的要件难以推进保护原告自主权和提高效率。[③] 因此，同意作为故意侵权行为的抗辩事由是妥当的。需要注意的是，行为人（被告）以同意为抗辩事由时需要知道原告的同意，知道的方式则是原告对同意的表示，即同意必须被表现出来。[④]

---

① 轻微的、为社会所接受的接触，既不是有害的，也不是令人反感的，不属于故意侵权行为，与同意问题无关。

② See City of Houston v. Crabb, 905 S. W. 2 d 669, 674 (Tex. App. 1995); Gen. Wings, Inc., 12 S. W. 3d 827, 835 (Tex. App. 2000).

③ See Alex Geisinger, “Does Saying ‘Yes’ always Make it Right? The Role of Consent in Civil Battery”, 54 U. C. Davis L. Rev. 1853, 2021.

④ See Vera Bergelson, “The Meaning of Consent”, Ohio State Journal of Criminal Law, 2014, p. 179 – 180.

第三节　普通法系侵权法上故意侵权行为的抗辩事由之二：防卫

一、自我防卫

自我防卫（self-defense），或称自卫，是一个古老的概念，可以追溯到犹太法律中的道德教义，① 作为英美法中一项抗辩事由的特权已超500年，② 在侵权法及刑法中是无可争议的。一般来讲，如果行为人“诚实且合理地相信”为阻止即时侵害危险，避免自身受到损害，必须使用武力，③ 那么行为人有权使用合理武力进行自我防卫。

自我防卫是一种自然法则，是美国故意侵权行为的完全抗辩事由。尽管不同地区的法院对自我防卫的要素有些许不同，但通常认为自我防卫需要满足下列条件：④ 武力威胁被告且受威胁的武力是非法的；被告不是侵犯者；伤害危险即将来临；被告人实际和主观上相信有危险存在，使用武力是防止危险所必需的；使用合理的武力防止危险。

（一）自我防卫适用的侵害类型

1. 身体伤害

被告享有的自我防卫特权通常在遭受身体伤害威胁时才可以行使，如在非法侵害、攻击及非法监禁情形中，只要被告遭受到身体伤害威

---

① See George P. Fletcher, Jens David Ohlin, “Defending Humanity: When Force Is Justified and Why”, Oxford University Press, 2008, p. 49 – 51.

② See Geoffrey Christopher Rapp, “Defense against Outrage and the Perils of Parasitic Torts”, 45 Ga. L. Rev. 107, 2010, p. 120.

③ See J. David Jacobs, “Privileges for the Use of Deadly Force Against a Residence-Intruder: A Comparison of the Jewish Law and the United States Common Law”, 63 Temp. L. Rev. 31, 1990, p. 45.

④ See People v. Sanchez, 2014 IL App (1st) 120514, 7 N. E. 3d 69 (Ill. App. Ct. 1st Dist. 2014); S. H. A. 720 ILCS 5/7 – 1 (a). U. S. v. Rice, 673 F. 3d 537 (7th Cir. 2012); CALCRIM No. 3470. People v. Clark, 201 Cal. App. 4th 235, 2011 WL 5926182 (3d Dist. 2011); Nicholson v. Branker, 739 F. Supp. 2d 839 (E. D. N. C. 2010) (applying North Carolina law); State v. Presson, 747 S. E. 2d 651 (N. C. Ct. App. 2013), and so on.

胁，被告即享有自我防卫的特权。《侵权法重述（第二版）》第63（1）节规定了自我防卫适用于具有攻击性或伤害性的碰触行为。此外，其第64节规定了保护免受过失行为侵害的自我防卫，但有法院认为，自我防卫的抗辩应当限定于具有攻击行为的案件，而在过失行为案件中，被告为保护自己给原告造成伤害的事实与其行为合理性问题相关，并不能认定为单独的抗辩事由，因为并非故意侵权。①

需要注意的是，美国法院对于非法监禁的自我防卫是否扩展到政府官员的非法逮捕并未达成一致意见。有法院认为，如果允许被告抵抗政府官员的逮捕则可能间接鼓励暴力；而且非法逮捕的受害人如有正当理由可通过保释免于羁押；非法逮捕受害人还有权取得赔偿。② 有部分法院持相反观点，公民抵制非法逮捕是由来已久的权利。③ 尽管在两者之间做出选择不容易，但因非法逮捕受害人有权请求赔偿，这一事实说明被告对政府官员非法逮捕不享有自我防卫特权更为合理。④

2. 情感伤害

情感伤害通常是因对方极端或荒谬的挑衅性语言或行为带来的心理痛苦。普通法对攻击行为的自我防卫设置目的在于保护行为人情感福祉和尊严。⑤ 从14世纪开始，侵权法将对个人的保护扩展到个人免于蓄意威胁、身体暴力而带来的情绪伤害。⑥ 传统的侵权抗辩事由，如同意和自我防卫，都可以适用于情感伤害，⑦ 但几乎所有的情形下，情感伤害的诉求都与可以明确适用自我防卫的传统侵权行为（如非法侵害、攻

---

① See Sterling v. City of Albany, 276 or. 403, 408, 555 P. 2d 23, 27 (1976).

② See State v. Hatton, 166 Ariz, 142, 568 P. 2d 1040 (1977).

③ See White v. Morris, 345 So. 2d 461, 466 (La. 1977).

④ 参见［美］丹·B. 多布斯：《侵权法》（上册），马静等译，中国政法大学出版社2014年版，第150页。

⑤ See Nicholas J. Mullany, Peter R. Handford, "Tort Liability for Psychiatric Damage: The Law of 'Nervous Shock'", Law Book Co of Australasia, 1993, p. 46, p. 157.

⑥ See Danuta Mendelson, "The Interfaces of Medicine and Law: The History of the Liability for Negligently Caused Psychiatric Injury (Nervous Shock)", Dartmouth Pub Co., 1998, p. 8.

⑦ See Frank J. Cavico, "The Tort of Intentional Infliction of Emotional Distress in the Private Employment Sector", 21 Hofstra Lab. & Emp. L. J. 161, 2003, p. 161-162.

击）捆绑在一起。[①] 也就是说，情感伤害的侵权行为具有寄生性，通常随着其他的侵权行为，因此情感伤害能否适用自我防卫的问题并不被关注。

有学者提出了“自我防卫的特权能否扩展适用于挑衅性的语言”的问题并作了否定回答。[②] 普罗瑟和基顿解释说，自我防卫的特权适用于“有威胁的或冒犯的身体接触或监禁”，[③] 并且被告无权以牺牲他人的人身安全弥补自己个人情感上的愤怒，[④] 情感伤害不需要使用武力维护。并且，对于情感伤害的自我防卫可能是没有意义的。即使极端或令人憎恶的行为的受害者可以因情感伤害提起有效诉讼，使用武力也许不能有效地防止持续的情感攻击的后果。[⑤] 情感伤害的受害者使用武力并成功地制止了令人愤怒的行为，但可能继续遭受情感伤害。相比之下，使用自我防卫来防止身体伤害，可能会有更多的确定性，即致残的打击可以防止攻击以及攻击造成的身体伤害或尊严伤害。例如，杀掉攻击者将停止进一步的非法侵害；相反，杀害实施情感伤害的人可能会停止伤害行为，但不会阻止这种伤害，此情感伤害可以通过继续由不法行为者发起的心理过程来发展。[⑥]

此外，即使法律不允许以自卫方式停止情感攻击，但陪审团可以比法律规定更自由地解释自卫，他们可能会考虑到骚扰、侮辱或挑逗的数量等因素，同情一个采取自卫行动的人。[⑦] 虽然法律可能不能提供充分

---

① See Swann v. City of Richmond, 498 F. Supp. 2d 847, 873 – 874 (E. D. Va. 2007); Thomson v. Salt Lake Cnty., No. 2: 05 – CV – 352 TS, 2006 WL 3254471, 8 (D. Utah Nov. 7, 2006).

② See Jerome Neu, “Sticks and Stones: The Philosophy of Insults”, Oxford University Press, 2009, p. 148, p. 151.

③ See William L. Prosser et al., “Prosser and Keeton on Torts”, West Group, 1984, p. 124.

④ See William L. Prosser et al., “Prosser and Keeton on Torts”, West Group, 1984, p. 26.

⑤ See Geoffrey Christopher Rapp, “Defense against Outrage and the Perils of Parasitic Torts”, 45 Ga. L. Rev. 107, 2010, p. 130.

⑥ See Geoffrey Christopher Rapp, “Defense against Outrage and the Perils of Parasitic Torts”, 45 Ga. L. Rev. 107, 2010, p. 130.

⑦ See Andrew D. Leipold, “Rethinking Jury Nullification”, 82 Va. L. Rev. 253, 1996, p. 309.

的自卫权以保护情感伤害和尊严，但陪审团可以对在遭受骚扰或侮辱挑衅后主张自卫的被告宣判或减少指控，即使不满足被告的法律要求。[①]

因此，自我防卫不能适用于情感伤害的情形。在 Manning v. Michael 案[②]中，法院认定了原告的挑衅不能成为被告使用武力的正当性，但法院支持了被告对原告挑衅行为的损害赔偿请求。

（二）面临即时伤害危险

一般而言，只有存在即时的伤害危险时才能诉诸自我防卫。换言之，只有在被告遭受身体侵害，事实上或被告主观上认为他人行为即将带来身体伤害时，被告才能主张自我防卫。[③] 自我防卫是为避免或降低即时伤害危险而享有的特权，应当与报复性、补救性的行为相区别，其实质是防御，而非侵害或报复。因此，自我防卫发生的情形是被告合理地相信只有立即对他人造成伤害才能防止对其自身的身体伤害或进一步的身体伤害，[④] 如果攻击者停止攻击，即使受到人身伤害也不会产生自我防卫的权利。[⑤] 自我防卫人应当对其在攻击者放弃攻击后继续使用武力而造成的损害承担赔偿责任。[⑥] 面临即时伤害危险是自我防卫不可缺少的条件，如何判断伤害危险则成为衡量自我防卫的关键要素。

1. 即时伤害危险的判断：客观标准

自我防卫并不只局限于实际或真正的危险，[⑦] 如果面对迫在眉睫的危险及明显的危险威胁，且行为人相信其处于危险中，行为人即可使用

---

① See Dan M. Kahan, Martha C. Nussbaum, "Two Conceptions of Emotion in Criminal Law", 96 Colum. L. Rev. 269, 1996, p. 330.

② 188 Conn. 607 (1982).

③ See Russell L. Wald, "Privileged Use of Force in Self-defense", 33 Am. Jur. Proof of Facts 2d 211, 1983.

④ See Russell L. Wald, "Privileged Use of Force in Self-defense", 33 Am. Jur. Proof of Facts 2d 211, 1983.

⑤ See 6 Am. Jur. 2d, Assault and Battery §69, §160. quote: Russell L. Wald, "Privileged Use of Force in Self-defense", 33 Am. Jur. Proof of Facts 2d 211, 1983.

⑥ See Reber v. Sandoz (La App) 63 So 2d 876.

⑦ See State v. Anderson, 230 NC 54, 51 SE 2d 895.

武力进行自我防卫。[①] 但行为人对于表面危险的认识在当时情形下必须是合理的，即正常理性人在类似情况下认为使用武力是可以接受的，仅仅是行为人主观上的相信尚不能构成自我防卫。[②] 例如，在 Crabtree v. Dawson 案[③]中，被告认为一名贵族将使用砖头对其攻击，故向原告攻击并将其推下楼梯。法院认为，被告能够依据表象合理判断，即使攻击错误亦构成自我防卫。可见，主观上合理地相信危险的存在，即使危险不存在，行为人的自我防卫依然成立。行为人主观信念的合理性是衡量其行为的标准，[④] 因此如何确定此主观认知的合理性显得很关键。在 Maichle v. Jonovic 案[⑤]中，法官指出，攻击的表象应当由具有“类似年龄、智力及经验”的儿童根据其直觉、冲动予以判断。

可见，美国侵权法对于即时伤害危险的判断采用理性人的客观标准。当然此客观标准需建立在被告所知的事实基础之上，如 Bradley v. Hunter 案[⑥]中，被告与原告事前结怨，被告因原告的当面诅咒、威胁而对其头部进行枪击，尽管原告并未携带任何武器，但法院认可了被告的自我防卫。也就是说，判断伤害危险不能是以不知情的旁观者为依据的客观标准，而是应以被告获悉的事实为依据的客观标准。

客观标准的目的在于让不理性的被告承担侵权责任，而对于理性被告的错误反应，法院尽可能地免除其责任，原因在于即使是理性人在特殊情形下也会因难作出冷静判断而出现错误，[⑦] 尤其是入室盗窃或抢劫的案件，如 O’Neal v. Chrch’s Fried Chicken 案[⑧]中，原告的盗窃行为已

---

① See 6 Am. Jur. 2d, Assault and Battery § 71. quote: Russell L. Wald, “Privileged Use of Force in Self-defense”, 33 Am. Jur. Proof of Facts 2d 211, 1983.

② See 6 Am. Jur. 2d, Assault and Battery § 161. quote: Russell L. Wald, “Privileged Use of Force in Self-defense”, 33 Am. Jur. Proof of Facts 2d 211, 1983.

③ See 119 ky. 148, 83 S. W. 557 (1904).

④ See 6 Am. Jur. 2d, Assault and Battery § 161. quote: Russell L. Wald, “Privileged Use of Force in Self-defense”, 33 Am. Jur. Proof of Facts 2d 211, 1983.

⑤ 230 N. W. 2d 789 (1975).

⑥ See 413 So. 2d 674 (La. App. 1982).

⑦ 参见［美］丹·B. 多布斯：《侵权法》（上册），马静等译，中国政法大学出版社 2014 年版，第 147 页。

⑧ 580 So. 2d 706 (La. Ct. App. 1991).

经完成，并“轻声推门”，被告向其射击，法院认为，尽管盗窃行为已经完成，但被告因内心恐惧作出如此反应是合理的，故被告因自我防卫而免责。

2. 例外情形：主观标准

以主观标准判断伤害危险无疑是很荒谬的，但对于一些极特别的案件而言，似乎具有合理性。目前，美国法院以主观标准判断自我防卫的合理性主要体现在“受虐待妇女”案件中。尽管此类案件属于刑事诉讼范畴，但由于大量妇女因长期遭受虐待而杀害配偶的案件频现，法院开始将受虐待妇女认定为一类新型侵权，[①] 故部分案件可以适用侵权规则。大量“虐待妇女案”都有一个共性：妇女在不具有紧急危险，其配偶基本无防备（如熟睡）的情况下实施杀害行为。由于受虐妇女长期遭受配偶的身体和心理折磨，她们通常无法逃离此种困境，即使不在紧急危险情形下，因长期极度恐惧而使用武力是合理的。例如，在 State v. Leidholm 案[②]中，陪审团认为，被告遭受了特别的身体和精神折磨，因此判定被告使用武力是适当的。但大多数法院仍坚持客观标准，被告不能仅因此前的遭遇主张自我防卫，还需要证明更多的正当理由。

（三）合理使用武力

自我防卫较为经典的描述是合理地使用适度、必要的武力应对即将发生的非法武力威胁。[③] 换言之，被告在行使自我防卫特权过程中应当合理使用武力，即用于驱逐威胁侵权行为的武力是必需的且不超过防御所需的限度，否则被告构成非法侵权。只有当行为人合理地相信另一人即将对他施加非法死亡或严重的身体伤害（并且必须使用致命的武力来防止它）时，通常才允许使用致命的武力。[④]

---

① See Cusseaux v. Pickett, 279 N. J. Super. 335, 652 A. 2d 789 (1994).

② See 334 N. W. 2d 811, 818 (N. D. 1983).

③ See Margaret Raymond, “Looking for Trouble: Framing and the Dignitary Interest in the Law of Self-Defense”, 71 Ohio St. L. J. 287, 2010, p. 290.

④ See Wayne R. LaFave, *Substantive Criminal Law*, West Pub Co (Sd), 2003, p. 4145.

1. 逃避原则

普通法对自我防卫特权规定了一项重要的原则，即逃避原则，这也是刑法的原则之一。该原则意味着被告能够通过逃避等方式避免自身受到损害时，不应当使用致命武力。逃避原则的理由在于两点：第一，自我防卫案件很少展现出理论上描述的“自卫范式”——守法者对抗违法者，英雄对抗恶棍。[①] 自我防卫的情形通常是复杂而模糊的，涉及的是参与者争执中的挑衅性、侵犯性非法行为的不断升级，[②] 意味着自我防卫的特权在参与者遭遇武力中反复转换，每个行为人都可以获得并失去使用武力回应非法武力的权利。[③] 对于初始侵权人（首先实施侵权行为的人），只有将其撤回武力遭遇的意图公平地传达到对方时，才重新获得自我防卫特权。因此，自我防卫案件引发错误的风险很高，突发的事故和激烈的对抗通常很难判断初始侵权人。[④] 第二，一个无辜的行为者面对迫在眉睫的危险，使用致命武力也许不可避免但并非必要，从理论上讲，迫在眉睫的危险可能永远是危险，即使该危险是确定的，行为人也存在以其他方式予以解决的方案。[⑤]

但是如果将保护生命作为自我防卫的唯一理由，行为人可能无法真正“需要”使用致命武力，[⑥] 因此逃避原则并没有获得普遍的承认，美国多数法院拒绝逃避原则而采用城堡原则（见下文）。美国西部地区的法院完全拒绝逃避原则，它们认为，逃避原则给被告施加了不得使用武

---

① See Janine Young Kim, “The Rhetoric of Self-Defense”, 13 Berkeley J. Crim. L. 261, 2008, p. 266.

② See Janine Young Kim, “The Rhetoric of Self-Defense”, 13 Berkeley J. Crim. L. 261, 2008, p. 268.

③ See Margaret Raymond, “Looking for Trouble: Framing and the Dignitary Interest in the Law of Self-Defense”, 71 Ohio St. L. J. 287, 2010, p. 290.

④ 参见［美］丹·B. 多布斯：《侵权法》（上册），马静等译，中国政法大学出版社2014年版，第145页。

⑤ See Paul H. Robinson, *Criminal Law Defenses*, West Group, 1984, p. 77.

⑥ See Catherine L. Carpenter, “Of the Enemy Within, the Castle Doctrine, and Self-Defense”, 86 Marq. L. Rev. 653, 2003, p. 694.

力的义务，[①] 面对身体伤害危险不得不选择逃离而非面对，可能导致更多的武力危险。[②]

《侵权法重述（第二版）》第65节规定，被告如果能够通过逃避方式解决争端，则不支持使用致命武力，但前提是逃避能够确保完全安全。事实上，“确保完全安全”这一前提极大限制了逃避原则的适用空间，尤其是在现代社会，各类伤人武器齐全，完全安全的情形难以保证。

2. 城堡原则

城堡原则是对逃避原则的限制，指被告在家中或住宅受到侵害无须履行逃避义务。[③] 例如，在Hanauer v. Coscia案[④]中，康涅狄格州法院坚持认为，任何人在其住所内无过错地受到攻击危险，有权直接使用武力，而无须履行逃避义务。但该原则也并非绝对原则，如果致命攻击人属于同居人，即使在家中也仍需履行逃避义务。[⑤]

（四）自我防卫中的损害责任

自我防卫过程中导致的损害责任主要包括：过度防卫责任和第三人损害责任。如果被告做出过度防卫的行为而被认定为侵权人，被告仅需要对过度防卫的行为负责，而无须对合理自我防卫行为导致的损害承担责任。但如果被告的行为所造成的损害是不可分的，且实际上无须出现该损害，则被告仍应承担全部责任。[⑥] 那么，当被告自我防卫时伤及无辜第三人，被告的自我防卫特权是否仍有效？由于自我防卫特权是法律为保护被告免受攻击人伤害而设计的，故被告因防卫给作为非攻击人的第三人造成损害通常不能免除责任，但该责任不应当被认定为故意侵权

---

① See Dan Kahan, "The Secret Ambition of Deterrence", 113 Harv. L. Rev. 413, 1999, p. 433.

② See Philips v. Commonwealth, 63 Ky. (2 Duv.) 328, 331 (1865).

③ See Catherine L. Carpenter, "Of the Enemy Within, the Castle Doctrine, and Self-Defense", 86 Marq. L. Rev. 653, 2003, p. 676.

④ See 157 Conn. 49, 54, 244 A. 2d 611, 614 (1968).

⑤ See State v. Johnson, 261 N. C. 727, 136 S. E. 2d 84 (1964).

⑥ 参见［美］丹·B. 多布斯：《侵权法》（上册），马静等译，中国政法大学出版社2014年版，第144页。

责任，而是只有当被告存在过失时，[①] 才承担过失责任或者依据紧急避险的规则赔偿受害人。

二、捍卫他人

捍卫他人（defense of others）即为他人防卫之意，实质是代替他人的自我防卫。捍卫他人源于自我防卫特权，一个人为自己利益而作出的合法行为与为他人利益作出的合法行为实质上是等同的。[②]

（一）替代自我规则的废除

普通法曾经对捍卫他人中的“他人”作出限制，即只能是家庭成员或与干涉者有特殊关系的人。[③] 随着“替代自我”（the alter ego rule）规则的出现，上述对“他人”的限制逐渐被侵蚀，扩展到陌生人。[④] 依据该原则，使用致命武力来保卫一个不能自行使用致命武力的人的干涉者将被追究刑事责任。[⑤] 换言之，干涉者捍卫他人的范围以受攻击者自我防卫特权的范围为限，如果因不明真相而错误地帮助，可能需要承担侵权或刑事责任。这一观点甚至在 20 世纪 80 年代仍颇为流行。[⑥] 之后，该规则受到法院的激烈反对。罗威（Lowe）法官在 Alexander v. State 案[⑦]中指出：“该规则（替代自我规则）的建立使公民不愿意或害怕参与阻止暴力行为，不是因为害怕受到身体伤害，而是害怕来自违反法律的潜在后果，1964 年纽约 Catherine Kitty 被杀案中，基蒂（Kitty）被恶毒地反复蹂躏和刺伤，而旁观者却视而不见，邻居关闭门窗漠视她痛苦地尖叫直至被杀。被访问的证人因为注意到法律没有保护被保护人免受刑事攻击指控，如果他帮助的人最初是错误的则可能使自身陷入刑事指

① 参见［美］丹・B. 多布斯：《侵权法》（上册），马静等译，中国政法大学出版社 2014 年版，第 152 页。

② See Adkins v. Commonwealth, 168 S. W. 2d 1008 (Ky. 1943).

③ See Alexander v. State, 447 A. 2d 880, 882 (Md. Ct. Spec. App. 1982).

④ See State v. Chiarello, 174 A. 2d 506, 510 (N. J. Super. Ct. App. Div. 1961).

⑤ See People v. Young, 229 N. Y. S. 2d 1 (N. Y. 1962).

⑥ See Alexander v. State, 447 A. 2d 880, 881 (Md. Ct. Spec. App. 1982).

⑦ See Alexander v. State, 447 A. 2d 880, 883 (Md. Ct. Spec. App. 1982).

控……即使他们的心已经足够坚强，能够进入战斗以防止陌生人被暴力攻击，但对法律后果的恐惧使他们选择漠视。”加之美国法律协会《示范刑法典》的影响，法律开始鼓励为他人防卫，[①] 许多州在刑法典中规定，允许任何人在依据表面证据认为需要进行防卫的情况下为第三人防卫。[②] 这意味着法律开始对合理错误的干涉者给予充分保护，《侵权法重述（第二版）》第76节规定了“每个人都有权通过合理的力量对抗非法武力来保卫任何人”的立场。

（二）捍卫他人的基本要素及限制

捍卫他人的特权源于自我防卫特权，故其构成要素与自我防卫特权基本一致，只有少许差别。

第一，必要性是捍卫他人的先决条件。“何时”与“某种程度”是必要性的两个判断标准。[③] “何时”指行为人认为他人处于紧急攻击危险，有必要使用武力；“某种程度”指合理使用武力保护他人。例如，在People v. Jordan案[④]中，受害者与被告的朋友发生冲突，受害人坐在被告朋友的身上使其难以呼吸，被告走到受害人身后并用棒棍攻击他致其死亡。验尸官证明受害者遭受到严重颅骨骨折，几乎完全从一侧延伸到另一侧。法院考虑到医学证词与被告攻击受害人的时间及地点，认定被告捍卫他人的抗辩“严重过度”。这说明法院认定捍卫他人的必要性时需要同时满足时间和程度两个条件。

第二，他人面临即时伤害危险，即干预者必须合理地相信他人面临即时的伤害危险。美国法院对“即时”作出很多解释，如在Scholl v. State案[⑤]中，关于合理的杀人行为，法院指出，当威胁存在即将成功的

---

① See Alexander v. State, 447 A. 2d 880 (Md. Ct. Spec. App. 1982); State v. Chiarello, 174 A. 2d 506 (N. J. Super. Ct. App. Div. 1961).

② See Danny Veilleux, “Annotation, Construction and Application of Statutes Justifying the Use of Force to Prevent the Use of Force against Another”, 71 A. L. R. 4th 940, 1989.

③ See Marco F. Bendinelli, James T. Edsall, “Defense of Others: Origins, Requirements, Limitation and Ramifications”, 5 Regent U. L. Rev. 153, 1995, p. 160.

④ See 474 N. E. 2d 1283 (Ill. App. Ct. 1985).

⑤ See 115 S. 43 (Fla. 1927).

危险时，“即将”意味着迫在眉睫而非立即、近在咫尺而非可以触摸。美国 27 个州都有此类规定。[①]

第三，“合理的信念”标准。可以说，干涉者合理的信念标准是捍卫他人的关键要素，它直接影响着捍卫他人的必要性、伤害危险的即时性。伊利诺伊州法令是“合理信念”标准的典型代表：[②] 一个人只有在他合理地相信这种武力是防止即将来临的死亡或身体受到严重伤害的必要时，才有理由使用武力，这种武力是有意或可能造成死亡或巨大身体伤害的。也就是说，合理的理念标准将重点转移到被告对外在表象的依赖上。干涉者的合理理念需要结合主观要素和客观要素两方面考量，如法院认为“捍卫他人由客观要素和主观要素组成，客观要素是合理地相信使用武力是必要的；主观要素是实际上相信使用武力是必要的”。[③]换言之，行为人依据自身所知客观事实，实际上相信他人处于危险中，使用武力是合理的。例如，在 People v. Hagi 案[④]中，法院指出，检验主观要素时，必须基于被告所面对的情况，涉及一系列的主观情况，包括被告对受害人的相关信息，被告人和受害人的身体特征，受害人在暴力或攻击行为方面的习惯以及受害人任何具体的先前暴力行为等。

关于捍卫他人的限制问题，除上文捍卫他人基本要素本身所隐含的限制外，捍卫他人特权与自我防卫特权一样，适用逃避原则、城堡原则。此处不再赘述。

三、财产防卫

财产防卫（Privilege to Defend Land or Personal Property from Intrusion）是指为防范自己的财产（土地或个人动产）遭受他人侵害，财产所有人有权使用合理武力对自己财产予以防卫。

---

① See Marco F. Bendinelli, James T. Edsall, “Defense of Others: Origins, Requirements, Limitation and Ramifications”, 5 Regent U. L. Rev. 153, 1995, p. 160.

② See ILL. ANN. STAT. ch. 720 para. 5/7 - 1 (Smith-Hurd 1993 & Supp. 1994).

③ David v. State, 698 P. 2d 1233, 1235 (Alaska Ct. App. 1985).

④ See 572 N. Y. S. 2d 663 (App. Div. 1991).

（一）财产防卫的基本要素及限制

第一，合理武力。财产防卫与自卫规则紧密联系，不同在于防卫中使用的武力程度：财产防卫中的武力程度明显低于人身防卫。与自卫规则一样，财产防卫中使用的武力必须是合理的，通常表现为能够合理有效地对财产权益进行保护的最低程度武力，即与实际需要相符，否则被告需对过度武力造成的损害承担责任。在实践中，如果被告的武力仅是作为威胁的手段则是合理的。因此，美国法院判断武力是否合理的一个重要标准是是否造成人身伤害。换言之，财产防卫中的武力造成人身伤害通常被认定为武力过度。例如，在 Brown v. Martinez 案[①]中，农夫向偷瓜贼的相反方向射击，目的在于吓走偷瓜贼。法院认为，该武力威胁是保护财产的可行方式，但子弹实际上击中了慌不择路的侵犯者（偷瓜贼），故该行为被认定为武力过当。但如果双方冲突升级，更高程度的武力亦被允许，如土地所有人多次向盗窃者射击，法院认定该行为正当，原因在于该盗窃者可能会攻击被告或其家庭成员。[②] 还需要注意的是，“合理武力”能否包含致命武力？财产防卫通常不允许使用致命武力，美国一些州禁止使用致命武力保护财产，[③] 即使是使用致命武力的威胁亦不被允许。例如，在 Appelgren v. Walsh 案[④]中，农场主发现其租户砍伐其树木，他声称其只是拿枪瞄准租户的头，直至治安官赶到现场，但陪审团认定此行为属于攻击行为，因为在当时情况下使用此种威胁是过分的。但如果仅仅因为财产权利没有生命权益重要而认为使用致命武力完全不可取显然是吹毛求疵，且在逻辑上是行不通的。[⑤] 因此，还有一些州没有明确禁止使用致命武力保护财产，而是强调使用武力必

---

① See 68 N. M. 271, 361 P. 2d 152 (1961).

② See Bennett v. Dunn, 507 So. 2d 451 (Ala. 1967).

③ 例如，威斯康星州明确规定，一个人有权威胁或故意对他人使用武力，以防止或终止他人对其财产的非法干扰。只有在防止或终止干扰必须使用武力的情况下，行为人才可以故意使用武力或威胁使用武力。仅为保护个人财产而故意使用旨在或可能导致死亡或重大身体伤害的武力是不合理的。See WIS. STAT. § 939. 49 (2011 – 12).

④ See 136 Ⅰ11. App. 3d 700, 91 Ⅰ11. Dec 340, 483 N. E. 2d 686 (1985).

⑤ ［美］丹・B. 多布斯：《侵权法》（上册），马静等译，中国政法大学出版社 2014 年版，第 158 页。

须“合理”[①]，“不得超过必要的限度”[②]。一般而言，允许财产所有人对“意图或试图通过暴力或突袭犯下重罪”的人使用致命武力，即当财产所有人有理由相信使用武力是阻止实施强行重罪所必需时，他才有正当理由使用可能造成死亡或重大身体伤害的武力。[③]

第二，财产侵犯者的特权对财产防卫的限制。如果侵犯者的侵犯行为是为了避免自身死亡或严重身体伤害，侵犯者享有进入或停留于被告土地的权利，且该权利具有限制被告财产防卫的效力。例如，法院在 Depue v. Flateau 案[④]中，认定土地所有人不得拒绝生病的晚宴客人在非常寒冷的情况下停留过夜。可见，财产侵犯人的紧急避险特权可以限制财产所有人的财产防卫抗辩。

第三，认识错误下的财产防卫。认识错误对于财产防卫的影响通常表现为两点：其一，被告因信赖合理的外观而认识错误，与上文中自卫规则相同，被告的财产防卫能够成为抗辩理由，如在 Smith v. Delery 案[⑤]中，法院认定土地占有人有权使用武力驱逐入侵者，即使事后证明该入侵者是送报人。其二，被告对侵犯者的特权认识存在错误时的财产防卫不构成抗辩事由，但如果该错误认识是侵犯者的行为导致的，则被告的财产防卫有效。例如，在 State v. White 案[⑥]中，一名身着便装、戴着面具的警官在持有搜查证却未出示的情况下，径行切断被告电线并使用工具破门而入。法院认为，被告有合理理由认为该警官是一个实施暴力的蒙面攻击者而非执行公务的警官，故该警官所享有的特权被认定无效。

（二）特别规则：弹簧枪与致命陷阱

财产所有人有时为了保护财产而使用一些能够致命的隐蔽装置，如

---

① IOWA CODE § 704.4 (2014).

② WASH. REV. CODE § 9A.16.020 (2013).

③ Barton T. Lee, “A License to Kill? Working to Understand Texas Penal Code Section 9.42 and Deadly Force in Defense of Property”, 93 N. C. L. Rev. Addendum 69, 2014, p. 81.

④ See 100 Minn. 299, 111 N. W. 1 (1907).

⑤ See 238 La. 180, 114 So. 2d 857 (1959).

⑥ See 642 So. 2d 842 (Fla. App. 1994).

弹簧枪等能够致人死亡或产生严重身体伤害的装置，即“致命陷阱”。致命陷阱规则是美国侵权法财产防卫中的一项重要规则。

1. 司法判例

美国法中有两个著名的判例影响着致命陷阱规则。一是由英国法院于1828年作出的Bird v. Holbrook案，[①] 被告为阻止盗窃者再次进入其花园盗窃郁金香，在围墙花园处设置了弹簧枪。原告圈养的孔雀逃入被告花园中，原告为逮回孔雀而攀爬了被告的围墙，上墙后原告呼喊而被告没有回应，原告随后跳下墙却因此触发弹簧枪并遭受重伤。法院判定被告承担责任，法官强调被告不仅未能告知原告设置弹簧枪的事实，而且故意对这一事实进行保密，目的显然是伤害盗窃郁金香的人，即使是合理的，该合理性也必须仅存在于盗窃者盗窃之时。该案中原告并非盗窃者，法院对于被告是否对盗窃者承担责任的态度并不明朗。二是1971年的Katko v. Briney案，[②] 被告继承一套无人居住的农舍后，因发生一系列入室盗窃案件并造成重大损失，从而决定在农舍一扇门上设置弹簧枪，被告并没有对设置弹簧枪张贴任何告示或警告标语。作为寻宝者的原告（在被告设置弹簧枪之前来过农舍）触发弹簧枪机关遭受重大人身损害。法院否认了被告主张为财产保护目的设置弹簧枪的抗辩事由，原因在于人的生命远比财产利益重要，不存在人身危险时，被告不得使用致命武力。可见，美国法院并不赞同弹簧枪等致命陷阱的设置。

2. 致命陷阱规则的条件

尽管美国法院对弹簧枪等致命陷阱的设置深表忧虑，[③] 但如果财产侵犯者已经充分了解此类风险，那么致命陷阱的设置并非必然不合理，即使此种保护财产的方式并不值得提倡。多布斯根据部分判例总结认为，在被告已作出告知或警告的情况下，使用弹簧枪等致命陷阱保护财产是合理的，财产侵犯者了解可能存在的枪击等特定风险后仍一意孤行

---

① See 4 Bing. 628, 130 Eng. Repr. 911 (C. P. 1828).

② See 183 N. W. 2d 657 (Lowa 1971).

③ See J. D. Perovich, “Use of Set Gun, Trap, or Similar Device on Defendant’s Own Property”, 47 A. L. R. 3d 646, 1973.

属于自己的选择，与被告的行为无关。[①] 换言之，如果被告在设置致命陷阱后作出公告或警示标志使原告充分了解其侵犯财产的风险，原告因无视警告而造成损害后，被告可以同意为抗辩事由免除责任。

四、取回财产

法律上的自助行为通常被定义为“个人在没有法律强制和没有政府官员协助的情况下，以防止或救济法律上的错误为目的的被法律允许的行为”。[②] 自助行为不是一个新生的法律现象，相反，自从文明的最初阶段以来，自助行为在社会上是一种熟悉的补救办法。[③] 事实上，几乎所有的法律制度都关注自助行为的问题，个人主义是美国社会生活中普遍存在的主题。[④] 因此，美国法律制度纳入大量常见的自助特权作为法律纠正错误的替代方法。通过采取这些自助特权，美国有效地减轻了一个既定的法律制度的必要性与个人的需要及希望之间的长期紧张关系，以尽可能有效和高效地避免和补救损害。[⑤]

取回财产是被剥夺财产所有者的一项自助特权，即可以使用武力夺回被剥夺的财产。尽管取回财产是自卫制度中的一小部分，但在美国法中相当普遍。[⑥] 自助取回财产需要满足许多先决条件，否则面临承担责任的风险。美国法将财产防卫和取回财产予以区分的原因在于，一旦所

---

① 参见［美］丹·B. 多布斯：《侵权法》（上册），马静等译，中国政法大学出版社2014年版，第159页。

② Douglas Ivor Brandon et al., “Special Project: Self-Help: Extrajudicial Rights, Privileges and Remedies in Contemporary American Society”, 37 Vand. L. Rev. 845, 1984, p. 850.

③ See Craig Dolly, “The Electronic Self-Help Provisions of UCITA: A Virtual Repo Man?”, 33 J. Marshall L. Rev. 663, 2000, p. 668.

④ See Douglas Ivor Brandon et al., “Special Project: Self-Help: Extrajudicial Rights, Privileges and Remedies in Contemporary American Society”, 37 Vand. L. Rev. 845, 1984, p. 849.

⑤ See Douglas Ivor Brandon et al., “Special Project: Self-Help: Extrajudicial Rights, Privileges and Remedies in Contemporary American Society”, 37 Vand. L. Rev. 845, 1984, p. 849.

⑥ See Richard A. Epstein, “The Theory and Practice of Self-Help”, 1 J. L. Econ. & Pol’y 1, 2005, p. 29.

有人的财产由他人取得，所有人的财产防卫特权随即丧失，为重新取得被他人占有的财产（土地或动产），所有人通常需要诉诸司法程序。[①]

（一）司法实践立场

美国各州都有关于禁止暴力侵犯法律的规定，如加利福尼亚州的规定，任何人均需对暴力进入任何不动产的行为承担责任。[②] 因此，法院通常禁止以暴力的方式重新取回或占有财产，即使所有人使用的暴力是合理的武力。只有极少数法院认可所有人使用合理武力可以取回财产，如在 Watson v. Brown 案[③]中，法院判定不当占有人不得针对取回土地的所有人提起诉讼。大多数法院则认可不当占有人从以武力方式取回财产的所有人处获得赔偿。

同时，美国法院对于所有人以和平方式取回财产的行为也有所限制，或者说法院禁止了丧失财产占有的所有人的自助救济，尤其是丧失土地及住宅占有的所有人。[④] 在租客拖欠并不予支付应付租金时，所有人（业主）以和平方式取回财产，绝大多数法院仍认定所有人承担责任，这可能更多地基于人道主义考虑，预防租客无家可归的境遇。[⑤] 即使部分法院赞同所有人以和平方式取回财产，但在具体实践中，这些法院对“暴力”作出非常宽泛的定义。例如，在 Ramirez v. Baran 案[⑥]中，法院认为，即使租客不在且业主未使用暴力，业主（所有人）锁住租客房间的行为仍应认定为法律意义上的武力。换言之，只要租客拒绝所有人取回财产，所有人的取回行为就不能构成抗辩理由。此外，法院对于商业业主的取回财产行为似乎更加宽容，允许所有人以和平的方式取

① 参见［美］丹·B. 多布斯：《侵权法》（上册），马静等译，中国政法大学出版社 2014 年版，第 163 页。

② See CAL. CIV. PROC. Code 1159.

③ See 67 Haw. 252，686 P. 2d 12（1984）.

④ See American Law Reports：“Right of Landlord Legally Entitled to Possession to Dispossess Tenant without Legal Process”，6 A. L. R. 3d 177（1966）.

⑤ See Gerchick，“No Easy Way Out：Making the Summary Eviction Process a Fairer and More Efficient Alternative to Landlord Self-Help”，41 UCLA L. Rev. 759，1994.

⑥ See 730 P. 2d 515（Okla. 1986）.

回财产。[①]

总体而言，大多数美国法院不认可所有人取回财产的特权。换言之，美国法律更偏重保护实际占有，即使实际占有人的占有不合法。

（二）取回财产的基本要素及限制

由于法律提倡丧失占有的所有人诉诸司法程序取回财产，故对于自助取回财产的行为有着严格的限制。

第一，被剥夺的财产。法院通常要求财产因侵权被剥夺，[②] 即新占有人"没有权利"占有或通过"武力""欺诈"方式剥夺所有人的财产。[③] 因此，所有人可以使用合理武力追回被盗窃物品，如果第三人明知被盗窃物品的来源非法，所有人得以取回财产对抗第三人。[④] 法院对于以欺诈方式剥夺所有人财产之后，所有人能否以取回财产予以抗辩似乎存在犹豫。例如，在 Hodgeden v. Hubbard 案[⑤]中，原告就其财产向被告（卖方）虚假陈述换取商品（炉子），被告此后发现虚假并立即追赶原告。被告在夺回商品时，原告掏出匕首并以武力拒绝交还。初审法官认为，原告的虚假陈述不能为被告武力取回商品提供正当理由，而上诉法院认为，只要不违反和平原则或未使用不必要武力，被告就可以取回财产。

第二，错误对取回财产的影响。需要注意的是，所有人只有对直接占有财产的人享有取回财产的特权。[⑥] 因此，如果所有人对新的占有人存在认识错误，即使是合理的错误，所有人依然需要承担责任。

---

① See Rucker v. Wynn, 212 Ga. App. 69, 441 S. E. 2d 417 (1994).

② See Douglas Ivor Brandon et al., "Special Project: Self-Help: Extrajudicial Rights, Privileges and Remedies in Contemporary American Society", 37 Vand. L. Rev. 845, 1984, p. 864.

③ See Ephraim Glatt, "Give Me Back My Bicycle: The Use of Force to Recapture Chattels According to American Law and Jewish Law", 16 Gonz. J. Int'l L. 1, 2013, p. 3.

④ See Viley O. Blackburn, "The Right of Recaption of Chattels by Force", 34 KY. L. J. 65, 1945, p. 65.

⑤ See 18 Vt. 504 (1846).

⑥ See Ephraim Glatt, "Give Me Back My Bicycle: The Use of Force to Recapture Chattels According to American Law and Jewish Law", 16 Gonz. J. Int'l L. 1, 2013, p. 3.

第三，时间限制。法院要求所有人财产被剥夺后立即追回（fresh pursuit），[①] 尽管法院并未对“立即追回”予以明确界定，但应当限于“迅速发现剥夺并迅速、持续地取回”。[②] 也就是说，所有人取回财产时不能存在时间上的间断。此外，除追回行为及时外，所有人的发现也应当是及时的。[③]

第四，合理武力。武力取回财产行为前，所有人应当向占有人发出请求，[④] 只有该请求被拒绝，占有人强行抗拒时才允许使用合理武力。需要注意的是，取回财产行为不允许使用致命武力。[⑤]

事实上，取回财产的主要历史理由在于普通法将实际占有视为所有权的重要权能，合法所有人需要迅速地改正错误占有以免失去所有权。[⑥] 但现代社会，实际占有已经不再如以前重要，因此所有人的取回财产特权越来越受到限制。

第四节 普通法系侵权法上故意侵权行为的抗辩事由之三：紧急避险

紧急避险是被告为避免自己或他人的财产或人身利益受到更大的损害而侵害无辜第三人的抗辩事由，[⑦] 被告紧急避险的合理性在于实现全

---

① See Douglas Ivor Brandon et al., “Special Project: Self-Help: Extrajudicial Rights, Privileges and Remedies in Contemporary American Society”, 37 Vand. L. Rev. 845, 1984, p. 864.

② W. Page Keeton et al., Prosser & Keeton on Torts, West Group, 1984, p. 138.

③ See Ephraim Glatt, “Give Me Back My Bicycle: The Use of Force to Recapture Chattels According to American Law and Jewish Law”, 16 Gonz. J. Int'l L. 1, 2013, p. 4.

④ See Ephraim Glatt, “Give Me Back My Bicycle: The Use of Force to Recapture Chattels According to American Law and Jewish Law”, 16 Gonz. J. Int'l L. 1, 2013, p. 4.

⑤ See W. Page Keeton et al., Prosser & Keeton on Torts, West Group, 1984, p. 138.

⑥ See Douglas Ivor Brandon et al., “Special Project: Self-Help: Extrajudicial Rights, Privileges and Remedies in Contemporary American Society”, 37 Vand. L. Rev. 845, 1984, p. 863.

⑦ See Francis H. Bohlen, “Incomplete Privilige to Inflict Intentional Invasions of Interests of Property and Personality”, 39 Harv. L. Rev. 307, 1926.

部损失的最小化。[①] 有学者认为，紧急避险是通过一些良好的目的或“两恶相权取其轻”使错误的行为正当化。[②] 在美国侵权法中，紧急避险分为私人紧急避险和公益紧急避险。

一、私人紧急避险

私人紧急避险是指个人未经许可毁损、使用或消费他人财产的行为。私人紧急避险的标志是，其目的在于保护自身或第三人的财产及人身安全而非公众利益。[③]

Ploof v. Putnam 案[④]是较为经典的私人紧急避险案件。在此案中，湖面上突然出现了强烈的风暴，原告的单轨帆船及船上人员（原告和妻子及两个孩子）、财产面临毁灭的危险，为躲避风暴，原告试图将船系在被告的码头上，但被告让助手解开了小船，小船及船上财产在风暴中全部毁损，船上人员亦受伤。原告起诉被告有责任允许原告在暴风雨期间将船停靠在其码头上，法院裁定被告应当赔偿原告的损失。由此案可见，避险人面临紧急的人身或财产危险是私人紧急避险的先决条件，个人为人身及财产安全行使紧急避险特权时，被告不得拒绝原告的这一特权，否则承担赔偿责任。换言之，避险人遭遇非紧迫性的危险时不享有紧急避险特权，如在 London Borough of Southwark v. Williams 案[⑤]中，法院认为无家可归不能成为紧急避险的理由。

私人紧急避险实际上是一种不完全特权，[⑥] 原因在于私人紧急避险不足以使被告免除对原告造成的实际损害的赔偿责任。确立私人紧急避

---

① See John L. Diamond et al., *Understanding Torts*, Matthew Bender & Company, Inc., 2013, p. 41.

② See Glanville Williams, *The Sanctity of Life and the Criminal Law*, Alfred A. Knopf, Inc., 1957, p. 198.

③ See Bryan A. Garner, *Black's Law Dictionary*, Thomson West, 2004, p. 1059 (defining private necessity).

④ See 81 Vt. 471, 71 A. 188 (1908).

⑤ See 2 All. E. T. 175 (1971).

⑥ See Francis H. Bohlen, “Incomplete Privilige to Inflict Intentional Invasions of Interests of Property and Personality”, 39 Harv. L. Rev. 307, 1926.

险需要赔偿实际损害的著名案例是 Vincent v. Lake Erie Transportation Co. 案。① 在此案中，一艘船的船长将船停泊在原告的码头，在卸货过程中出现了一场暴风雨，船长试图努力用拖轮将船拖出码头，但因暴风雨未能成功。船长明确地知道以如此方式停泊的船因波浪反复碰撞码头，会给码头带来损害，但最终船长依然选择将船停泊在原告的码头（如果解开船只与码头的绳子，船只将会被卷走）。明尼苏达州最高法院认为，被告因暴风雨而行使紧急避险特权是正当的，但对于被告是否应该对原告码头的损害承担赔偿责任出现了较大的争议。法院曾试图将案件事实与不可抗力造成的损害相区分，即“如果船只进入码头时因风暴而无法操作抛向码头或在没有疏忽的情况下船只被推向码头，则船主无须承担责任，因为此损害是基于不可抗力。但此案中船长故意将船只维持在码头，以牺牲码头为代价保护船只，故船主应当承担责任”。正如一个即将饿死的人为生存而不择手段不会被道德谴责，但不意味着在他有能力偿还时而不负有偿还的义务。因此，法院最后认定被告应当对原告的损失承担赔偿责任。

需要注意的是，如果紧急避险的状况是被告自身的过错导致的，被告不得援引紧急避险规则。② 此外，有学者指出，法律允许行为人为避免人身安全而采取必要措施损害他人财产的行为是合理的，但允许个人为保护自身财产而牺牲他人财产，即使行为人必须赔偿该损失，这种做法在道德上是错误的。③

二、公益紧急避险

公益紧急避险是公共当局或私人为避免公共灾难而毁损或挪用他人财产的行为。④ 其理论基础在于公共利益的福祉优于个人利益，当两者

---

① See 109 Minn. 456, 124 N. W. 221 (1910).

② See Rigby v. Chief Constable of Northamptonshire, 1 W. L. R. 1242 (Q. B. 1985).

③ See George C. Christie, “The Defense of Necessity Considered from the Legal and Moral Points of View”, 48 Duke L. J. 975, 1999.

④ See Joseph H. Beale, Note, Justification for Injury, 41 Harv. L. Rev. 553 (1928).

发生冲突时，后者必须做出让步。[①] 公益紧急避险可以使公众免受即将来临的公共灾难，如火灾、洪水、地震或瘟疫等。[②] 与私人紧急避险相比，公益紧急避险是一种完全抗辩特权，即行为人（政府或个人）合理相信毁损、破坏或使用原告的财产可以避免和减轻公众遭受严重的紧急损害，则行为人无须对原告的实际损害承担赔偿责任。例如，在 Surocco v. Geary 案[③]中，被告为了防止大火毁损整个旧金山城市，在大火蔓延到原告的房屋之前就予以毁损，法院认为被告的行为是合理的且被告无须承担赔偿责任。一方面，个人的善行不应当被此种责任阻碍；[④] 另一方面，从道德的角度看，让行善者承担拯救整个城市的费用是不公平的。[⑤]

公益紧急避险规则中一个重要的问题在于受损的原告无法从被告处获得赔偿，能否要求受益的公众赔偿损失。如果原告财产的毁损实际上起到了拯救公众利益的作用，原告应当有理由要求获益的公众给予赔偿，这与不当得利规则相吻合，毋庸置疑。而当原告财产毁损未能发挥实际作用时，法院亦支持由公众承担该损害费用，理由在于要求个人以牺牲自己财产为代价为公众谋取利益是不公平的。例如，在 Armstrong v. United States 案[⑥]中，法院认为，依据公平正义的原则，政府不得强迫个人承担公共负担，在未给予适当补偿情况下不得将私人财产用于公共利益。

在公益紧急避险规则中，比较有争议的是执法行为给原告财产带来毁损后的赔偿问题。大部分美国法院认为，正当的执法活动应当受到合

① See City of Durham v. Eno Cotton Mills, 54 S. E. 453, 464 (1906).

② See John Alan Cohan, "Private and Public Necessity and the Violation of Property Rights", 83 N. D. L. Rev. 651, 2007, p. 671.

③ See 3 Cal. 69 (1853).

④ See John L. Diamond et al., *Understanding Torts*, Matthew Bender & Company, Inc., 2013, p. 43.

⑤ 参见［美］丹·B. 多布斯：《侵权法》（上册），马静等译，中国政法大学出版社 2014 年版，第 224 页。

⑥ See 364 U. S. 40, 49, 80 S. Ct. 1563, 1569, 4 L. Ed. 2d 1554 (1960).

法警察权的保护，对于执法官员造成的损害，执法单位无须承担责任。[①] 例如，McCoy v. Sanders 案[②]中，法院认定，尽管原告的排水池被破坏，但公共实体无须就其紧急避险理由的执法行为承担赔偿责任。但如果是非法的执法行为，原告有权要求赔偿。[③] 此外，有少数州法院认为公共实体需要对执法活动中造成的损害承担赔偿责任，如 Wallace 案[④]中，警察在对租户的毒品突袭过程中导致房主房屋损坏，法院认定不存在侵权但应承担类似于财产征收的责任，并指出不得要求无辜的第三人单独承担执法行为产生的负担，理由是该损失并非为个人利益而是公共利益，警察行为的潜在受益人是公众而非原告。

需要注意的是，公益紧急避险是故意侵权行为的完全抗辩事由，对于行为人因公共利益过失造成的损害不能依据该规则处理。

---

① 参见［美］丹·B. 多布斯：《侵权法》（上册），马静等译，中国政法大学出版社 2014 年版，第 227 页。

② See 113 Ga. App. 565, 148 S. E. 2d 902 (1966).

③ See Sullivant v. City of Oklahoma City, 940 P. 2d 220 (Okla. 1997).

④ See Wallace v. City of Atlantic City, 257 N. J. Super. 404, 608 A. 2d 480 (1992).

第三章　普通法系侵权法上过失侵权行为的抗辩事由

第一节　普通法系侵权法上过失侵权行为的溯源与构成

一、过失侵权行为的历史溯源

（一）过失标准的产生及过失侵权行为的确立

在美国侵权法中，过失的概念有着较长的历史，但其内容却发生了巨大变化。在侵权令状制度时期，美国法对侵权诉讼最为重要的审查不是被告是否具有过错或违反某些侵权责任的普遍标准。[①] 因此过错从来不被关注，随着类案诉讼的产生及发展，过错开始发挥重要作用。

19 世纪初，过失的最初探索从法院开始。此时过失通常指疏忽或未履行契约、制定法或普通法所规定的特定义务，如治安官收押监管犯人的义务、市政当局使城镇桥梁处于良好使用状态的义务。[②] 可见，过失通常被限定在特定当事人之间。直到 19 世纪 30 年代，此种发生于当事人特定关系间的过失开始向陌生人扩展，而 Brown v. Kendall 案[③]被视为美国侵权案件中首次使用过失标准的案件。在此案中，法院认为，被告试图击打一条狗但非故意击中原告的眼睛时，即使他使用了暴力但不承担殴打的侵害责任。只有“故意直接接触”，才能自动构成侵权侵

① 参见［美］G. 爱德华·怀特：《美国侵权行为法：一部知识史》（原书增订版），王晓明、李宇译，北京大学出版社 2014 年版，第 21 页。

② 参见［美］G. 爱德华·怀特：《美国侵权行为法：一部知识史》（原书增订版），王晓明、李宇译，北京大学出版社 2014 年版，第 22 页。

③ 60 Mass. 292（1850）.

害，承担赔偿责任。而对非故意接触致损，只能建立在过失基础上。[①] 此案的意义在于过失被视为一种普遍性的标准，法院开始有意识地区分故意与过失。但遗憾的是，该案中的过失规则并未形成普遍的制度。

过失直到19世纪70年代才开始被学者们普遍关注。过失通常被视为一种心理状态，是一种由陪审团认定的重要事实。[②] 尽管学者们开始普遍关注过失，但作为心理状态的过失可能出现在任何诉由中，不能为侵权诉讼建构基本原则。[③] 正因如此，霍姆斯断言，侵权行为并非一部法律书的适当主题，因为并不存在一个统一的理论将松散的令状链接起来。[④] 19世纪70年代以后，随着社会经济的发展，霍姆斯开始重新思考过失的特征，尝试构建侵权法行为理论。通过对侵权令状的考察，他认识到，在民事不法案件中，不管行为可责难性如何，侵权责任总会成立；其他案件中可责难性是侵权责任成立的难题；还有另外案件，被告的可责难性尽管在损害赔偿方面很关键，但并非由被告的意图决定，相反，由行为的社会功用决定。[⑤] 而最后一类案件构成过失侵权行为。自此，霍姆斯首先将过失侵权行为独立出来，为现代侵权法中行为类型的划分奠定了基础。随着 Brown v. Collins 案[⑥]和 Losee v. Buchanan 案[⑦]两个案件的产生，现代过失侵权行为的地位得以确立。

（二）过失侵权行为的发展

19世纪后期到20世纪初，过失侵权行为得以迅速发展，主要表现为综合性、全面性法则的阐释和应用成为焦点问题，过失责任理论使相应的抗辩事由成为学术焦点，如为完善共同过失（比较过失的出现）、

---

① See Charles O. Gregory, "Trespass to Negligence to Absolute Liability", Virginia L. Rev. 359, 1951, p. 366.

② See Thomas C. Grey, "Accidental Torts", 54 Vand. L. Rev. 1260, 2001, p. 1260 – 1261.

③ 参见［美］G. 爱德华·怀特：《美国侵权行为法：一部知识史》（原书增订版），王晓明、李宇译，北京大学出版社2014年版，第310页。

④ See Oliver W. Holmes, "Book Review", 5 Am. L. Rev. 340, 1870, p. 341.

⑤ See Oliver W. Holmes, "The Theory of Torts", 7 Am. L. Rev. 659, 1873.

⑥ See 53 N. H. 442 (1873).

⑦ See 51 N. Y. 476 (1873).

自担风险两项法则应运而生的最后明显机会、共同受雇人规则、近因概念及禁止伤害邻人之最普遍性的民事义务等。其中，最受关注的是因果关系问题，这一时期的学术关注点在于为因果关系问题创造、发展出有序可行的理论公式。有学者认为，如果被告的侵权行为成为损害结果的实质性因素，此因果关系足以使得侵权责任成立。[①] 随后具有广泛影响的是格林的观点，他于 1927 年发表了《近因的法理基础》，在他看来，法院在因果关系的问题上是不正确的，应当将“原因”这一概念予以限缩以肃清因果关系。[②] 同时，他抛弃了霍姆斯普遍性消极义务的观点，义务只能在特定人间产生，法官借助因果关系维护和证明自己对义务问题的处理是正确的，但两者并无任何关系。义务问题关注的是原告和被告间的关系及被告保护原告远离伤害所形成的社会效用。[③] 格林理论的最大贡献在于，因果关系已经成为过失侵权行为理论中的一个相对简单的问题，实质上是将过失侵权行为变为一个“关系”范畴。但在 20 世纪 20 年代，格林对过失的新观点受到一次经典的考验，即 Palsgraf 案。基于此案，学术界开始反思过失侵权行为理论的重新定位问题。卡多佐（Cardozo）法官提出，抽象意义的过失不是一种侵权行为，过失其实是一种关系术语，即可被合理察知的风险决定了所有遵从的义务，风险由此被纳入关系中；在可以理解的范围，过失构成了对他人的风险。[④] 于是过失侵权行为中的义务概念开启了可预见性概念。

这一案件的处理引入新的过失理论（因果关系不再那么重要）但也有反对意见，这意味着 19 世纪的过失侵权行为理论已经开始受到质疑。此案之后，如普罗瑟所言，近因问题不能消减至绝对规则的程度，判断每一个案件的事实，常常依赖于对概念、常识、正义、政策和先例

---

① See Smith, “Legal Cause in Actions of Tort”, 25 Harv. L. Rev. 103, 1911, p. 223, p. 303.

② See Leon Green, *Rational of Proximate Cause*, Vernon Law Book Company, 1927.

③ 参见［美］G. 爱德华·怀特：《美国侵权行为法：一部知识史》（原书增订版），王晓明、李宇译，北京大学出版社 2014 年版，第 109 页。

④ See 248 N. Y. 339 (1928).

判决的综合考虑，而因果关系的公式化的研究工作应该被抛弃。[①] 换言之，旧的过失侵权行为理论开始被新的过失侵权行为理论逐渐修正，如否认纯粹精神痛苦的传统过失侵权理论被批判及严格责任的继续存在与发展等。

20 世纪五六十年代，严格责任、无过错补偿计划等的发展突破了过失侵权责任独行天下的局面，但自 80 年代开始，过失侵权行为理论再次复兴。

二、过失侵权行为的构成要件

过失侵权行为是指会给他人造成不合理损害危险的行为，过失案件的基本要件通常是原告需要证明存在实际损失和被告存在过失。《侵权法重述（第三版）》将过失侵权的构成要件描述为：义务、义务违反、事实原因、近因以及损害。[②] 概括言之，过失侵权的构成要件包括被告对原告负有义务且违反了该义务、原告存在损害、被告的行为是原告损害的事实原因且是一项近因。[③] 司法实践亦采用了此观点。[④]

（一）义务

依据《侵权法重述（第三版）》，义务有两层含义：行为人通常有义务采取合理的谨慎措施避免其行为造成他人损害的风险；在特殊情况下，当有明确的相反原则或政策要求在某类案件中拒绝或限制赔偿责任时，法院可以裁定被告无义务或需要修正合理谨慎注意义务。[⑤] 这意味

---

① See William L. Prosser, *Handbook of the Law of Torts*, West Pub. Co., 1971, p. 319 – 320.

② See Restatement (Third) of Torts: Liability for Physical and Emotional Harm § 6, comment b 2010. 《侵权法重述（第三版）》没有采用“proximate cause”这样的表述，使用了“harm within the scope of liability”的表述。

③ 参见［美］丹·B. 多布斯：《侵权法》（上册），马静等译，中国政法大学出版社 2014 年版，第 239 页。

④ See Gipson v. Kasey, 150 P. 3d 228 (Ariz. 2007). 亚利桑那（Arizona）采用标准的过失四要素：（1）要求被告遵守一定谨慎标准的责任；（2）被告违反该标准；（3）被告行为与所造成伤害之间的因果关系；（4）实际损害。

⑤ See Restatement (Third) of Torts: Liability for Physical and Emotional Harm § 7 (a) (b), 2010.

着《侵权法重述（第三版）》将不合理地制造人身伤害风险所产生的义务设计成一种对任何实际受到伤害的人承担的社会责任，而不是一种只对可预见的有危险的人承担的特定负担的关系义务。[①]依据该重述，只有在证明有关行为符合基于政策或相反原则的例外情况时，才可反驳该义务，不论原告是否可预见。[②] 可见，《侵权法重述（第三版）》将可预见性与义务隔离，可预见性不能作为义务有无的判断标准，理由是：可预见的风险是判定过失的一个要素。无义务裁决是纯粹的法律问题，即这种裁决应根据明确的政策或原则加以解释和说明，证明免除被告的义务或修改合理谨慎的注意义务是合理的。而这些政策和原则理由并不取决于基于案件具体事实的损害的可预见性。如此，将无义务裁定限制在明确的政策或原则范围内，有助于保护陪审团作为事实认定者的传统职能。[③]

与《侵权法重述（第三版）》明显不同的是，前两次重述都将义务与可预见性联系起来，从而将义务限制在义务与义务违反关系意义上的过失或可归责性上，省略了任何工具主义条款，授权法院宣布基于政策的义务一般规则的例外情况。[④] 这体现出两种不同的义务理论：以原告可预见性为重点的关系义务理论[⑤]和不考虑原告可预见性的非关系的、以行为为中心的社会义务理论。[⑥] 关系义务论者认为，《侵权法重述（第三版）》将可预见性从义务中消除，瓦解了义务与义务违反之间的

① See Timothy Lockwood Kelly, "The Third Restatement and The Jurisprudential Evolution of Duty: Tracking The 'Duty War' in Palsgraf and Beyond (With a Focus on The Influence of H. L. A. Hart)", 13 Drexel L. Rev. 87, 2020, p. 89 – 90.

② See Benjamin C. Zipursky, "Foreseeability in Breach, Duty, and Proximate Cause", 44 Wake Forest L. Rev. 1247, 2009, p. 1252.

③ See Restatement (Third) of Torts: Liability for Physical and Emotional Harm § 7, comment j, 2010.

④ See John C. P. Goldberg, Benjamin C. Zipursky, "The Moral of Macpherson", 146 U. PA. L. Rev. 1733, 1998, p. 1826.

⑤ See John C. P. Goldberg, Benjamin C. Zipursky, "The Moral of Macpherson", 146 U. PA. L. Rev. 1733, 1998, p. 1826.

⑥ See Oliver Wendell Holmes, "The Theory of Torts", 7 AM. L. Rev. 652, 1873, p. 661.

联系，从而破坏了义务要件的独立性。① 而社会义务论者提出，当法院在义务认定中对可预见性问题作出裁决时，它们无视其机构权限的限制，剥夺了陪审员发表任何不同意见的尊严，并剥夺当事人要求由一群同行而不是一名穿着长袍的陌生人认定其事实的权利。② 因此，将无原则的可预见性决定交由陪审团分析违反义务或近因是最公正的做法。③

尽管两种义务理论对可预见性在义务认定中作用有截然不同的立场，但一个人对另一个人的义务，产生于几千年的社会习俗、哲学和宗教。作为社会的黏合剂，义务是将人类彼此结合的线索。④ 义务作为基本构成要件，为过失侵权行为提供了基本“守门员”角色，限制了意外伤害的责任范围，⑤ 即较弱的义务导致过失侵权问题更多进入法院以寻求可能的补救，而更强有力的无义务则迫使受害者自己承担损害，或向法院以外的保险提供者和其他机构寻求救济。换言之，义务要件为过失侵权行为提供了重要的筛选机制，排除不适合的案件类型。

（二）义务违反

依据《侵权法重述（第三版）》，过失是指“如果一个人在所有情况下都没有采取合理的谨慎措施，那么他的行为就是过失。在确定一个人的行为是否缺乏合理的谨慎时，主要考虑的因素是该人的行为会导致伤害的可预见可能性、任何可能造成的伤害的可预见严重程度以及消除或减少伤害风险的预防措施的负担”。⑥ 可见，义务违反似乎成为判断过失的一项标准，违反合理注意义务即过失。但义务违反似乎只是提供了笼统的标准，对于合理注意义务的标准仍具有不确定性。

---

① See John C. P. Goldberg, Benjamin C. Zipursky, “The Restatement (Third) and the Place of Duty in Negligence Law”, 54 VAND. L. Rev. 657, 2001, p. 709 - 712.

② See W. Jonathan Cardi, Michael D. Green, “Duty Wars”, 81 S. CAL. L. Rev. 671, 2008, p. 722 - 723.

③ See Restatement (Third) of Torts: Liability for Physical and Emotional Harm § 7, comment j; § 29; § 3, 2010.

④ See David G. Owen, “Duty Rules”, 54 Vand. L. Rev. 767, 2001, p. 767 - 779.

⑤ See David G. Owen, “The Five Elements of Negligence”, 35 Hofstra L. Rev. 1671, 2007.

⑥ Restatement (Third) of Torts: Liability for Physical and Emotional Harm § 3, 2010.

在早期过失侵权中，合理注意义务与普通理性人标准（ordinary reasonable person）成为过失分析的两大重要因素。Ansell v. Waterhouse 案和 Bretherton v. Wood 案[①]被认为是合理注意义务发展的关键性案件。在上述两案中，法院将合理注意义务等同于习惯。也就是说，合理注意义务被理解为以一般的方式提及社会中特定的先前存在的习俗、惯例和协调做法的方法。因此，义务不是空洞的术语，而是以社会公认的规范为准定义的。如果以被告的行为是否违背了社会公认的规范模式为标准，那么从社会中挑选出一群人，询问他们被告的行为是否与一名普通的理性人本会采取的行为相同，似乎是适用该标准的绝佳方法。[②] 换言之，普通理性人标准成为被告在特定情况下是否具有合理注意义务的判断标准。对此，霍姆斯曾有过经典的论述："法律不将气质、智力和教育等诸方面无穷无尽的变数作为某一行为的内在特征予以考虑，因为这些东西在不同人的身上大相径庭。人们生活在社会中，某种正常的行为，即牺牲个人超出某一点之外的那些独特性，对于普遍的福利而言是必要的。"[③] 可见，普通理性人是一种客观标准。

依据《侵权法重述（第三版）》，可预见性亦是过失（义务违反）判断标准的要素，但可预见的风险和可预见的伤害似乎都不可避免地具有开放性，因为一个人可以从其行为中预见到的伤害或危险取决于他的动机、智力、知识和经验。而普通理性人标准成为判断可预见性的有效方式，即可预见性必须从事故发生前处于被告位置的普通理性人的角度来确定，[④] 如果被告违反了旨在防止某类伤害的常规做法，法官很容易发现，处于被告地位的普通人会预见到这种违反行为会造成严重伤

---

① See Ansell v. Waterhouse, 105 Eng. Rep. 1286 (K. B. 1817); Bretherton v. Wood, 129 Eng. Rep. 1203 (Ex. Ch. 1821).

② See Patrick J. Kelley, "Symposium: Restating Duty, Breach, and Proximate Cause in Negligence Law: Descriptive Theory and the Rule of Law", 54 Vand. L. Rev. 1039, 2001, p. 1060.

③ [美] 小奥利弗·温德尔·霍姆斯：《普通法》，冉昊、姚中秋译，中国政法大学出版社 2006 年版，第 94 页。

④ See William L. Prosser, *Handbook of the Law of Torts*, West Pub. Co., 1971, p. 146.

害。[①] 如果被告遵循了常见的、公认的惯例，法官可以很容易地认定，处于被告地位的普通人不会预见该行为会造成不合理的损害风险。[②]

（三）事实原因

不同于前两次重述都采用“法律原因”涵盖事实原因和近因的做法，《侵权法重述（第三版）》明确区分了事实原因和近因。侵权行为必须是造成损害的事实原因，才能追究责任。如果没有该行为，损害就不会发生，那么该行为就是损害的事实原因。[③] 因此，事实原因是指被告的过失行为与原告的损害之间的事实联系。事实原因的探究重点在于行为人的行为是否促成了损害的发生，以及其重要性是否足以使其承担相应的法律责任。[④]

事实原因的判断标准通常是“若非—则无”（but-for test）规则，即若没有被告的行为，损害就不会发生。反之，若没有被告的过失行为，原告亦会遭受同样的损害，此时被告的行为不是原告所受损害的事实原因。例如，在 City of Jackson v. Spann 案[⑤]中，两名警察驾驶巡逻车在高速追赶一辆逃跑的汽车，该汽车撞上了原告驾驶的汽车导致原告受伤。法院认为，如果没有高速追捕以及警官进入十字路口的方式，事故就不会发生，警官的过失是原告受伤的事实原因。但这一标准适用于多重充分原因案件，则会造成不公正的结果，[⑥] 因为它会免除每个不法行为人的责任。例如，在 Summers v. Tice 案[⑦]中，两名猎人因过失向第三名猎人开枪，击中了第三名猎人。如果第三名猎人只是被两名过失开枪的猎人中的一个开枪击中，而法院要求原告证明“若非—则无”

---

① See Alaska Freight Lines v. Harry, 220 F. 2d 272, 276 – 277 (9th Cir. 1955).

② See Clinton v. Commonwealth Edison Co., 344 N. E. 2d 509, 515 (Ill. App. Ct. 1976).

③ See Restatement (Third) of Torts: Liability for Physical and Emotional Harm § 26, 2010.

④ See Sandra F. Sperino, “The Causation Canon”, 108 Iowa L. Rev. 703, 2023, p. 706.

⑤ See City of Jackson v. Spann, 4 So. 3d 1029, 1033 (Miss. 2009).

⑥ See Restatement (Third) of Torts: Liability for Physical and Emotional Harm § 27, § 27 Rep’s Note, 2010.

⑦ See Summers v. Tice, 199 P. 2d 1, 3 (Cal. 1948).

标准的原因，那么原告将无法胜诉，因为原告无法确定是两名猎人中的哪一个疏忽开枪。考虑到原告难以确定正确的开枪者，法院选择不将全部因果责任归于原告。

在多重充分原因案件中，“实质性因素”这一措辞成为法院和诉讼当事人的救命稻草，成为“若非—则无”标准的改进或必要替代。[①] 换言之，在“若非—则无”因果关系的证明实际上不可能或不应要求这种证明的情况下，此标准会让位于较宽松的“实质性因素”标准。[②] 鉴于此，“实质性因素”标准被《侵权法重述（第二版）》纳入事实原因的定义中：“如果有两股力量在积极运作，一股是由于行为人的过失，另一股不是由于行为人的任何不当行为，而这两股力量本身都足以对另一股力量造成伤害，则可以认定行为人的过失是造成伤害的实质性因素”。[③] 此外，“实质性因素”还被用来区分所有原因，特别是微不足道的原因和重大的原因。[④] 但《侵权法重述（第三版）》拒绝将“实质性因素”作为事实原因的判断标准，其起草人认为“实质性因素”标准“经不起时间的考验，因为它已被证明具有混淆性并被滥用”，并且使用“实质性因素”来区分无关紧要或微不足道的原因，以防止对这些原因施加责任，违反了事实原因不是侵权程度问题的前提。[⑤]因此，《侵权法重述（第三版）》对涉及多重和充分因果关系的诉讼采用“充分性”或“必要条件”方法，将原因的不重要或微不足道问题作为责任范围调查（近因）的一部分加以评估。[⑥] 在司法实践中，多数法院仍继续采用“实质性因素”标准。其原因在于除该标准适用于多重充分原因

---

① See Tory A. Weigand, “Tort Law—The Wrongful Demise of But for Causation”, 41 W. New Eng. L. Rev. 75, 2019, p. 76.

② See Bostic v. Ga. -Pac. Corp., 439 S. W. 3d 332, 344 (Tex. 2014); David W. Robertson, “Causation in the Restatement (Third) of Torts: Three Arguable Mistakes”, 44 Wake Forest L. Rev. 1007, 2009, p. 1020.

③ Restatement (Second) of Torts §432 (b), 1965.

④ See Restatement (Second) of Torts §431 comment a, 1965.

⑤ See Restatement (Third) of Torts: Liability for Physical & Emotional Harm § 26 comment j, 2010.

⑥ See Restatement (Third) of Torts: Liability for Physical & Emotional Harm § § 26 – 27, §36, 2010.

的情况下有效外，法院对该术语比较熟悉，该术语在因果关系中已经被使用了一个多世纪，包括被许多司法管辖区使用。[①]

事实上，《侵权法重述（第三版）》试图消除“实质性因素”标准并不恰当，但在多被告或多起因诉讼中，任何实际或暗示的“若非—则无”标准消亡都是错误的。在所有涉及多名被告或多个原因的诉讼中，“实质性因素”从来都不是用来替代和取代“若非—则无”。[②] 在任何侵权案件中，如果没有满足“若非—则无”标准，就不可能有因果关系。[③]

（四）近因

严格意义上讲，“proximate cause”（近因）更似一个学术概念，通常在司法意见书、论文、案例集和学术著作中被广泛使用，前两次重述没有使用这一概念，而是使用了“legal cause”（法律原因）这一概括性术语，包含事实原因和近因。《侵权法重述（第三版）》使用“scope of liability”（责任范围）的表述而没有使用“近因”一词的主要原因是：“近因”一词具有误导性，经常被错误地使用，并与“事实原因”混为一谈。“责任范围”更可取，有助于在特定案件中进行分析，并“通过诉诸行为人的责任仅限于使行为成为不法行为的那些风险是公平的这一直觉”，使人更好地理解该规则的理由。[④]

虽然近因是过失侵权表面侵权的一个基本要件，但它几乎从不涉及侵权行为其他要件所确定的事实之外的事实。通常情况下，原告的损害不言而喻属于被告的责任范围，无须进一步关注。因此，近因在部分案件中起着限制责任的作用，更像是一种积极抗辩，尽管从形式上看它并

---

① See Restatement (Third) of Torts: Liability for Physical & Emotional Harm § 26, note comment j, 2010.

② See Tory A. Weigand, "Tort Law—The Wrongful Demise of But for Causation", 41 W. New Eng. L. Rev. 75, 2019, p. 107.

③ See Paroline v. United States, 572 U. S. 434, 452 (2014).

④ See Restatement (Third) of Torts: Liability for Physical & Emotional Harm § 29 comment j, comment b, 2010.

不是一种积极抗辩。[1] 实际上，近因的核心问题不在于损害是否可以作为一个事实归因于不法行为，而在于不法行为与损害之间的关联程度是否足以引起法律责任。[2] 换言之，近因的实质是关于被告责任范围的问题，而非因果关系问题。《侵权法重述（第三版）》用“责任范围”完全取代了“近因”：当被告请求判定原告的损害超出了法律责任范围时，法院必须首先考虑被告行为所带来的所有损害风险范围，陪审团可以将这些风险范围作为判定该行为侵权的依据。然后，法院可以将原告的损害与被告的损害风险范围进行比较，以确定一个合理的陪审团是否可能在后者中找到前者。[3] 可见，近因对被告责任的限制通常以被告过失行为造成的风险范围为依据。

《侵权法重述（第三版）》改用“责任范围”表述的同时将分析的名称从“损害是否可预见”（可预见性）改为“损害是否在风险范围之内”（风险标准），试图清除可预见性在近因分析中的作用，但仍然承认“经适当解释的可预见性标准与风险范围标准是相同的”。[4]因此，可预见性仍然是近因分析中的重要标准，有过失的被告要对所有他可以预见其过失行为会造成的一般种类的损害承担责任，也要对因他的行为而被置于风险之中的人群承担责任，被告并不对不可预见的伤害承担责任。[5]

需要注意的是，如果被告的过失行为完成以后，一种新的不可预见的力量介入（介入原因见下文）引发原告的损害，则被告的责任将被免除。

---

① See Restatement (Third) of Torts: Liability for Physical and Emotional Harm § 29, comment a, 2010.

② See Jane Stapleton, "Legal Cause: Cause-in-Fact and the Scope of Liability for Consequences", 54 Vand. L. Rev. 941, 2001, p. 968.

③ See Restatement (Third) of Torts: Liability for Physical and Emotional Harm § 29, comment d, 2010.

④ Restatement (Third) of Torts: Liability for Physical and Emotional Harm § 29, comment j, 2010.

⑤ 参见［美］丹·B. 多布斯：《侵权法》（上册），马静等译，中国政法大学出版社2014年版，第388页。

（五）损害

过失侵权行为造成的损害包括实体损害（physical harm）和精神损害（emotional harm）。实体损害是指对人体（“身体损害”）或不动产或有形个人财产（“财产损失”）造成的损害。身体损害包括人体损伤（physical injury）、疾病、身体功能损害和死亡。[①] 精神损害则是情感安宁的损害，包括惊吓、恐惧、悲伤、忧愁、绝望、焦虑、羞辱、抑郁（和其他精神疾病），以及一系列其他有害的——从轻微不愉快到致残的精神状况。[②]

需要注意的是，为避免不确定和过度责任，过失侵权行为导致的精神损害被限制在下列情形：一是行为人的过失行为使寻求赔偿的人面临身体伤害的危险，但实际上只造成了精神伤害。二是过失行为发生在某些类别的活动、事业和关系中，行为没有造成身体伤害的危险，但构成了严重精神伤害的重大危险。[③] 三是“旁观者规则”下的精神损害，即当行为人的过失通过对第三者造成身体伤害的机制对旁观者造成严重精神伤害时的责任。[④] 这一规则首次出现在 Dillon v. Legg 案[⑤]中，法院允许一位目睹被告汽车撞上自己儿子的母亲为自己受到的精神伤害索赔，尽管被告的汽车从未触及她，尽管她本人也从未处于被撞的危险之中。原告的精神伤害完全是由于目睹了伤害她儿子（第三方）的事故。目前，大多数美国法院都采用该规则。

三、过失侵权行为的非独立抗辩事由

过失侵权行为的五个要件是从原告为维护自身权利而需要证明的事

---

① See Restatement (Third) of Torts：Liability for Physical and Emotional Harm § 4，2010.

② See Restatement (Third) of Torts：Liability for Physical and Emotional Harm § 45，comment a，2010.

③ See Restatement (Third) of Torts：Liability for Physical and Emotional Harm § 47，comment a，2010.

④ See Restatement (Third) of Torts：Liability for Physical and Emotional Harm § 48，comment a，2010.

⑤ See 441 P. 2d 912 (Cal. 1968).

项而言的，如果满足以上要件，则被告的过失行为即构成了表面侵权。对被告而言，被告总是试图减轻或免除自己的责任，通常的做法是直接否定原告所证明的构成要件。

侵权法不但会评价侵权行为人的行为，还会评价受害人的行为，侵权法在本质上是平衡行为人与受害人的利益，而非"扶贫帮弱"。因此，被告为了减轻或免除其侵权责任，除能够提出独立的抗辩事由外，很多情况下选择攻击过失侵权行为构成要件本身，找寻限制具体构成要件的因素以达到限制责任的目的。简单地说，每个具体的过失侵权行为构成要件亦可能成为限制被告责任的规则。而这些影响具体构成要件效力的因素可能不被认可为独立的抗辩事由，但不可否认的是，这些因素通过影响某一或某些构成要件导致了被告侵权责任减轻或免除的客观效果，从而充当了被告的抗辩事由角色。美国侵权法并没有特意区分这类责任限制的因素与抗辩事由的区别，依然赋予"defense"的名义，被称为非独立抗辩事由（或半抗辩事由）。在过失侵权行为中，这些责任限制因素主要有突发紧急情况（sudden emergency）规则、介入原因（intervening cause/superseding cause）规则。

（一）突发紧急情况规则

在过失侵权诉讼中，确定被告行为是否属于合理谨慎的人的行为时，应考虑到被告遇到需要快速反应的突发紧急情况。[①]紧急情况是指需要在极短的时间内做出决定的事件，其异常程度足以使行为人无法利用现成的个人经验或一般社会知识来选择最佳行为。可见，紧急情况是一种使理性人无法行使其通常行使的良好判断力的事件。[②] 事实上，突发紧急情况规则并没有给陷入紧急状况的人规定较低的注意标准，人们仍然应该在当时的情况下以合理谨慎的方式对情况做出反应，紧急状况只是在确定行为人的行为是否合理时需要考虑的情况。[③] 突发紧急情况

---

① See Restatement (Third) of Torts: Liability for Physical and Emotional Harm § 9, 2010.

② See Restatement (Third) of Torts: Liability for Physical and Emotional Harm § 9, comment b, 2010.

③ See Young v. Clark (1991, Colo) 814 P. 2d 364, 10 ALR 5th 1074.

可适用于任何涉及行为人面对突发紧急情况的过失诉讼，最常在涉及汽车事故的案件中被援引。

机动车事故中的突发紧急情况是在对过失要件的分析中发展而来的，各司法管辖区没有达成统一的概念，如“突发医疗紧急情况抗辩”（sudden medical emergency defense）、[①]“停电抗辩”（“blackout” defense）、[②]“突然或意外失去知觉抗辩”（defense of sudden or unanticipated unconsciousness）[③] 或“突然失去知觉抗辩”（sudden loss of consciousness defense），[④] 还有司法管辖区将该抗辩列入“不可避免的意外事件”（unavoidable accident defense）[⑤] 或“天灾”（an act of God）[⑥]。一般而言，突发紧急情况是指“机动车驾驶员在驾驶过程中，因不可预见的原因突然昏厥或失去知觉，无法控制车辆，不负过失责任……”[⑦] 也就是说，被告必须证明他们丧失行为能力导致事故发生是突发性的、不可预见的。换言之，如果行为人面临突然发生的不可预见的、并非自己造成的紧急情况，则允许陪审团在决定行为人的行为是否合理时把紧急情况作为相关的因素予以考虑。[⑧] 突发紧急情况免责的基本原理是：不能权衡和考虑避免即将发生的危险的最佳手段的驾驶员，不应与能够充分行使判断力和理智的人一样，被要求达到同样的控制、谨慎和小心的

---

① See Roman v. Estate of Gobbo, 791 N. E. 2d 422, 427 (Ohio 2003).

② See Estate of Embry v. GEO Transp. of Ind., Inc., 395 F. Supp. 2d 517, 520 (E. D. Ky. 2005).

③ See Brannon v. Shelter Mut. Ins. Co., 507 So. 2d 194, 197 (La. 1987).

④ See Storjohn v. Fay, 519 N. W. 2d 521, 526 (Neb. 1994).

⑤ See Parker v. Washington, 421 P. 2d 861, 866 (Okla. 1966).

⑥ See Halligan v. Broun, 645 S. E. 2d 581, 582 (Ga. Ct. App. 2007). 该案将“天灾”定义为“因不可避免的必然性而产生的、人类的谨慎无法预见或预防的所有不幸和行为，以及……使机动车辆驾驶员无法控制或指挥其机动车辆的突发疾病或死亡，如果无法预见且非人力所能预防……”

⑦ Roman v. Estate of Gobbo, 791 N. E. 2d 422, 427 (Ohio 2003).

⑧ 参见［美］丹·B. 多布斯：《侵权法》（上册），马静等译，中国政法大学出版社2014年版，第268页。

标准。[①] 因此，可预见性是判断突发紧急情况抗辩的重要因素。

在诉讼中，多数法院认可突发紧急情况作为过失要件的完全抗辩事由（积极抗辩事由），原告证明表面侵权要素后，由被告证明突发紧急情况。[②] 少数法院则持相反意见，认为突发紧急情况不是抗辩事由，不能成为在原告初步证据确凿的过失案件中逃避责任的一种手段，只是对过失要件的一般否认，举证责任并未转移，一旦被告提出突发紧急情况的证据，原告仍承担最终举证责任。[③]

目前，法院反对突发紧急情况抗辩的趋势上升。其主要理由是：突发紧急情况抗辩被比较过失抗辩吸纳，其作用微乎其微，却容易让陪审团误以为，驾驶人在遇到突发紧急情况时应承担较低的注意标准，而不是将丧失行为能力作为在当时情况下是否合理的整体考量因素加以权衡。[④] 即使在继续支持突发紧急情况抗辩的州，也有法官提出该抗辩导致无辜的原告无法从被告处或通过无保险驾驶员保险获得任何损害赔偿，承担了严酷的后果，严重违反公平。[⑤] 宾夕法尼亚州最高法院给出了另外的解释："突发紧急情况只是陪审团在评估各方行为或不行为的合理性时必须考虑的一系列周边环境中的一种。将突发紧急事件原则作为一种抗辩事由，只会削弱一方当事人在所呈现的所有情况下是否以一个合理谨慎的人的谨慎行事这一问题在过失中的核心地位。"[⑥]

鉴于此，突发紧急情况抗辩的适用应当有严格限制，通常需要具备

---

① See Caitrin Ellen Kiley, "Tort Law—The Sudden Medical Emergency Defense in Connecticut: Insurers Benefit While the Innocent Insured is Left to Suffer", 43 W. New Eng. L. Rev. 78, 2021, p. 84.

② See Timothy E. Travers, "Annotation, Liability for Automobile Accident Allegedly Caused by Driver's Blackout, Sudden Unconsciousness, or the Like", 93 A. L. R. 3d 326, 1979 & Supp. 2010, p. 330.

③ See Myers v. Sutton, 189 S. E. 2d 336, 338 (Va. 1972); Farmers Union Grain Terminal Ass'n v. Briese, 192 N. W. 2d 170, 179 (N. D. 1971).

④ See Bedor v. Johnson, 292 P. 3d 924, 928 – 929 (Colo. 2013); Knapp v. Stanford, 392 So. 2d 196, 198 (Miss. 1980); Wiles v. Webb, 946 S. W. 2d 685, 689 (Ark. 1997); McClymont v. Morgan, 470 N. W. 2d 768, 771 – 772 (Neb. 1991); see also Bjorndal v. Weitman, 184 P. 3d 1115, 1121 (Or. 2008).

⑤ See Roman v. Estate of Gobbo, 791 N. E. 2d 422, 422 (Ohio 2003).

⑥ Graham v. Check, 2020 Pa. Lexis 6483, 25 (Pa. Dec. 22, 2020).

以下要素：[①]（1）突发紧急情况；（2）不是由援引该理论的行为人的不法行为造成的；（3）需要行为人选择一种行为方式；（4）没有机会作出深思熟虑的判断；（5）在这种情况下，具有合理审慎态度的行为人会选择或可能会选择这种行为方式。

（二）介入原因规则

在行为人违反注意义务后，一个新的原因或力量与原行为人的过失相结合，在事实上造成了伤害，这个新的原因或力量被称为“介入行为”。[②] 尽管法院没有刻意区分介入行为，但经常将介入行为描述为介入原因和替代原因。如果介入行为是“被告行为的产物”，“对行为人通过其不法行为使自己承担责任的情况的刺激作出反应或运作”，则该介入行为属于从属性的介入原因。相反，如果介入行为本身不是被告行为的产物，则该介入行为是具有独立性的替代原因。[③] 一般而言，介入原因不会中断因果链，而替代原因会打破法律原因链。换言之，替代原因通常会免除原行为人的责任。事实上，确切地确定哪些类型的介入行为被适当地视为替代原因一直困扰着法院和评论家，并将继续困扰着他们。

目前，法院基本上采用三种方式确定介入行为是否为替代原因。[④] 在较早的时代，不可预见的介入行为被视为替代原因。例如，在 Watson v. Ky. & Ind. Bridge & R. R. Co. 案[⑤]中，上诉法院认为，如果火是意外点燃的，那么它只是一个介入行为，而不是替代原因，因此被

---

① See Restatement (Third) of Torts: Intentional Torts to Persons § 17, comment g, TD No. 4, 2019.

② See Restatement (Second) of Torts § 441 (a), 1965.

③ See Restatement (Second) of Torts § 441, comment c, 1965.

④ See Jim Gash, "At the Intersection of Proximate Cause and Terrorism: A Contextual Analysis of the (Proposed) Restatement Third of Torts' Approach to Intervening and Superseding Causes", 91 Ky. L. J. 523, 2003, p. 523. 加什（Gash）教授将法院判定替代原因的方式总结为历史方式、传统方式和“重述三”方式。

⑤ See Watson v. Ky. & Ind. Bridge & R. R. Co., 126 S. W. 146 (Ky. 1910). 被告过失使一辆装满汽油的油罐车溢出汽油，介入行为人将一根已经点燃的火柴扔进油罐车，从而引发爆炸，伤及原告。

告应对原告的伤害负责。如果是第三方恶意纵火，那么铁路公司将不承担责任。其理由在于仅凭介入行为是不可预见的这一事实，并不能免除犯有主要过失的被告的责任，但如果介入行为是出乎意料或非同寻常的，以至于他不能或不应该预见到它，他将不承担责任，当然，他也没有义务预见到他人造成损害的犯罪行为。也就是说，一个介入性的不可预见的犯罪行为（或故意行为）通常被视为替代原因，从而解除被告责任。随后这一规则被废弃，犯罪行为或故意行为不再被断然地视为不可预见的替代原因，而是将可预见性问题作为由陪审团判断的事实问题，越来越多的法院认定了犯罪行为的可预见性。①

20 世纪后半叶，由于比较过失的出现以及对连带责任规则的限制，《侵权法重述（第三版）》重新审视介入行为问题，规定当自然力或独立行为也是造成损害的事实原因时，行为人的责任仅限于使行为人的行为构成侵权的风险所造成的损害。② 由此可见，介入行为问题不再是行为的可预见性问题，而是最终造成的损害从最初过失行为人的角度来看是否可预见，即可预见性的焦点从介入行为转移到最终造成的损害上。③ 这意味着分析重点在于介入行为（而不是行为本身）所造成的最终损害是否在原行为人的过失所造成的风险范围之内。如果所受损害的类型是风险之一，而这种风险的发生使原行为人的行为首先成为侵权行为，那么无论介入行为是可预见的还是不可预见的，甚至无论是否存在介入行为，该行为人都要承担责任。相反，如果所遭受的损害类型不属于使原行为人的行为具有侵权性的风险之一，则该行为人根本不承担责任，即使可预见的介入行为帮助造成了该损害。多布斯教授认为，如果

① See Mclean v. Kirby Company, 490 N. W. 2d 229 (N. D. 1992); Travis v. City of Mesquite, 830 S. W. 2d 94, 98 (Tex. 1992).［美］丹·B. 多布斯：《侵权法》（上册），马静等译，中国政法大学出版社 2014 年版，第 412 页。

② See Restatement (Third) of Torts: Liability for Physical and Emotional Harm § 34, 2010.

③ See Jim Gash, "At the Intersection of Proximate Cause and Terrorism: A Contextual Analysis of the (Proposed) Restatement Third of Torts' Approach to Intervening and Superseding Causes", 91 Ky. L. J. 523, 2003, p. 582.

介入行为超出了被告疏忽造成的风险范围，则该介入行为被视为替代原因。[①] 换句话说，如果介入行为本身是不可预见的，那么它就可能成为替代原因。“介入原因案件都涉及风险范围的问题，因此可以在不提及介入原因或替代原因的情况下解决这些问题。”[②] 越来越多的法院认识到了这一点，并开始适用《侵权法重述（第三版）》的方法。[③]

综上所述，介入原因和替代原因只是作为近因（责任范围）分析规则的阻碍因素，以影响过失侵权行为构成要件中的近因效果的形式对被告的责任予以限制。具体而言，不可预见的自然力量（包括不可抗力）、第三人行为等介入行为并非美国过失侵权行为中的独立抗辩事由，但发挥着抗辩事由的效用。

第二节 普通法系侵权法上过失侵权行为的抗辩事由之一：比较过失

在普通法系侵权法上，比较过失是过失侵权行为的一项重要抗辩事由，存在两个相关术语，即 contributory negligence（共同过失）和 comparative negligence（比较过失）。尽管存在两个不同的法律术语且其规则也不相同，但两者一脉相承，表达的是一项抗辩事由，即原告对损害的发生存在过失的，可以减轻或免除被告的损害赔偿责任。这两个概念发生在不同的历史阶段，在具体规则上有所不同，比较过失继承发展了共同过失的规则，共同过失几乎完全被比较过失取代。因此，共同过失与比较过失并非同一概念，但表达同一抗辩事由，区别在于被告抗辩时所遵循的规则不同。鉴于两者适用的规则毕竟不同，美国学者们为避免产生两者混淆，用“contributory negligence”表示共同过失，而“comparative negligence”表达比较过失。通常使用 the plaintiff's fault

---

① See Dan B. Dobbs, *The Law of Torts*, West Academic, 2000, p. 482.

② Dan B. Dobbs, *The Law of Torts*, West Academic, 2000, p. 452, p. 460.

③ See Sharp v. Town of Highland, 665 N. E. 2d 610, 617 – 618 (Ind. Ct. App. 1996).

(原告的过错) 统称共同过失和比较过失。

一、共同过失规则阐释

(一) 共同过失规则的起源与废止

关于共同过失的起源，虽然学者们表达了不同看法，但大部分学者都认为共同过失规则源于1809年英格兰的Butterfield v. Forrester案的判决。[①] 该案中，原告骑马飞奔时，撞到了被告由于过失置于道路上的一根圆木之上，结果摔下并受伤。一名目击证人证明虽然黑暗将近，但当时还有足够的光亮去看到一百码外的障碍物，如果原告不骑得那么快，他有可能看到并避免撞上障碍物。初审法院判定被告无须向原告承担责任，初审法官认为原告因缺乏普通注意义务促成意外事件的发生，原告不能为其人身伤害获得损害赔偿。原告骑着马尽可能快速地穿过街道，如果他尽到普通注意义务，他就会看到障碍物并能避开它。主审法官埃伦堡（Ellenborough）勋爵指出："一个人的过错并不能免除另一个人对自己应尽的普通注意义务，要支持这一诉讼，必须同时具备两点：一是被告的过错造成了道路上的障碍物；二是原告没有为避免该障碍物而采取通常的谨慎措施。"[②] 随后，共同过失规则被普通法系国家广泛采用。美国侵权法在Smith v. Smith案[③]中首次接受了共同过失规则，被告在公路上堆积了木料，但公路还剩余足够大的空间，只要行人尽到通常的小心谨慎，就可以毫发无损地通过。而原告的运货马车却撞上木料受损，马的两条后腿受伤。其他法院亦陆续确立了共同过失规则，截至19世纪中期，共同过失被普遍认可为过失侵权行为的完全抗

① See Brian P. Dunigan, Jerry J. Phillips, "Comparative Fault in Tennessee: Where Are We Going, and Why Are We in This Handbasket?", 67 Tennessee L. Rev. 765, 2000, p. 768.

② Butterfield v. Forrester, 103 Eng. Rep. 927 (1809).

③ See Steven Gardner, "Contributory Negligence, Comparative Negligence, and Stare Decisis in North Carolina", 18 Campbell L. Rev. 1, 1996, p. 6; Smith v. Smith, 19 Mass. 621, Supreme Court of Massachusetts, 624 (November 1824).

辩事由。[①]

事实上，共同过失规则在美国的产生具有偶然性，探求共同过失制度赖以建立的基础之全部尝试，都属于事后的尝试，都属于对明显无意识地得出的结论所做的解释和说明。[②] 但共同过失抗辩之所以如此迅速地被美国法院接受有其深层次的社会、法律上的原因：其一，工业革命的需要，特别是铁路，[③] 共同过失抗辩成为制约陪审团的有力武器，只要原告存在过失，则被告就可以免除责任。19 世纪中期的美国经历了欣欣向荣的工业化和经济发展。巨大的公司、企业成为被告，普通的陪审员经常认为，这些新兴的被告是富裕者，从而倾向于同情受害的原告。但法院坚信国家的经济增长有赖于保护工业免于承担过重的责任，故采用了限制救济的侵权理论，如共同过失、同工规则和风险承担。[④] 例如，在 Forbes v. Atlantic & North Carolina Railroad 案[⑤]中，法院认为："铁路是合法且有用的，虽然它们必须小心谨慎，以免伤害公民，但公民也必须小心谨慎。如果因自己的疏忽而受到伤害，他不能抱怨。" 其二，共同过失抗辩和过失侵权要件中的近因理论相契合。近因理论是共同过失抗辩最常用的解释方法，在 Thomas v. Quartermaine 案[⑥]中，法院认为共同过失的基础是尽管被告事实上有过失，但是原告自身的过失切断了被告的过失和已经发生的事故之间的因果联系，被告的过失因此不再是损害的真正近因。其三，共同过失抗辩与普通法中个人主义的价值相一致，普通法要求每个当事人依靠自己的注意和谨慎维护

---

① See Carol Isackson, "Pure Comparative Negligence in Illinois Alvis v. Ribar", 58 Chicago—Kent L. Rev. 599, 1982, p. 601.

② See Brian P. Dunigan, Jerry J. Phillips, "Comparative Fault in Tennessee: Where Are We Going, and Why Are We in This Handbasket?", 67 Tennessee L. Rev. 765, 2000, p. 769.

③ See William L. Prosser, "Comparative Negligence", 51 Mich. L. Rev. 465, 1953, p. 468 – 469.

④ See Patrick S. Davies, "Saturday Night Specials: A 'Special' Exception in Strict Liability Law", 61 Notre Dame L. Rev. 478, 1986, p. 486.

⑤ See 76 N. C. 454, 457 (1876).

⑥ See Sun Oil Company v. Seamon, 349 Mich. 387, Supreme Court of Michigan, 402 (Sep. 4 1957).

自己的利益,[①] 法律无须提供家长式的庇护，个人做出行为时应当意识到行为的风险，必须承担预期后果。[②]

但共同过失规则导致了严重利益失衡：即使损失是由两个或两个以上的当事人所致，共同过失规则也责令一方全部承担。通常情况下，承担的人是承担能力最弱的、在过失程度上很可能比逍遥法外的被告要小很多的受害人（原告）。[③] 此外，共同过失规则赖以生存的社会基础发生巨大改变，20 世纪以来，工业在美国牢固地得到确立，立法的重心从保护工业转移到保护雇员和他们的家庭。[④] 因此，共同过失规则的历史使命已经完成，比较过失得以全面取代共同过失。

（二）共同过失的概念

《侵权法重述（第二版）》将共同过失定义为“原告的行为低于他为保护自己而应遵守的标准，并且在法律上是与被告的过失共同造成原告损害的原因”。[⑤] 可见，共同过失是原告未能对自己行使注意义务的过失，在该过失与被告的过失共同作用下原告遭受伤害。传统规则下，如果发现原告在引起损害过程中有任何程度上的过失，原告的行为就构成一个完全的抗辩事由。[⑥] 换言之，共同过失作为过失侵权诉讼中的完全抗辩事由，只要被告证明原告存在过失，被告的责任随即免除。

共同过失和过失相比，两者的区别在于前者是原告未能履行对自己的注意义务，后者是被告未能对原告履行注意义务（义务违反）。换言之，过失是指给他人造成不适当的损害危险的行为，而共同过失涉及的

---

① See Carol A. Mutter, “Moving to Comparative Negligence in an Era of Tort Reform: Decisions for Tennessee”, 57 Tennessee L. Rev. 199, 1990, p. 207 -208.

② 参见［美］伯纳德·施瓦茨：《美国法律史》，王军等译，中国政法大学出版社 1997 年版，第 67 ~68 页。

③ See Steven Gardner, “Contributory Negligence, Comparative Negligence, and Stare Decisis in North Carolina”, 18 Campbell L. Rev. 1, 1996, p. 25.

④ See Patrick S. Davies, “Saturday Night Specials: A ‘Special’ Exception in Strict Liability Law”, 61 Notre Dame L. Rev. 478, 1986, p. 487.

⑤ Restatement (Second) of Torts § 463, 1965.

⑥ See George C. Christie et al., *Cases and Materials on The Law of Torts*, West Pbulishers, 2004, p. 109.

是给行为人本人造成不适当的损害危险的行为。[①] 巴尔教授也指出，如果将受害人的共同过失理解为真正意义上的注意义务必将导致赔偿责任本身就是侵权行为。[②] 尽管两者截然不同，但过失和“共同过失”之间没有实质性区别，“共同过失”只是用来描述原告过失的一个术语。[③] 因此，《侵权法重述（第三版）》规定，原告的过失由被告过失的适用标准界定，[④] 过失中的理性人标准、合理风险标准、近因理论等都可以适用于共同过失。如被告主张共同过失，如同原告主张被告存在过失一样适用事实原因的一般规则，若想对原告不利，就必须证明原告的过失是原告自身所受损害的近因。[⑤] 因此，原告的行为必须是造成伤害的事实原因，而且原告受到伤害的风险必须是可以合理预见的。[⑥]

综上所述，共同过失抗辩与过失要件没有本质区别，但只要原告存在过失，不论过失程度大小，被告随即免除责任，遵循“全有或全无”（all-or-nothing）规则。

（三）共同过失规则的限制

基于“全有或全无”规则，从共同过失规则首次出现起，法院就“表现出一种不安的意识，认为出了问题”。[⑦] 因此，几乎所有的美国法院和立法机构都立即开始对一般共同过失规则进行限制，并对其进行修改，以减轻该规则对原告的影响。[⑧]

---

① See Sun Oil Company v. Seamon, 349 Mich. 387, Supreme Court of Michigan, 396 - 397 (Sep. 4 1957).

② 参见［德］克雷斯蒂安·冯·巴尔：《欧洲比较侵权行为法》（下卷），张新宝、焦美华译，法律出版社2004年版，第649页。

③ See Liske v. Walton, 198 N. C. 741, Supreme Court of North Carolina, 742 (May 28 1930).

④ See Restatement (Third) of Torts: Apportionment Liability § 3, 2000.

⑤ See Bradley v. Appalachian Power Co., 163 W. Va. 332, Supreme Court of Appeals of West Virginia, 343 (July 10 1979).

⑥ See Charles E. Daye, Mark W. Morris, *North Carolina Law of Torts*, LexisNexis, 1991, p. 31.

⑦ William L. Prosser, “Comparative Negligence”, 51 Mich. L. Rev. 465, 1953, p. 470.

⑧ See Steven Gardner, “Contributory Negligence, Comparative Negligence, and Stare Decisis in North Carolina”, 18 Campbell L. Rev. 1, 1996, p. 13.

第一，最后明显机会（last clear chance）是共同过失规则最重要的限制方法（见下文）。

第二，如果被告的行为是故意和恣意的，原告的过失并不妨碍原告获得赔偿。例如，在 Brendle v. Spencer 案①中，法院指出："公认的是，即使原告承认共同过失，也不能作为故意或肆意伤害的抗辩事由。"但如果原告的行为也是故意和恣意的，原告的过失将禁止原告获得赔偿。②

第三，如果被告违反旨在保护原告免受其自身过失或无能力带来的伤害的制定法，则共同过失不能作为一种抗辩事由。③ 例如，在 Strain v. Christians 案④中，法院认为，即使原告存在过失，但制定法保护作为未成年人的原告免受其自身无能力或过失带来的风险，原告仍获得赔偿。可见，制定法赋予了被告绝对保护他人的法定义务时，共同过失被禁止。此外，法院也可能对被告施加保护义务，要求被告保护易受伤害、丧失行为能力或未成年的原告免受因无能为力而遭受损害。⑤ 又如，在 Argus v. Scheppegrell 案⑥中，法院认定医生有义务不给酗酒的少年开药，少年因用药过量死亡，医生不得以共同过失的抗辩事由而免除赔偿责任。

第四，尽管法律要求原告与被告都应作出防止损失的努力，但原告仍有权利不受被告约束的限制。例如，在 Leroy Fibre Co. v. Chicago 案⑦中，原告把货物堆放在其离铁路很近的土地上，被告铁路公司因过失引起火灾。被告提出共同过失的抗辩，原告本可以将货物堆放在远离铁路的地方，但法院否定了该抗辩，理由是原告的冒险行为是其有权实

---

① See 125 N. C. 474, 34 S. E. 634 (1899).

② See Harrington v. Collins, 298 N. C. 535, 538, 259 S. E. 2d 275, 278 (1979).

③ 参见［美］丹·B. 多布斯：《侵权法》（上册），马静等译，中国政法大学出版社 2014 年版，第 436 页。

④ See 483 N. W. 2d 783 (S. D. 1992).

⑤ 参见［美］丹·B. 多布斯：《侵权法》（上册），马静等译，中国政法大学出版社 2014 年版，第 437 页。

⑥ See 472 So. 2d 573 (La. 1985).

⑦ See 232 U. S. 340, 34 S. Ct. 415, 58 L. ED. 631 (1914).

施的行为。

二、比较过失规则阐释

依据比较过失规则，原告的过失（或原告对其过失负有责任的其他人的过失）是原告遭受不可分割伤害的法律原因，原告的赔偿额会根据事实认定者分配给原告（或原告对其过失负有责任的其他人）的责任份额按比例减少。[①] 也就是说，即使原告的过失也是原告受伤的近因，原告仍可向过失是原告受伤的近因的被告索赔，原告的损害赔偿额将按可归咎于原告的过失比例减少。[②] 可见，比较过失学说是对共同过失规则严苛性的一种回应，该规则禁止犯有任何程度过失的人就其损害或伤害获得赔偿。在原告和被告都有过失的情况下，比较过失废除了共同过失的概念，从而使双方摆脱了“全有或全无”的局面，取而代之的是按过失分摊损害赔偿。因此，《侵权法重述（第三版）》只规定了比较过失，废止了共同过失规则。

（一）比较过失的术语表达

美国侵权法中比较过失取代共同过失后，陆续出现了两种不同的术语表达，即“comparative fault”（比较过错）和“comparative responsibility”（比较责任）。

“comparative fault”强调的是在侵权诉讼中根据原告和被告的相对过错程度来分配赔偿，包括但不限于普通过失、重大过失，鲁莽、故意或恣意行为以及严格责任，所有形式的过失行为都可以进行比较，而不考虑侵权行为类型。[③] 在共同过失规则下，“过失”的范围被限制在过失侵权行为中，“comparative fault”概念的出现似乎意味着比较过失中的“过失”范围扩大，比较过失可以将普通过失与鲁莽、故意和恣意等更高形式的不当行为进行比较。比如阿肯色州（Arkansas）《法典注

---

① See Restatement (Third) of Torts: Apportionment Liability § 7, 2000.

② See Steven Gardner, "Contributory Negligence, Comparative Negligence, and Stare Decisis in North Carolina", 18 Campbell L. Rev. 1, 1996, p. 3.

③ See Berberich v. Jack, 2011 WL 1235210 (S. C. 2011).

释》中比较过失法规明确规定,[①] “过错”应包括任何作为、不作为、行为、承担的风险、违反保证或违反任何法律义务，这些都是任何一方遭受任何损害的近因。在所有以过失为追偿依据的人身伤害或过失致人死亡诉讼中，应通过比较索赔方的过失与他寻求追偿的一方的过失来确定赔偿责任。

“比较过失”对于目前许多在原告和被告之间以及在被告之间分配伤害成本的方法来说，是一个不幸的误称，更好的术语可能是责任的比较分配或分摊或损害赔偿的比较责任。[②] 因此，《侵权法重述（第三版)》选择了“comparative responsibility”的表达方式。“comparative responsibility”强调比较过失是一种责任分担规则，重在“责任”而非“过失”。该表达（“比较责任”）更加关注当事人的行为在多大程度上增加了事故发生的可能性，而不是行为的不法性，因此它更接近于比较因果关系，而不是比较过失。[③] 一些司法管辖区只使用“比较因果关系”（comparative causation）一词。[④] 这似乎在《侵权法重述（第三版)》中得到印证，即影响比较过失的因素之一是“当事人造成风险的行为与损害之间的因果联系的强度”。[⑤] 此外，《侵权法重述（第三版)》支持在基本上所有侵权诉讼中采用比较过失抗辩，特别是在被告严格责任的情况下，“比较过失”一词并不充分，而“比较责任”一词却令人满意。[⑥]

笔者认为，尽管三个术语可以等同，但从“比较过失”到“比较

---

① See Arkansas Code Annotated section 16 – 64 – 122 (a) (Repl. 2005).

② See F. Patrick Hubbard, Evan Sobocinski, “Crashworthiness: the Collision of Sellers’ Responsibility for Product Safty with Comparative Fault”, 69 S. C. L. Rev. 741, 2018, p. 780.

③ See Ezra Friedman, “Sharing Responsibility Instead of Allocating Blame: Reforming Torts and Reducing Accidents”, U. Ill. L. Rev. 579, 2018, p. 579.

④ See Kennedy v. City of Sawyer, 618 P. 2d 788, 798 (Kan. 1980); Arbegast v. Bd. of Educ. of S. New Berlin Cent. Sch., 480 N. E. 2d 365, 366 (N. Y. 1985); Duncan v. Cessna Aircraft Co., 665 S. W. 2d 414, 427 (Tex. 1984).

⑤ Restatement (Third) of Torts: Liability for Physical and Emotional Harm § 8, comment b, 2010.

⑥ Restatement (Third) of Torts: Liability for Physical and Emotional Harm § 25, comment c, 2010.

过错”再到“比较责任”，不只是简单的术语表达的变化，实质上是责任分摊理念的转变，即从过失分摊到责任分摊的转变，甚至有学者提出了新的责任分担原则，即根据各方增加事故发生可能性的程度来调整责任分担比例，从而使各方都期望承担因其缺乏谨慎而增加的成本。[①] 这也显示出比较过失抗辩逐步从过失侵权行为领域向严格责任，乃至故意侵权行为领域的扩展适用。

（二）比较过失的兴起

法院普遍认为，共同过失理论的继续存在没有任何逻辑依据。允许有过错的被告逃避承担任何费用，要求不超过同等过错或甚至过错较小的原告承担所有费用，这违背了过错制度的基本前提。共同过失理论是一种过时的观念。[②] 因此，共同过失逐渐被比较过失取代，1908 年《联邦雇用人责任法》废止了作为绝对抗辩事由的共同过失，代之以按比例分担损失，受害的受雇人所得补救仅在其具有比较过失的范围内予以减少。随后的《琼斯法》《海商法》亦作出类似规定。同时，得克萨斯州、亚利桑那州、南达科他州、俄勒冈州、佛罗里达州相继对州内商业中的铁路受雇人或从事伐木、采矿等危险职业的受雇人确立了比较过失标准。[③] 1910 年，密西西比州率先颁布了一般性的比较过失，“适用于一切类型事故中涉及的一切人与一切财产”，[④] 成为第一个普遍采用比较过失原则的州。内布拉斯加州、南达科他州、威斯康星州、阿肯色州、乔治亚州、缅因州 6 个州也陆续加入该行列，以比较过失取代共同过失。随后比较过失进入了 20 年的沉寂时期，直到 20 世纪 70 年代比较过失法及相关的司法裁判汹涌而至，到 20 世纪 90 年代中期，比较过失显然已成为占主导地位的理论，通过司法颁布或法规，目前已有 46

---

① See Ezra Friedman, “Sharing Responsibility Instead of Allocating Blame: Reforming Torts and Reducing Accidents”, U. Ill. L. Rev. 579. 2018, p. 626.

② See Langley v. Boyter, 325 S. E. 2d 550 (S. C. App. 1984).

③ See William L. Prosser, “Comparative Negligence”, 51 Mich L. Rev. 465, 1953, p. 479.

④ Ernest A. Turk, “Comparative Negligence on the March”, 28 Chi. -Kent L. Rev. 189, 1950, p. 304, p. 336.

个州以某种形式的比较过失理论取代了共同过失。①

比较过失取代共同过失的原因是：比较过失比苛刻的共同过失规则更接近理想的正义。如果说后者的初衷是起到威慑作用，那么它早已失去了作用，因为它允许在大多数情况下对伤害负有主要责任的人进行完全的抗辩。尽管存在相反的可能性，但被告无论如何都应该对自己的过失负责，似乎没有合理的理由允许原告的行为完全免除公认有过失的被告的责任，比较过失则公平地分配了过失。②

概括而言，比较过失的广泛采用彻底改变了当代侵权法。首先，比较过失理论提供了一种公平的分摊方法：每一方都要对因其过失而造成的损害承担相应的责任。该理论避免了在原告也有过失的情况下，让有重大过失的被告逃避因其过失而造成的伤害的所有责任。③ 其次，它产生了连锁反应，改变了许多以共同过失为基础发展起来的理论。最后，比较过失造成了与现有的、和共同过失无关的学说之间的紧张关系，而这些学说却依赖于共同过失，因为共同过失确保原告只有在其行为没有过错的情况下才能获得赔偿。④

（三）比较过失的类型

比较过失要求原告和被告都要承担可归咎于他们的损失额，而不像共同过失那样由一方或另一方承担全部损失。尽管美国侵权法对某种形式的比较过失优于传统的共同过失的观点已基本达成共识，但各司法管辖区对采用哪种形式的比较过失更可取仍存在较大差异。⑤ 比较过失主

---

① See Andrew White, "Perpetuating Injustice: Analyzing the Maryland Court of Appeals' Refusal to Change the Common Law Doctrine of Contributory Negligence", 78 Md. L. Rev. 1042, 2019, p. 1043.

② See The members of the law faculty of the University of North Carolina, "Proposals for Legislation in North Carolina", 11 N. C. L. Rev. 13, 1932, p. 51, p. 57.

③ See Steven Gardner, "Contributory Negligence, Comparative Negligence, and Stare Decisis in North Carolina", 18 Campbell L. Rev. 1, 1996, p. 33.

④ See Michael D. Green, "The Unanticipated Ripples of Comparative Negligence: Superseding Cause in Products Liability and Beyond", 53 S. C. L. Rev. 1103, 2002, p. 1103.

⑤ See Eli K. Best, John J. Donohue, "Jury Nullification in Modified Comparative Negligence Regimes", 79 U. Chi. L. Rev. 945, 2012, p. 948 – 949.

要类型有纯粹比较过失（pure comparative negligence）和修正比较过失（modified comparative negligence）。

1. 纯粹比较过失

纯粹比较过失也被称为“密西西比”规则，是指无论原告自身的过失程度如何，原告都可以从有过失的被告那里获得赔偿。① 只要原告的过失并非导致其损害的唯一直接原因，原告的过失是否大于或小于被告的过失在所不问，原告则必然获得赔偿。只有在原告的责任比例为100%时才禁止赔偿。② 换言之，如果被告的过失造成伤害，则被告应承担赔偿责任，但如果原告的过失促成了事故的发生，则被告的赔偿责任份额将根据原告的过失份额而减少。③

有评论者指出：“（纯粹比较过失）太极端了……虽然共同过失规则对原告的过失规定得过于苛刻而造成了不公平，但纯粹比较过失则根本没有规定任何界限。纯粹比较过失制度消除了对罪大恶极的个人的所有障碍，既侵蚀了过失制度的道德基础，也侵蚀了许多人认为在现代侵权法中仍然需要培养的自我责任概念。”④ 事实上，允许一个有99%过错（责任）的原告从一个有1%过错（责任）的被告那里获得巨额赔偿是荒谬的。相反，允许一个有99%过错（责任）的被告只承担部分责任也是不合理的。有法院认为，仅从理论上讲，很难合理地解释这样一种制度，即允许95%有过错的一方当事人因5%无过错而作为原告出庭。⑤ 也就是说，比较过失只是通过纯粹地比较原告和被告各自的过错程度来进行分摊，这种分摊方式往往会忽略“无责任”人。

---

① See Paul T. Hayden, “Butterfield Rides Again: Plaintiff's Negligence as Superseding or Sole Proximate Cause in Systems of Pure Comparative Responsibility”, 33 Loy. L. A. L. Rev. 887, 2000, p. 891.

② See Restatement (Third) of Torts: Apportionment Liability § 7, comment a, 2000.

③ See Samuel A. Rea, Jr., “The Economics of Comparative Negligence”, 7 INT'L Rev. L. & Econ. 149, 1987, p. 149.

④ Carol A. Mutter, “Moving to Comparative Negligence in an Era of Tort Reform: Decisions for Tennessee”, 57 Tenn. L. Rev. 199, 1990, p. 249.

⑤ See Bradley v. Appalachian Power Co., 256 S. E. 2d 879, 883 (W. Va. 1979).

2. 修正比较过失

根据修正比较过失，只有当事实裁定者（陪审团）分配给原告的责任百分比大于（51%禁止）或等于或大于（50%禁止）所有被告和其他相关人员的被分配责任百分比时，原告才被禁止获得赔偿。原告不会因为事实裁定者分配给原告的责任百分比等于或大于单个被告的责任百分比而被禁止。[①] 可见，修正比较过失存在临界值，即当原告的过失等于或大于50%时，适用共同过失规则，被告免除责任；当原告的过失小于50%时，原告可以获得一半的损害赔偿额。因此，修正比较过失并没有消除传统的共同过失规则，仍保留了其作为绝对限制所带来的一些不公平，而纯粹比较过失不存在临界值，所有原告均可按其责任比例获得赔偿。

修正比较过失最明显的缺陷在于它"对待情况相似的诉讼当事人的方式截然不同"。[②] 这主要表现为两种情形：第一种情形是过失程度为50%的原告可获得一半的损害赔偿，而过失程度为51%的原告则什么也得不到。如果没有令人信服的理由，允许这种程度的可避免的任意性似乎是轻率的。[③] 第二种情形是明确区分了原告和被告的过失，采用更加严格的原告过失标准，即原告的责任小于50%，则承担部分损失，而被告的责任小于50%，则不承担任何损失；原告的责任大于50%，则承担全部损失，而被告的责任大于50%，则只承担部分损失。[④] 事实上，人们更倾向于支持被告的过错危及他人的安全比原告的过错危及自身的安全更应受到谴责。[⑤]

---

① See Restatement (Third) of Torts: Apportionment Liability § 7, comment n, 2000.

② Christopher J. Robinette, Paul G. Sherland, "Contributory or Comparative: Which Is the Optimal Negligence Rule?", 24 NIU L. Rev. 41, 2003, p. 50.

③ See Eli K. Best, John J. Donohue III, "Jury Nullification in Modified Comparative Negligence Regimes", 79 U. Chi. L. Rev. 945, 2012, p. 971.

④ See Arthur Best, "Impediments to Reasonable Tort Reform: Lessons from the Adoption of Comparative Negligence", 40 Ind L. Rev. 1, 2007, p. 9.

⑤ See Arthur Best, "Impediments to Reasonable Tort Reform: Lessons from the Adoption of Comparative Negligence", 40 Ind L. Rev. 1, 2007, p. 9.

3. 纯粹比较过失与修正比较过失之选择

目前，比较过失制度采用四种方法来处理原告的过失。① 首先，在等于或小于“修正”制度下，如果原告的过错百分比等于或小于被告的过错百分比，原告可获得较低数额的损害赔偿。其次，在“小于修正”体系中，如果原告的过失比例小于被告的过失比例，原告可获得一定的损害赔偿。再次，纯粹制下，允许原告在扣除原告的过错份额后获得赔偿，无论原告的过错比例如何。最后，轻微过失—严重过失制度下，只有在原告的过失是轻微的而被告的过失是严重的情况下，才允许原告在扣除原告的过失份额后获得损害赔偿。总体而言，纯粹比较过失是最为公正、最合乎逻辑的规则，被大多数学者推崇。②《侵权法重述(第三版)》建议在立法没有要求修改制度的情况下，采用纯粹比较过失，原因在于纯粹的比较责任制反映了绝大多数普通法判决，它更好地反映了比较责任制的基本目标——根据各方各自的责任份额在各方之间分摊损失。而修正比较责任保留了共同过失作为绝对禁止所带来的一些不公平。③ 1977 年的《统一比较过失法》也赞同纯粹比较过失。

尽管纯粹比较过失似乎比修正比较过失更具优势，但 1973 年到 1984 年采用纯粹比较过失的浪潮只是昙花一现，自 1984 年以来没有一个州采用纯粹的形式，有三个采用纯粹形式的州全部或部分以修正后的形式取而代之。④ 只有少数司法管辖区采用了纯粹比较过失。目前，尚不完全清楚是什么导致此结果，但几乎可以肯定政治因素是一个重要因素。⑤ 普罗瑟教授在批评威斯康星州修正比较过失时认为，除纯粹的政

---

① See Restatement (Third) of Torts: Apportionment Liability § 1, Reporters' Note, 2000.

② See Victor E. Schwartz, Comparative Negligence 22 – 23, p. 448 – 454 (3d ed. 1994); Stuart M. Speiser et al., The American Law of Torts 11: 9, p. 413 (1986); William L. Prosser et al., Prosser and Keeton on Torts, West Group, 1984, p. 471 – 473.

③ See Restatement (Third) of Torts: Apportionment Liability § 6, Reporters' Note, 2000.

④ See Paul T. Hayden, "Butterfield Rides Again: Plaintiff's Negligence as Superseding or Sole Proximate Cause in Systems of Pure Comparative Responsibility", 33 Loy. L. A. L. Rev. 887, 2000, p. 892.

⑤ See Eli K. Best, John J. Donohue III, "Jury Nullification in Modified Comparative Negligence Regimes", 79 U. Chi. L. Rev. 945, 2012, p. 951.

治妥协外，似乎不可能在任何基础上证明该规则的合理性。[①] 可以说，允许原告向事故责任小于原告的人追偿在道义上是站不住脚的，但这一理由似乎不如政治解释有说服力。[②] 也就是说，修正的比较过失是一种政治上的妥协，它常常使立法机构同意采用某种形式的比较过失，但它也是一种妥协，是比较过失的现实经验所证明的。[③]

笔者认为，脱离具体的社会、经济及法律背景讨论纯粹比较过失与修正的比较过失的优劣没有意义，作为一种抗辩事由，有时还会受到国家政策及习惯风俗的影响。因此，理论上最符合公平正义的规则未必能发挥最大功效，这也许是纯粹比较过失规则受到更多推崇，但只被少数州法律确认的原因。

三、比较过失下最后明显机会原则的适用

（一）最后明显机会原则阐释

最后明显机会原则是指具有过失的被告有一个最后明显的机会来避免损害的发生，即使原告对损害的发生也有过失，仍然可以因被告所造成的损害请求损害赔偿。[④] 也就是说，最后明显机会原则的效果是将事实上可归因于双方过失的全部损失从原告转移给被告。因此，最后明显机会原则是对共同过失抗辩的重要限制。

最后明显机会通常被认为源于英国 Davies v. Mann 案。[⑤] 该案中，原告将一头毛驴拴在公共道路旁，而被告的受雇人驾驶马车撞到毛驴，原告就自己遭受的损害请求赔偿，基于“被告本可以通过适当的注意避免伤害动物，但没有这样做，所以他应对其疏忽的后果负责，尽管动物

---

① See William L. Prosser, “Comparative Negligence”, 51 Mich L. Rev. 465, 1953, p. 494.

② See Victor E. Schwartz, Evelyn F. Rowe, *Comparative Negligence*, LexisNexis, 2002, p. 83.

③ See Arthur Best, “Impediments to Reasonable Tort Reform: Lessons from the Adoption of Comparative Negligence”, 40 Ind. L. Rev. 1, 2007, p. 13 – 15.

④ 参见［美］G. 爱德华 · 怀特：《美国侵权行为法：一部知识史》（原书增订版），王晓明、李宇译，北京大学出版社 2014 年版，第 57 页。

⑤ See 10 M. W. 545, 152 Eng. Rep. 588 (1842).

可能是不适当地留在那里”，法院最终支持了原告的请求。换言之，即使原告将毛驴留在路边存在过失，而被告只要尽到通常的注意义务就可以发现并避免该危险，但被告没有避免危险的发生，被告因此承担责任。[①] 事实上，法官并没有使用“最后明显机会”这一概念，并且在共同过失作为绝对抗辩事由的情况下，该案的处理也变得棘手。随后学者们对此案提出两个解决方案：一是主张废除该案的规则；二是从因果关系的角度阐释该案。以宾池（Beach）为代表的学者认为，Davies v. Mann 案实际上全面否定了共同过失规则，这可能使法院陷入各种踌躇或混乱中，而共同过失规则得以确立有其合理性，只有废除该案中的规则才能保证美国侵权行为法的逻辑体系。[②] 而汤普森（Thompson）等学者从因果关系的角度揭示 Davies v. Mann 案：“如果原告的过失只是损害结果的一个远因，那么原告的过失并不能阻止赔偿的发生。”[③] 之后，维尔茨（Wills）批判了宾池等人的观点，并创设了一个规则，即一方当事人如果最后仍有一个明显的机会来避免意外事故的发生，尽管对方也有过失，他仍要独立对此承担责任。[④] 最后明显机会规则由此诞生。

最后明显机会最常见的理论基础是近因原则。[⑤] 但该观点受到抨击，古德里奇（Goodrich）认为，从因果关系的角度看最后明显机会规则会面临分析上的困难，并且他进行了举例说明：如果被告未能抓住最后明显机会防止事故发生，导致事故发生在有过失的原告和无辜第三人之间，被告的行为是事故发生的近因，原告和第三人均受损害。此时，无辜的第三人不能向原告请求赔偿，因为原告的过失并非事故的原因。

---

① See L. Anderson Galyon Ⅲ, “Last Clear Chance in Tennessee”, 39 Tennessee L. Rev. 104, 1971, p. 104.

② See Charles Beach, “A Treatise on the Law of Contributory Negligence”, New York: Baker, Voorhis & Co., 1885, p. 461 – 462.

③ S. Thompson, “The Law of Negligence in Relations Not Resting in Contract”, Cornell University Library, 1880, p. 157; F. Wharton, “A Treatise on the Law of Negligence”, Cornell University Library, 1878, p. 291 – 292.

④ See William Wills, “Book Review”, 2L. Q. Rev. 84, 1886, p. 84.

⑤ See William Wills, “Book Review”, 2L. Q. Rev. 84, 1886, p. 85, p. 87.

但实践中，法院通常允许第三人向原告请求赔偿。[①] 因此，博伦（Bohlen）认为最后明显机会规则应被视为与近因截然不同的法律责任限制规则，基于法律政策和公平理念，该法则在满足“被告知道或处于谨慎小心即可以发现原告所面临的危险且知道原告没有自救的能力”的条件下能使被告承担责任。[②] 但之后学者们对此解释仍不满意，最终将最后明显机会规则的理论基础回归到近因原则，虽然两者并不完全一致，但学者们将之称为“是对鲁莽原则（针对共同过失的极端性）进行的修正”。[③]

（二）比较过失下最后明显机会的废与留

在比较过失司法管辖区，通常的做法是废除最后明显机会原则。但仍有少数司法管辖区保留了这一原则，即使在已裁定比较过失不需要最后明显机会的司法管辖区，一方当事人对另一方当事人的过失作出反应的机会程度也可作为确定相对份额的一个因素。[④] 其主要理由如下：第一，如果原告的过失程度超过了规定的界限，那么原告的共同过失仍然可能会阻碍其获得赔偿。此时，最后明显机会原则可能对一些原告非常有价值。第二，将“最后机会明显原则”视为近因规则，即如果被告有最后的机会避免对原告造成伤害，就不能说原告自身的过失是事故的近因。因此，被告未能采取通常的谨慎措施以避免伤害原告的后续过失成为事故的直接或近因和有效原因，它介于事故与原告较远的过失之间。作为近因规则，普通法中的最后明显机会原则与比较过失法定规则并无抵触或冲突。目前，最后明显机会原则仅在几个州得以幸存，幸存的唯一理由在于“由于我们尚未根除共同过失原则，所以我们承认在适当的情况下该原则继续有效。在故意侵权行为的情况下，共同过失并不

---

① See Herbert F. Goodrich, “Lowa Applications of the Last Clear Chance Doctrine”, 5 lowa L. Bull. 36, 1919, p. 38.

② See F. Bohlen, “Contributory Negligence”, 21 Harv. L. Rev. 233, 1908, p. 259.

③ William Schofield, “Davies v. Mann: Theory of Contributory Negligence”, 3 Harv. L. Rev. 263, 1889, p. 274 – 276 (1889); Herbert F. Goodrich, “Lowa Applications of the Last Clear Chance Doctrine”, 5 lowa L. Bull. 36, 1919, p. 38.

④ See Restatement (Third) of Torts: Apportionment Liability § 3 comment b, 2000.

是一个抗辩事由。于是，比较过失就不再发挥作用，原告多得的赔偿金不会因共同过失而减少”。[①]

因此，尽管还有少数司法管辖区保留了最后明显机会原则，但比较过失抗辩逐渐取代共同过失抗辩之后，最后明显机会原则被抛弃的命运似乎已经注定。有法院指出，最后明显机会原则是专门为在共同过失制度中使过失原告从过失被告处获得赔偿而设立的。然而在比较过失制度中适用该原则将直接违背法规的本意，因为该原则向过失的原告提供完全的赔偿，而不是根据过失程度来分摊赔偿。[②] 换言之，最后明显机会原则继续存在可能会损害分摊原则的效果。

如果说修正的比较过失展现了法律对于共同过失还存在恋恋不舍的情怀，那么最后明显机会原则似乎被毫不犹豫地舍弃。正如有些法院所认为的，在真正的比较过失被采用之后，对于“全有或全无”规则的苛刻性加以缓解的必要性已经不复存在，保留它只会直接违反按过错承担责任的原则而给原告带来横财。[③]

四、比较过失下避免结果规则的适用

（一）避免结果规则的阐释

避免结果规则拒绝给予原告因过失而造成的损害以赔偿，原告本可以通过合理注意避免损害或将损害减小到最低程度。避免结果规则的基础和比较过失的理论是类似的，不应允许他人为其自身造成的伤害承担责任。有时，法院讨论避免结果规则，好像它是比较过失规则的一部分。[④] 然而，这两种规则代表了两种完全不同的减少原告赔偿的制度，对原告的潜在赔偿的影响有所不同。依据比较过失规则，无论原告受到

---

① Bradley v. Appalachian Power Co., 163 W. Va. 332, Supreme Court of Appeals of West Virginia, 345 (July 10 1979).

② See Dykeman v. Engelbrecht, 166 Ariz. 398, 400, 803 P. 2d 119, 121 (Ct. App. 1991).

③ See Li v. Yellow Cab Co., 13 Cal. 3d 804, Supreme Court of California, 824 (1975).

④ See Patrick S. Davies, “Saturday Night Specials: A ‘Special’ Exception in Strict Liability Law”, 61 Notre Dame L. Rev. 478, 1986, p. 487.

多么严重的损害，原告可能根本不能获得赔偿，或获得很少的赔偿，法院通常在原告和被告间按照过错比例分摊责任。

但是避免结果规则通常适用的情形是两个或两个以上的不同行为（原因）造成不同的损害且该损害能够被分离。换言之，避免结果规则分摊责任并非基于原告和被告的过错比例，而是基于造成损害的原因，即法院可能会将损害责任全部分摊给原告或被告。例如，在 Keans v. Bottiarelli 案[①]中，被告行为导致原告损害后，原告不合理地未采用抗生素治疗致使自身再次住院治疗。法院认为，原告的行为是造成其额外住院治疗的唯一近因，故运用避免结果规则，被告无须对此额外费用承担责任。可见，避免结果规则是一种原因分摊规则，而比较过失规则属于过错分担规则。

（二）避免结果规则与比较过失的博弈

随着大多数州对比较过失规则的适用，原告与被告责任分摊问题似乎找到了唯一的解决方法，避免结果规则的适用因此受到一定的质疑。那么，面对两种不同的规则，该如何选择适用？通常情况下，确定比较过失规则与避免结果规则的适用取决于案件事实的发生顺序。[②] 如果原告的不合理行为发生在任何损害赔偿之前或在被告入侵原告的合法权利之前，则该行为一般被认为适用比较过失规则。尽管有人认为比较过失发生在被告过错时或之前，但事实并非总是如此。假设被告在铁路交叉口没有设置适当的警告信号，并假定对原告在经过交叉口时没有尽到普通注意义务，很明显原告的过失发生在被告的过失之后，但原告的过失导致损害。在这种情况下，比较过失可能不利于原告获得损害赔偿。[③]

被告致使原告遭受损害并承担最初损害后，原告行使合理预防措施可以避免其中一些伤害，则可适用避免结果规则。因此，事故导致受伤

---

① See 35 Conn. App. 239, 645 A. 2d 1029 (1994).

② See Patrick S. Davies, "Saturday Night Specials: A 'Special' Exception in Strict Liability Law", 61 Notre Dame L. Rev. 478, 1986, p. 487.

③ See William L. Prosser et al., *Prosser and Keeton on Torts*, West Group, 1984, p. 458 – 459.

而无法立即接受医疗不是事故的原因，不能构成比较过失，可能仅涉及减轻损害赔偿的问题。[①] 当然，如果原告未能获得治疗本身可归因于被告人的行为所造成的情绪伤害，原告可能获得全部损害赔偿。[②]

总的来说，比较过失规则适用于损害发生时或之前，避免结果规则适用于损害发生之后。但实际上，这一解决方案亦非绝对，如果原告在损害发生前的过错构成单独且可确认的损害因素，则原告对此单独承担全部责任似乎更为合理，即适用避免结果规则。

（三）安全预防案件与比较过失规则："安全带抗辩"（seat-belt defense）

由于比较过失规则适用于损害发生时或发生之前，故常常遇到这样的困惑：被告致使原告遭受损害前，原告没有采取一些原本可以采取的保护自身准备措施，最常见的是"安全带抗辩"案件。"安全带抗辩"减少了原告可获得的损害赔偿金额，因为如果当事人系了安全带，事故的严重程度本可以降到最低。[③] 例如，佛罗里达州最高法院认为，"安全带抗辩"是指试图证明原告不使用功能性和可用的约束系统造成或显著恶化了原告因被告的行为而受到的伤害，并且基于这种不使用（即使不使用是在事故发生之前，并且没有造成或促成事故），原告可获得的损害赔偿应被禁止或减少。[④] "安全带抗辩"这一问题一直饱受争论。通常情况下，法院认为，未使用安全带不能直接造成损害，故拒绝适用比较过失规则。[⑤] 只有少数州承认未使用安全带的行为属于比较过失。[⑥]

目前，美国法院对于比较过失在"安全带抗辩"案件中的适用比

---

① See N. C. Watson v. Storie, 60 N. C. App. 736, 300 S. E. 2d 55 (1983).

② See Patrick S. Davies, "Saturday Night Specials: A 'Special' Exception in Strict Liability Law", 61 Notre Dame L. Rev. 478, 1986, p. 487.

③ See Michael L. Rustad, Products Liability for Software Defects in Driverless Cars, 32 S. Cal. Interdis. L. J. 171, 2022, p. 238.

④ See Ridley v. Safety Kleen Corp., 693 So. 2d 934, 938 (Fla. 1996).

⑤ See Leonard Schwartz, "The Seat Belt Defense and Mandatory Seat Belt Usage: Law, Ethics, and Economics", 24 Idaho L. Rev. 275, 1988, p. 275.

⑥ See Patrick S. Davies, "Saturday Night Specials: A 'Special' Exception in Strict Liability Law", 61 Notre Dame L. Rev. 478, 1986, p. 487.

较复杂，在许多州，法官已经裁定，即使适用比较过失或避免结果规则，被告的赔偿责任都不得减少。① 有法院指出，如果允许安全带证据减轻损害赔偿，法院很快就会面临基于除安全带外不使用肩带、未调整头枕以及未使用可能开发的其他安全装置的类似救济的索赔。② 还有法院已允许在减轻损害赔偿时援引不使用安全带的主观证据，至少是在安全带显示为完全可操作时，并且有足够的证据证明这种未使用安全带和受伤之间存在因果关系。③ 缺少证据表明不使用安全带造成或增加了受伤，则不能减少损害赔偿。

在其他的安全预防案件中，关于不使用摩托车头盔的规则大致与关于不使用安全带的规则相同。在一些州，未佩戴摩托车头盔，未能紧固安全带，不符合避免结果规则，因为原告的过失发生在被告的过失行为之前和原告的伤害之前。被告有责任证明合理审慎的人会佩戴安全帽，并且原告未戴头盔增加了他或她的伤害。④

五、比较过失在故意侵权行为中的适用

在比较过失规则之前，共同过失抗辩是阻止因果关系意义上亦有过失的原告从有过失的被告处获得侵权救济的制度。⑤ 因此，共同过失抗辩从未被延伸至该种故意侵权。⑥ 那么，比较过失能否适用于故意侵权行为？尽管故意侵权与过失侵权不作明确比较的规则在美国法学界已牢固确立，但随着比较过失将严格责任等非过失索赔纳入其中，随之而来的问题是：如果过失可以与严格责任进行比较，尽管缺乏一个等效的“过失”分母，那么，为什么不把严格责任、过失和鲁莽行为也进行比

---

① See Christopher Hall, “Annotation, Nonuse of Seatbelt as Reduce Amount of Damages Recoverable”, 62 A. L. R. 5th 537, 1998, p. 537.

② See Wash. Derheim v. N. Fiorito Co., 80 Wash. 2d 161, 492 P. 2d 1030 (1972).

③ See N. J. Bary v. Mack Trucks, Inc., 261 N. J. Super. 35, 617 A. 2d 681 (1992).

④ See N. D. Halvorson v. Voeller, 336 N. W. 2d 118 (N. D. 1983).

⑤ See Carol A. Mutter, “Moving to Comparative Negligence in an Era of Tort Reform: Decisions for Tennessee”, 57 Tennessee L. Rev. 199, 1990, p. 207 - 208.

⑥ See William L. Prosser et al., *Prosser and Keeton on Torts*, St. Paul: West Publishing Co., 1984, p. 476.

较呢?[①] 随着有些法院确实将鲁莽行为纳入比较过失,[②] 进一步的问题——是否可以将故意侵权行为纳入比较范围也就不远了。[③]

(一) 故意与过失比较的理论难题

故意与过失的概念冲突似乎是比较过失难以适用于故意侵权行为的源头。对于故意与过失的区别，目前存在两种观点：即种类差别理论与程度差异理论。

1. 种类差别理论

种类差别理论主张故意与过失“不仅在程度上不同，而且在种类上也不同”。[④]该理论使法院无法对所谓的不同类型的行为（如故意侵权行为和过失侵权行为）进行比较,[⑤] 从而防止故意侵权人主张比较过失抗辩。[⑥] 有学者指出该理论是人为的、无意义的。[⑦]

种类差别理论的基础是故意侵权人的伤害行为表现出积极追求伤害的愿望，而过失侵权人的伤害行为仅仅是由过错造成的。[⑧] 有实际愿望

---

① See Jim Hasenfus, “The Role of Recklessness in American Systems of Comparative Fault”, 43 Ohio St. L. J. 399, 1982, p. 404 - 417; William J. McNichols, “Should Comparative Responsibility Ever Apply to Intentional Torts”, 37 Okla. L. Rev. 641, 1984, p. 641 - 643.

② See Bd. of County Comm'rs of Teton County ex rel. Teton County Sheriff's Dep't v. Bassett, 8 P. 3d 1079, 1084 (Wyo. 2000). 此案中，法院将一名被告的鲁莽行为与另一名被告的疏忽相比较。

③ See Ellen M. Bublick, “The End Game of Tort Reform: Comparative Apportionment and Intentional Torts”, 78 Notre Dame L. Rev. 355, 2003, p. 366.

④ Veazey v. Elmwood Plantation Assocs., 650 So. 2d 712, 719 n. 11 (La. 1994).

⑤ See Gail D. Hollister, “Using Comparative Fault to Replace the All-or-Nothing Lottery Imposed in Intentional Torts Suits in Which Both Plaintiff and Defendant Are at Fault”, 46 Vand. L. Rev. 121, 1993, p. 135.

⑥ See Jake Dear, Steven E. Zipperstein, “Comparative Fault and Intentional Torts: Doctrinal Barriers and Policy Considerations”, 24 Santa Clara L. Rev. 1, 1984, p. 8 - 9.

⑦ See Jake Dear, Steven E. Zipperstein, “Comparative Fault and Intentional Torts: Doctrinal Barriers and Policy Considerations”, 24 Santa Clara L. Rev. 1, 1984, p. 15 - 18; Gail D. Hollister, “Using Comparative Fault to Replace the All-or-Nothing Lottery Imposed in Intentional Torts Suits in Which Both Plaintiff and Defendant Are at Fault”, 46 Vand. L. Rev. 121, 1993, p. 135 - 142.

⑧ See Gail D. Hollister, “Using Comparative Fault to Replace the All-or-Nothing Lottery Imposed in Intentional Torts Suits in Which Both Plaintiff and Defendant Are at Fault”, 46 Vand. L. Rev. 121, 1993, p. 137.

造成伤害的故意侵权行为与未能履行合理注意义务的过失侵权行为有很大不同：前者有违反社会规范的意图，涉及道德罪责，而后者没有。[①]要确定故意侵权行为的罪责，就必须调查被告的不法心理状态：“邪恶动机”、“以恶作剧或犯罪冷漠的精神设想”或“意图设计”造成伤害。[②] 正如学者所言：“故意侵权法构成了一个独立的法律罪责世界。它是一个平衡具体权利和义务的体系，根据当事人的意图而不是根据社会标准对当事人行为的道德指责来追究责任。故意侵权行为与其他形式的应受谴责行为之间真正的质的区别有一个共同的起源，即责任概念。故意侵权行为在本质上是有尊严的，旨在保护个人免受未经允许的故意侵犯人身或财产的权利。或者说，过失或严格产品责任诉讼的基本义务是在近因可预见的范围内，避免通过行为或产品对他人造成不合理的伤害风险。这两种不同的罪责是无法调和的。”[③]

虽然坚持同类差别理论似乎不可能采纳比较过失，但在 Veazey v. Elmwood Plantation Associates，Ltd. 案[④]（以下简称 Veazey 案）中，路易斯安那州最高法院采用了比较过失，但没有拒绝种类差别理论。法院认定，路易斯安那州的法律足够宽泛，允许对故意侵权人和过失侵权人之间的过失进行比较。此外，法院还将该理论作为一种政策考虑，将比较责任的适用范围限制在某些情况下。因此，有学者认为，Veazey 案的判决说明了种类差别理论只是一项政策决定，即惩罚、威慑和赔偿受害者的必要性大于分摊的价值。如果这确实是一个可行的法律理论，那么任何法院都不可能坚持这一理论而采用比较过失。[⑤]

---

① See Gail D. Hollister, “Using Comparative Fault to Replace the All-or-Nothing Lottery Imposed in Intentional Torts Suits in Which Both Plaintiff and Defendant Are at Fault”, 46 Vand. L. Rev. 121, 1993, p. 137 – 138.

② See Smith v. Wade, 461 U. S. 30, 103 S. Ct. 1625 (1983).

③ Michael B. Gallub, “Assessing Culpability in the Law of Torts: A Call for Judicial Scrutiny in Comparing ‘Culpable Conduct’ Under New York’s CPLR 1411”, 37 Syracuse L. Rev. 1079, 1987, p. 1112.

④ See 650 So. 2d 712, 719 – 720 (La. 1994).

⑤ See Reginald R. White III, “Comparative Responsibility Sometimes: The Louisiana Approach to Comparative Apportionment and Intentional Torts”, 70 Tul. L. Rev. 1501, 1996, p. 1512.

2. 程度差异理论

程度差异理论认为故意和过失只是法律罪责程度的不同，故意行为与过失行为之间在意图和伤害的确定性上不同但具有共同点。① 故意侵权行为人与过失侵权行为人在意图上的差异只是对有关行为违反社会规范的认识程度不同：故意侵权人必须“主观上高度明知”其行为会造成损害，而过失侵权人只需要“低水平的客观认识”，知道他的行为会造成伤害。② 可见，故意侵权行为人与过失侵权行为人都知道或应当知道其行为违反了社会规范，只是知道或应当知道的程度不同而已。故意侵权行为人与过失侵权行为人在伤害确定性上的差异只是伤害概率不同：故意侵权人的行为造成了损害发生的实质性和确定性，而过失侵权人的行为造成了不合理的损害风险。③ 因此，两类行为都使他人有受到伤害的风险。

程度差异理论下的故意侵权行为与过失侵权行为并没有本质区别，该理论似乎不会阻碍比较过失在故意侵权行为中的适用。但实际上故意与过失的相似仅出现在高度抽象中，因为故意的标准与过失的标准是很难进行比较衡量的。④ 该理论并没有得到普遍认可，即使在认可该理论的司法管辖区，也常以道德或政策为由拒绝比较过失在故意侵权行为中的适用。⑤

（二）政策因素对故意与过失比较问题的影响

故意侵权行为与过失侵权行为比较问题除理论上的障碍外，公共政

---

① See Jake Dear, Steven E. Zipperstein, Comparative Fault and Intentional Torts: Doctrinal Barriers and Policy Considerations, 24 Santa Clara L. Rev. 1, 1984, p. 15 – 16.

② See Jake Dear, Steven E. Zipperstein, Comparative Fault and Intentional Torts: Doctrinal Barriers and Policy Considerations, 24 Santa Clara L. Rev. 1, 1984, p. 15.

③ See Gail D. Hollister, "Using Comparative Fault to Replace the All-or-Nothing Lottery Imposed in Intentional Torts Suits in Which Both Plaintiff and Defendant Are at Fault", 46 Vand. L. Rev. 121, 1993, p. 138.

④ 参见［美］丹·B. 多布斯：《侵权法》（上册），马静等译，中国政法大学出版社2014年版，第454页。

⑤ See Reginald R. White III, "Comparative Responsibility Sometimes: The Louisiana Approach to Comparative Apportionment and Intentional Torts", 70 Tul. L. Rev. 1501, 1996, p. 1513 – 1514.

策也往往成为法院在故意侵权行为中适用比较过失时所考量的重要因素。一般而言，公共政策因素主要包含责任的承担、侵权法的威慑目标、损害分配、受害人获得充分赔偿。

1\. 责任的承担

责任的作用在于将侵权责任限制在社会认为违反了共同规范或理想规范的被告身上。[①] 因此，如果比较过失将事故的代价转嫁给应受谴责一方，则可促进责任的追究。[②] 由于当事人要为自己的过错承担责任，比较使人们“对自己的过错负责，并相应地对自己负责”，因此比较当事人之间的过失通常会促进责任的追究。[③] 但在一些情况下，比较反而阻碍责任追究。

首先，原告（受害人）与过失侵权被告之间的过失比较，以及原告（受害人）与故意侵权被告之间的过错比较似乎可以促进责任的追究，因为事故的代价是根据各方的过失或应受谴责程度按比例转移的。[④] 但也有观点认为，强奸犯对受害人实施了有目的的暴力行为，即使受害人可能有过失，也不应允许他转嫁任何责任，因为根据道德标准，他的行为要恶劣得多。[⑤] 明尼苏达州最高法院不允许将保险代理人的故意失实陈述责任与原告的任何过失进行比较，因为“在社会希望绝对禁止和阻止某些行为的情况下，过失的分摊是不适当的”。[⑥] 内华达州最高法院认为，故意侵权行为人不应通过将其过错责任的任何部分转

---

① See Dan B. Dobbs, “Accountability and Comparative Fault”, 47 LA. L. Rev. 939, 1987, p. 942.

② See Fred C. Zacharias, “The Politics of Torts”, 95 Yale L. J. 698, 1986, p. 707.

③ See Dan B. Dobbs, “Accountability and Comparative Fault”, 47 LA. L. Rev. 939, 1987, p. 943.

④ See Reginald R. White III, “Comparative Responsibility Sometimes: The Louisiana Approach to Comparative Apportionment and Intentional Torts”, 70 Tul. L. Rev. 1501, 1996, p. 1515.

⑤ See J. Tayler Fox, “Can Apples be Compared to Oranges? A Policy-Based Approach for Deciding Whether Intentional Torts Should Be Included in Comparative Fault Analysis”, 43 Val. U. L. Rev. 261, 2008, p. 291.

⑥ Florenzano v. Olson, 387 N. W. 2d 168, 175 – 176 (Minn. 1986).

嫁给其他当事人而获得比较过失的好处。[1]

其次，故意侵权被告与过失侵权被告之间的过错比较可能会减轻故意侵权被告的责任。故意侵权行为人可能被认为更应受谴责，但过失侵权行为人的行为也应受谴责。[2] 从这个意义上讲，比较故意侵权被告与过失侵权被告的过错可以促进责任的承担，这意味着可以将部分成本转嫁给另一方应承担责任的人。但如果责任的“过错比例”不仅被视为一个百分比问题，而且被视为一个道德过失问题，[3] 那么此类比较反而不利于责任的承担。具体言之，当过失被告的责任本身是采取合理的谨慎措施防止故意侵权行为发生时，如果允许被告以其促成的故意侵权行为已经发生这一事实作为抗辩事由，则有悖于责任承担。[4] 因此，在 Field v. Boyer Co. 案[5]中，鉴于被告有责任提供一个安全的工作场所，而且他们违反了这一责任，如果允许他们对一个没有过错的受伤原告的责任因一个蓄意不法行为者的罪责而减轻甚至消除，从而剥夺没有过错的原告的适当补救或任何补救，这显然是不公平的。这样适用比较原则会使被告防止这种过错的责任化为乌有。

2. 侵权法的威慑目标

从理论上讲，如果一个人知道自己不能将比较过失下的责任转嫁给原告或其他被告，他就不太可能实施故意伤害行为。[6] 潜在的过失行为人也同样会被阻止，因为预期责任可能会转嫁给故意侵权人，就会削弱

---

① See Davies v. Butler, 602 P. 2d 605, 611 (Nev. 1979).

② See Fred C. Zacharias, The Politics of Torts, 95 Yale L. J. 698, 708 (1986).

③ See J. Tayler Fox, “Can Apples be Compared to Oranges? A Policy-Based Approach for Deciding Whether Intentional Torts Should Be Included in Comparative Fault Analysis”, 43 Val. U. L. Rev. 261, 2008, p. 290.

④ See Ellen M. Bublick, “The End Game of Tort Reform: Comparative Apportionment and Intentional Torts”, 78 Notre Dame L. Rev. 355, 2003, p. 375.

⑤ See 952 P. 2d 1078, 1088 (Utah 1998).

⑥ See Lee A. Wright, Comment, “Utah’s Comparative Fault Apportionment: What Happened to the Comparison?”, 1998 Utah L. Rev. 543, 1998, p. 552.

过失被告预防损害的责任。[①] 换言之，将故意侵权行为纳入比较过失分析，可能会削弱侵权法的威慑目标。然而，这一目标似乎不妨碍原告（受害人）与过失侵权被告之间的过失比较，因为这类比较促使原告提高其行使谨慎注意义务的积极性。因此，问题变成了其他比较是否会降低故意侵权行为人不实施故意侵权行为的动机，或降低过失侵权人为防止故意侵权行为而采取应有注意的动机。[②] 在此种情况下，允许故意侵权人因过错分担而减轻其责任，可能会无意中发出社会容忍明显不可接受的行为的信号。[③]

然而，在大多数情况下，与故意侵权行为间接相关的成本应该可以抵消过失侵权行为人因故意侵权行为人的过失分担而减少的保护同类情况不再发生的积极性，[④] 因此，比较过失不会降低过失被告预防损害所履行的谨慎义务。此外，许多故意行为都会受到刑事制裁。因此，威慑理论不必然排除比较过失在故意侵权行为中的适用，只是确实需要进行仔细认真的政策分析。[⑤]

3. 损害分配

侵权法的公共政策还关注是否将损失转嫁给了更有能力吸收或重新分配损失的一方，[⑥] 因为某些当事人在金钱、资产和能力方面比其他人

---

① See J. Tayler Fox, "Can Apples Be Compared to Oranges? A Policy-Based Approach for Deciding Whether Intentional Torts Should Be Included in Comparative Fault Analysis", 43 Val. U. L. Rev. 261, 2008, p. 292.

② See Reginald R. White III, "Comparative Responsibility Sometimes: The Louisiana Approach to Comparative Apportionment and Intentional Torts", 70 Tul. L. Rev. 1501, 1996, p. 1518.

③ See William J. McNichols, "Should Comparative Responsibility Ever Apply to Intentional Torts?", 37 Okla. L. Rev. 641, 1984, p. 679 - 680.

④ See Reginald R. White III, "Comparative Responsibility Sometimes: The Louisiana Approach to Comparative Apportionment and Intentional Torts", 70 Tul. L. Rev. 1501, 1996, n. 102.

⑤ See Reginald R. White III, "Comparative Responsibility Sometimes: The Louisiana Approach to Comparative Apportionment and Intentional Torts", 70 Tul. L. Rev. 1501, 1996, p. 1519.

⑥ See William L. Prosser et al., *Prosser and Keeton on Torts*, West Group, 1984, p. 24 - 25.

拥有更多的资源，可以将他们的负担转嫁给更多的人。[①] 从某种意义上说，比较过失有助于损害分配目标的实现：将故意侵权行为人的部分损失转嫁给其他侵权人有助于损害分配目标的实现，因为故意侵权人往往最无力承担损失；将部分损失转嫁给受害人有助于损害分配目标的实现，因为受害人通常能够通过第一方保险来弥补自己的损失。[②] 但将损失从过失侵权行为人身上转移开来可能不会进一步促进损害分配，因为过失侵权行为人通常更有能力通过保险或以提价的形式将损失转嫁给其产品或服务的消费者来吸收损失。[③]

4. 受害人获得充分赔偿

受害人获得充分赔偿的目标与任何形式的比较分摊似乎都是不可调和的。[④] 其原因在于：第一，将故意侵权行为纳入比较过失，可以使故意侵权行为人通过原告的过失减轻自己的责任。[⑤] 第二，将故意侵权行为包括在内会使受害人失去追索权，因为故意侵权行为人往往无力偿还债务或下落不明；在共同被告的情况下，有过失的被告可以将更大一部分责任转嫁给不知名或无偿付能力的故意侵权人，从而使原告无法获得足够的赔偿。[⑥]如果一个州的比较过失制度不能使原告得到充分的赔偿，

---

① See Vincent R. Johnson, Alan Gunn, Studies in American Tort Law, Carolina Academic Press, 1994, p. 5.

② See Gail D. Hollister, "Using Comparative Fault to Replace the All-or-Nothing Lottery Imposed in Intentional Torts Suits in Which Both Plaintiff and Defendant Are at Fault", 46 Vand. L. Rev. 121, 1993, p. 131.

③ See "Using Comparative Fault to Replace the All-or-Nothing Lottery Imposed in Intentional Torts Suits in Which Both Plaintiff and Defendant Are at Fault", 46 Vand. L. Rev. 121, 1993, p. 131.

④ See William J. McNichols, "Should Comparative Responsibility Ever Apply to Intentional Torts", 37 Okla. L. Rev. 641, 1984, p. 685.

⑤ See J. Tayler Fox, "Can Apples Be Compared to Oranges? A Policy-Based Approach for Deciding Whether Intentional Torts Should Be Included in Comparative Fault Analysis", 43 Val. U. L. Rev. 261, 2008, p. 297.

⑥ See Christopher M. Brown, Kirk A. Morgan, "Consideration of Intentional Torts in Fault Allocation: Disarming the Duty to Protect Against Intentional Misconduct", 2 Wyo. L. Rev. 483, 2002, p. 511 –512.

那么该州就会回到比较过失所废除的严格的“全有或全无”制度。[①] 换言之，如果在比较过失时将故意侵权行为包括在内，会给原告带来苛刻的结果，那么采用这种方法就等于“概念上的失败”。[②]

如果不将故意侵权行为纳入比较过失，则过失被告可能要对受害人的全部损失负责，这显然会导致对过失被告的过度问责。对此，有学者指出：“轻微的过失会造成巨大的伤害，因此也会产生巨大的责任。但侵权法的目的是为不法伤害提供赔偿，在某种自然规则防止原告受到与被告过失不成比例的伤害之前，对受害原告的赔偿必须继续以过失造成的实际伤害为基础。”[③] 换言之，受害人需要对其造成的所有伤害获得赔偿的权利优先于让过失被告承担超过其过错比例的责任所造成的不公平。[④]

尽管如此，仍有学者主张，这种对受害人全额赔偿的妥协不应排除比较过失的采用。相反，它表明法院在对故意侵权行为适用比较分担责任制之前，或许应平衡原告和被告各自的利益。[⑤]

综上所述，侵权法的公共政策并不会绝对排除比较过失在故意侵权行为中的适用，甚至在一些情况下，比较过失有助于侵权法公共政策目标的实现。但公共政策因素也使得比较过失不可能全面适用于故意侵权行为中。

（三）比较过失在故意侵权行为中的有限适用

通过上文可知，故意与过失的区别理论和侵权法的公共政策都为比

---

① See J. Tayler Fox, “Can Apples Be Compared to Oranges? A Policy-Based Approach for Deciding Whether Intentional Torts Should Be Included in Comparative Fault Analysis”, 43 Val. U. L. Rev. 261, 2008, p. 300.

② Dan B. Dobbs, “Torts and Compensation: Personal Accountability and Social Responsibility for Injury”, West Group, 1985, p. 233 – 234.

③ Ellen M. Bublick, “The End Game of Tort Reform: Comparative Apportionment and Intentional Torts”, 78 Notre Dame L. Rev. 355, 2003, p. 435.

④ See Ellen M. Bublick, “The End Game of Tort Reform: Comparative Apportionment and Intentional Torts”, 78 Notre Dame L. Rev. 355, 2003, p. 437 – 438.

⑤ See William J. McNichols, “Should Comparative Responsibility Ever Apply to Intentional Torts?”, 37 Okla. L. Rev. 641, 1984, p. 685.

较过失在故意侵权行为中的适用留下了空间。因此，比较过失可以有限地适用于故意侵权行为。问题的关键在于比较过失何时适用于故意侵权行为。在比较过失适用于故意侵权行为诉讼时，主要涉及三类比较，即故意侵权行为人与过失侵权行为人的过错比较、原告（受害人）与过失侵权行为人的过失比较以及原告（受害人）与故意侵权行为人的过错比较。其中，原告（受害人）与过失侵权行为人的过失比较并不存在理论障碍。

1. 故意侵权行为人与过失侵权行为人的过错比较

故意侵权行为人与过失侵权行为人的过错比较是较为困难的，但一些法院仍将故意侵权人和过失侵权人纳入比较过失的评估范围。[①] 路易斯安那州最高法院在 Veazey 案[②]中，针对何时比较故意侵权行为人与过失侵权行为人的过错提出了三项指导准则：第一，不允许过失侵权行为人因其有义务防止他人的故意而减少其过失。第二，比较过失原则的适用不应该降低过失侵权行为人防止今后再次发生同类情况的积极性。第三，在许多情况下，故意和过失进行真正的比较是不可能的。但遗憾的是，尽管该案法院勇敢地尝试为初审法院提供指导，但这些指导原则充其量也只是晦涩难懂，最坏的情况是根本无法满足要求。[③] 例如，第一项准则的实质是只有在过失侵权行为人对原告的责任不包括“对原告造成损害的事故的确切风险”时，才允许进行比较。[④] 这意味着只有当原告不能对过失侵权行为人提出表面侵权的诉讼时，才能满足第一项准则，即排除了故意侵权行为人与过失侵权行为人的过错比较。[⑤]

---

① See Michael D. Green, “The Unanticipated Ripples of Comparative Negligence Superseding Cause in Products Liability and Beyond”, 53 S. C. L. Rev. 1103, 2002, p. 1118.

② See 650 So. 2d 712, 719 - 720 (La. 1994).

③ See Reginald R. White III, “Comparative Responsibility Sometimes: The Louisiana Approach to Comparative Apportionment and Intentional Torts”, 70 Tul. L. Rev. 1501, 1996, n. 116.

④ See Green v. USAA Casualty Ins. Co., 668 So. 2d 397, 398 (La. Ct. App. 4th Cir. 1996).

⑤ See Reginald R. White III, “Comparative Responsibility Sometimes: The Louisiana Approach to Comparative Apportionment and Intentional Torts”, 70 Tul. L. Rev. 1501, 1996, n. 122.

与 Veazey 案不同的是，在 Pamela B. v. Hayden 案[①]中，陪审团将 95% 的过错分配给了有过失的房东，4% 的过错分配给了强奸犯，1% 的过错分配给了强奸犯的同伙。这种过错分配方案似乎意味着过失侵权行为人比故意侵权行为人的过错程度更大，但事实上是受害人获得充分赔偿的政策目标占据上风的必然结果。在另外一个案件中，亚利桑那州最高法院维持了陪审团的裁定，即菲尼克斯（Phoenix）市对原告子女被谋杀负有 75% 的过错，而谋杀者仅有 25% 的过错，理由是：找不到令人信服的权威要求故意行为比过失行为更受重视。[②]

此外，当造成不可分割的损害时，故意侵权行为人与过失侵权行为人之间的过错可以进行比较。例如，在 Slack v. Famers Insurance Exchange 案[③]中，初审法院在保险公司和 Lachow 医生之间分摊了损害赔偿，认定他们分别有 40% 和 60% 的过错。原告对赔偿金的分摊提出上诉，科罗拉多州最高法院认为，在过失侵权人和故意侵权人之间分摊损害赔偿是适当的，[④] 并认为"即使在数个侵权行为人中的一个实施了故意侵权行为，造成了不可分割的伤害时，分摊法规也适用"。[⑤]

---

① See 31 Cal. Rptr. 2d 147, 149 (Cal. Ct. App. 1994). 该案中，原告在其公寓楼地下光线不足的停车场内惨遭强奸后，控告房东没有提供足够的安全保障。

② See Hutcherson v. Phoenix, 961 P. 2d 449, 453 (Ariz. 1998). 在该案中，Phoenix 市接到了一位年轻女性的电话，她担心会遭到前男友的袭击。911 接线员在听到该女子解释说她的前男友整晚都在追她并威胁她之后，两次表示她会尽快派一名警官过去。911 电话接通 22 分钟后，前男友进入该女子藏身的房子，向她和她的现任男友开了致命的一枪，然后将枪口对准了自己。受害者的母亲对市政府提起了过失致人死亡诉讼，因为接线员将紧急呼叫归类为优先级 3，而优先级 3 的平均响应时间为 32.6 分钟。

③ See Slack v. Farmers Ins. Exch., 5 P. 3d 280, 283 (Colo. 2000). 原告在一起车祸中受伤。事故发生后，原告去看了脊骨神经科医生，以评估她的伤势，该医生随后向原告的保险公司提交了治疗费用。被告希望就原告的伤势获得第二意见，并为她预约了另一名按摩师 Lachow 医生。原告不知道的是，被告的另一名被保险人对 Lachow 医生提出了性侵犯指控。在原告接受检查期间，Lachow 医生不恰当地触摸了原告，并通过左右剧烈摇晃她的头部来加重她的伤势。原告向当地警方投诉，并最终以攻击、殴打和疏忽等罪名对 Lachow 提起诉讼。原告还提起诉讼，声称被告"将她送往被告知道或应该知道会伤害她的医生处就诊，行为不当"。

④ See Slack v. Farmers Ins. Exch., 5 P. 3d 280, 284 (Colo. 2000).

⑤ Slack v. Farmers Ins. Exch., 5 P. 3d 280, 286 (Colo. 2000).

2. 原告（受害人）与故意侵权行为人的过错比较

一般而言，比较受害人的过失与故意侵权被告的故意是不公平和不可能的，[①] 法院通常不接受原告与故意侵权行为人的过错比较。但在某些情况下，允许使用比较过失减少有过失的原告从故意侵权行为造成的伤害中获得的赔偿。最为典型的是涉及蓄意侵权行为的诉讼，“公认的是，蓄意挑衅和怂恿以至于进行人身报复的言行可以起到减轻损害的作用”。[②] 其理由在于即使法院认为受害人的行为是过失，但受害人的行为方式实际上必然造成损害。因此，过错比较的实质是受害人本质上确定的故意行为和被告的实际期望行为的比较。[③]

将比较过失扩大到包括故意侵权行为的最具突破性的做法是新泽西州最高法院的 Blazovic v. Andrich 案。[④] 新泽西州最高法院推翻了原审法院的裁决，并认为公平性要求将过失按比例分配给所有应受惩罚的当事人，[⑤] 即被告实施了故意暴力行为，但因其伤害的原告的过失而减轻了自己的责任。值得注意的是，新泽西州最高法院指出，原告的比较过失只会减少其获得的补偿性损害赔偿，而惩罚性损害赔偿保持不变，以便对蓄意不当行为起到必要的威慑作用。[⑥]

（四）《侵权法重述（第三版）》在故意与过失比较问题上的立场

尽管越来越多的法院关注比较过失规则适用于故意侵权行为的问题，但将故意侵权行为纳入比较过失的范围会产生许多内在问题。[⑦] 因此，《侵权法重述（第三版）》明确指出：“对于是否允许过失原告与实

---

① See B. Scott Andrews, “Premises Liability—The Comparison of Fault Between Negligent and Intentional Actors”, 55 La. L. Rev. 1149, 1995, p. 1161.

② Jones v. Thomas, 557 So. 2d 1015 (La. App. 4th Cir. 1990).

③ See B. Scott Andrews, “Premises Liability—The Comparison of Fault Between Negligent and Intentional Actors”, 55 La. L. Rev. 1149, 1995, p. 1162.

④ See Blazovic v. Andrich, 590 A. 2d 222 (N. J. 1991). 该案中，一群男子在一家酒吧外殴打并打伤了原告，因为原告试图用言语阻止他们向附近的标志投掷石块。陪审团在庭审中认定，发生袭击事件的酒吧老板、蓄意袭击者和原告都是造成原告受伤的原因。但初审法院指示陪审团只比较原告和酒吧老板的相对过错。

⑤ See Blazovic v. Andrich, 590 A. 2d 222, 233 (N. J. 1991).

⑥ See Blazovic v. Andrich, 590 A. 2d 222, 231 – 232 (N. J. 1991).

⑦ See Restatement (Third) of Torts: Apportionment Liability § 1, comment c, 2000.

施故意侵权行为的被告进行比较，它不持任何立场。但如果原告也实施了故意行为，他的过错可以与其他故意行为人的过错进行比较”。[①] 此外，只有当过失被告违反了保护原告免受故意行为伤害的特殊义务时，《侵权法重述（第三版）》才允许将过失被告的过错与故意行为人的过错进行比较。[②] 可见，《侵权法重述（第三版）》建议采用比较过失有限适用于故意侵权行为的方法。[③]

综上所述，比较过失规则能否适用于故意侵权行为问题包含着各种公共政策因素的考量，拒绝适用的依据并不足以使拒绝适用具有十足的合理性，在特殊情况下比较过失适用于故意侵权行为反而具有较大的合理性。显然，美国侵权法不再采取“一刀切”的做法，而是不断尝试将故意侵权行为合理地纳入比较过失规则，试图建立统一的比较分摊法则。

第三节　普通法系侵权法上过失侵权行为抗辩事由之二：风险承担

与传统普通法中的共同过失抗辩一样，风险承担（assumption of risk）也被认为是过失诉讼中的积极抗辩，对原告的赔偿构成绝对的障碍。但由法院观点的不一致和看似永无止境地试图改造和描述它的许多术语可知，风险承担是一个令人困惑的概念。[④] 因此，风险承担被认为是一种危险的法律工具，势必造成混乱，它应该被丢弃。[⑤] 事实上，很

---

① Restatement (Third) of Torts: Apportionment Liability § 1, comment c, 2000.

② See Restatement (Third) of Torts: Apportionment Liability § 14, § 12, 2000.

③ See Restatement (Third) of Torts: Apportionment Liability § 1, comment c, 2000.

④ See Donald T. Meier, “Primary Assumption of Risk and Duty in Football Indirect Injury Cases: A Legal Workout from the Tragedies on the Training Ground for American Values”, 2 Va. Sports & Ent. L. J. 80, 2002, p. 80.

⑤ See Christ Gaetanos, “Assumption of Risk: Casuistry in the Law of Negligence”, 83 W. Va. L. Rev. 471, 1981, p. 471.

多司法管辖区采用比较过失后，逐渐废止了风险承担抗辩。《侵权法重述（第三版）》摒弃了大多数形式的风险承担抗辩。然而，一些学者呼吁在为适应各种利益而进行修改后，以这样或那样的形式使其重新焕发活力。

一、风险承担的源起

风险承担有时被描述为“甘愿不致损害”（volenti non fit injuria）。① 风险承担最初产生于“主人和仆人”的“身份”关系中，即风险承担被限定在主仆关系的案件中。② 早期的侵权行为法体系书体现了这一特征。希利亚德的首部体系书并没有使用“风险承担”的概念，但在讨论主人对仆人的责任时强调，仆人知道危险环境的存在并继续服务的应自行承担风险。③ 谢尔曼（Shearman）和雷德菲尔德（Redfield）将风险承担看作“法律上的弃权行为”，原因在于雇用人和受雇人间存在分担劳务风险的默示契约关系。④ 汤普森认为尽管风险承担仅存在于主仆或“承运人—客人”关系中，但“可以扩展到其他法律关系中”。⑤ 到18世纪70年代末，沃顿（Wharton）否认了契约原则和风险承担间的必然联系，风险承担并不是建立在假想的默示契约基础上。也就是说，一个人不能就自己深思熟虑后自愿从事的具有合法性风险所致的损害而

---

① See Donald T. Meier, “Primary Assumption of Risk and Duty in Football Indirect Injury Cases: A Legal Workout from the Tragedies on the Training Ground for American Values”, 2 Va. Sports & Ent. L. J. 80, 2002, p. 80.

② 参见［美］G. 爱德华·怀特：《美国侵权行为法：一部知识史》（原书增订版），王晓明、李宇译，北京大学出版社2014年版，第53页。

③ See Francis Hilliard, *The Law of Torts or Private Wrongs*, Cornell University Library, 1866, p. 467. 转引自［美］G. 爱德华·怀特：《美国侵权行为法：一部知识史》（原书增订版），王晓明、李宇译，北京大学出版社2014年版，第53页。

④ See Thomas Shearman, Amasa Redfield, *A Treatise on the Law of Negligence*, Cornell University Library, 1870, p. 121. 转引自［美］G. 爱德华·怀特：《美国侵权行为法：一部知识史》（原书增订版），王晓明、李宇译，北京大学出版社2014年版，第53页。

⑤ Seymour Thompson, *The Law of Negligence in Relations Not Resting in Contract*, Gale, Making of Modern Law, 2010, p. 1147 - 1148.

获得赔偿。[①] 这就意味着风险承担抗辩从契约关系中解脱出来。

风险承担抗辩从19世纪末开始得以迅猛发展。沃伦（Warren）直接将风险承担纳入过失侵权的一般理论，使之成为真正的普遍性抗辩事由。他认为，风险承担规则是建立在一般注意义务的基础上的，原告必须主张并证明被告对他负有注意义务，而被告可以提出“原告已经自愿将自己置于一个无义务的境地”。因此，风险承担是指“如果某人知道他人的作为或不作为会给自己带来危险，也清楚这个风险是什么并自愿将自己暴露于这个危险中，则不能就此危险所引起的损害获得任何赔偿”。[②] 换言之，该抗辩规则应该存在两层判断：一是原告对风险的性质、程度足够了解；二是原告自愿承担风险。随后博伦开始探究风险承担法则的哲学基础，他详细解释风险承担的普通法起源：普通法保护每个人免受外部暴力，不受强制和胁迫，但并不保护个人免受其自身性格、自愿行为或过失不当行为所造成的损害。[③]

到20世纪初，风险承担作为一项责任限制的抗辩事由在实践中得到了广泛的运用，如《联邦铁路工人法案》运用风险承担规则极大限制了陪审团在受雇人工伤案件中的审理，避免了“在实践中将会使得铁路公司向受伤受雇人支付一种强制抚恤金”的担忧。[④] 但与此同时，风险承担的适用出现了极端化。例如，在 Lamson v. American Axe & Tool Co. 案[⑤]中，原告（斧子企业的受雇人）在工作中被从缺陷货架上掉下的一把斧子砸伤。霍姆斯认为，原告在此前已向雇用人抱怨货架的缺陷，且被告知继续使用该货架，否则将被解雇。但原告仍选择继续工作的行为显示其知道并愿意承担该风险，即使原告因担心失去工作而继续

---

① See Francis Wharton, *A Treatise on the Law of Negligence*, Anatiposi Verlag, 1878, p. 181.

② Charles Warren, “Volenti Non Fit Injuria in Action of Negligence”, 8 Harv. L. Rev. 457, 1895, p. 458 – 459.

③ See Francis H. Bohlen, “Voluntary Assumption of Risk”, 20 Harv. L. Rev. 91, 1906, p. 91.

④ Francis H. Bohlen, “Voluntary Assumption of Risk”, 20 Harv. L. Rev. 91, 1906, p. 94.

⑤ See Lamson v. American Axe & Tool Co. 177 Mass. 144 (1990).

从事危险工作的情形也不能影响风险承担规则的适用。

二、风险承担的类型

风险承担类型复杂，美国侵权法将风险承担主要划分为明示的风险承担（express assumption of risk）和默示的风险承担（implied assumption of risk）。

（一）明示的风险承担

明示的风险承担是风险承担的最明显的形式，原告如果通过合同或其他方式明确同意接受因被告的过失或鲁莽行为而产生的损害风险，则不能就此类损害进行索赔，除非该协议因违反公共政策而无效。[①] 而《侵权法重述（第三版）》使用“合同责任限制”（contractual limitations on liability）取代“明示的风险承担”的术语表达，并将它纳入比较过失规则中，明确规定：“在合同法、管辖索赔的实体法以及适用的解释规则允许的情况下，原告与他人之间的合同免除了该人对未来伤害的责任，从而禁止原告向该人追偿伤害。与原告的过失不同，有效的合同责任限制并不为事实认定者提供向任何一方或其他人分配责任比例的机会。”[②] 可见，比较过失规则对于明示风险承担抗辩的影响较小，更加强调合同本身。在明示风险承担中，限制责任的合同必须以清晰、明确和毫不含糊的语言表达，不能从一般语言中推断出来。[③]

公共利益或政策对于明示的风险承担具有重要的限制作用，因事先签署免责条款而获得的明示风险承担，在违反公共政策的情况下可能是无效的。[④] 例如，在 Tunkl v. The Regents of the University of California 案[⑤]中，法院确定了免责协议无效的一套标准，寻求解除责任的当事人

---

① See Restatement (Second) of Torts § 496 (b), 1965.

② Restatement (Third) of Torts: Apportionment Liability § 2, 2000.

③ See Restatement (Third) of Torts: Apportionment Liability § 2, comment d, 2000.

④ See Joseph H. King, “Exculpatory Agreements for Volunteers in Youth Activities—The Alternative to ‘Nerf’ Tiddlywinks”, 53 Ohio St. L. J. 683, 1992, p. 696.

⑤ See 383 P. 2d 441, 445 - 446 (Cal. 1963).

从事一项对公众极为重要的服务，当事人自愿选择为任何接受该服务的公众提供该服务。由于服务的基本性质和交易的经济环境，当事人相对于公众有着绝对的优势，作为买方的个人及财产都被置于其控制之下，因此带来的风险归于提供该类服务的当事人。还有法院提出，判断公共利益应当注意：[①] 其一，对公众存在义务；其二，所提供的服务的性质；其三，协议是否公平地签订；其四，双方的意思表示是否得以明确的表达。但事实上，公共利益（政策）存在一个潜在的问题——本质上是不可预测的。[②] 一方面，一方当事人质疑免责协议有效性无须证明以上法院所列举的所有因素，符合其中的一些也可满足条件；[③] 另一方面，公共政策的问题分析是权宜之计，使得免责协议的效力具有不可预测性。[④]

因此，大多数法院坚持认为，禁止性合同下的明示风险承担通常是有效的，[⑤] 能够成为被告的抗辩事由，且此抗辩不因比较过失规则而消减。[⑥] 可见，明示风险承担仍是过失侵权的完全抗辩事由。

（二）默示的风险承担

依据《侵权法重述（第二版）》，原告并没有“明确表示同意接受风险，但通过自愿选择在知晓风险的情况下以一种会使他面临风险的方式行事，他表明了接受风险的意愿”，原告则被禁止获得赔偿。[⑦] 因此，默示的风险承担是从原告的行为中推断出来的，可以包括以下两种情况之一：原告自愿承担被告没有过失的已知固有风险（主要的默示风险承担）；自愿承担因被告过失而产生的已知风险（次要的默示风险

① See Jones v. Dressel, 623 P. 2d 370, 376 (Colo. 1981).

② See Joseph H. King, “Exculpatory Agreements for Volunteers in Youth Activities—The Alternative to ‘Nerf’ Tiddlywinks”, 53 Ohio St. L. J. 683, 1992, p. 696.

③ See Tunkl v. Regents of the Univ. of Cal., 383 P. 2d 441, 445 (Cal. 1963).

④ See Schlobohm v. SPA Petite, Inc., 326 N. W. 2d 920, 923 (Minn. 1982).

⑤ See William L. Prosser et al., Prosser and Keeton on Torts, West Group, 1984, p. 496.

⑥ See Joseph H. King, “Exculpatory Agreements for Volunteers in Youth Activities—The Alternative to ‘Nerf’ Tiddlywinks”, 53 Ohio St. L. J. 683, 1992, p. 711.

⑦ See Restatement (Second) of Torts § 496C, comment b, 1965.

承担)。[1]

1. 主要的默示风险承担

主要的默示风险承担在被告没有义务或没有过失(被描述为“无注意义务”)的情况下产生,适用于“固有风险”情况,它既不是过失造成的,也不是过失加剧的,而是“根本存在的”,[2] 如参加任何可能造成伤害的运动。因此,主要的默示风险承担意味着要么风险作为“常识的主题”是已知的,要么风险对于“处于原告地位的合理的人”是“显而易见的”。[3] 只有“被告故意伤害或从事鲁莽、故意或恣意的不当行为,超出了通常为该活动设想的范围”,才会承担责任。[4] 从技术上讲,主要的默示风险承担并不是一种积极抗辩事由,其作用在于否定原告表面侵权的一个构成要件,从而完全禁止追偿。[5] 但一些法院仍将其作为一种积极抗辩来适用。还有一些法院认为,应取消主要的默示风险承担,而从无责任的角度来分析此类行为,以减少目前存在的许多混淆和模糊之处。[6] 然而普罗瑟认为简单的术语变化并不能带来任何好处。[7] 事实上,被告没有过失,没有必要进行比较过失分析,无论用何种表述,这种行为仍然完全禁止原告获得赔偿。[8]因此,主要的默示风险承

① See Stephanie M. Wildman, John C. Barker, “Time to Abolish Implied Assumption of a Reasonable Risk in California”, 25 U. S. F. L. Rev. 647, 1991, p. 652.

② See Dale L. Moore, “Please Watch Your Language!: The Chronic Problem of Assumption of Risk”, 61 Cath. U. L. Rev. 175, 2011, p. 184.

③ See George D. Turner, “Allocating the Risk of Spectator Injuries Between Basketball Fans and Facility Owners”, 6 Va. Sports & Ent. L. J. 156, 2006, p. 159.

④ See Alexander J. Drago, “Assumption of Risk in the Arena, on the Field and in the Mosh Pit: What Protection Does It Afford?”, 13 Ent. & Sports Law. 3, 1995, p. 4.

⑤ See Dale L. Moore, “Please Watch Your Language!: The Chronic Problem of Assumption of Risk”, 61 Cath. U. L. Rev. 175, 2011, p. 191.

⑥ See Matthew J. Toddy, “Assumption of Risk Merged with Contributory Negligence: Anderson v. Ceccardi”, 45 Ohio St. L. J. 1059, 1984, p. 1063.

⑦ See William L. Prosser, *Handbook of the Law of Torts*, West Pub. Co., 1971, p. 456.

⑧ See Matthew J. Toddy, “Assumption of Risk Merged with Contributory Negligence: Anderson v. Ceccardi”, 45 Ohio St. L. J. 1059, 1984, p. 1063.

担被包含在过失原则本身之中,[①]不受比较过失规则的影响。

2. 次要的默示风险承担

次要的默示风险承担是原告“意识到被告的过失所造成的风险，并自愿地继续或继续遇到这种风险”。[②] 可见，次要的默示承担风险适用于原告自愿承担因被告过失或鲁莽行为而造成的可预见损害的风险，因此不能对由此造成的损害进行赔偿。[③] 次要的默示风险承担可进一步区分为合理和不合理的风险承担。[④] 承担不合理的风险本身就是不合理的行为，此时的风险承担与比较过失发生重叠。[⑤] 因此，在合并了比较过失和风险承担抗辩的司法管辖区，原告不合理的风险承担不会完全禁止原告追偿，而是在比较过失制度下起到分摊过失的作用。[⑥] 而法院在合理风险承担是否仍禁止原告索赔的问题上存在分歧。有的法院认为,“原告在自愿接受本身并非不合理的风险之后，合理而谨慎地行事，可能不构成过失，但可能已经承担了风险”,[⑦] 因为“如果一个人是明知故犯，那么他的行为是否合理就无关紧要了”。[⑧] 还有一些法院认为，承担风险不应妨碍合理的原告获得赔偿，问题的关键是原告是否行使了合理的谨慎。[⑨]

综上所述，随着比较过失规则的出现，许多司法管辖区已经放弃了

---

① See Donald G. Gifford, Christopher J. Robinette, “Special Feature: Apportioning Liability in Maryland Tort Cases: Time to End Contributory Negligence and Joint and Several Liability”, by 73 Md. L. Rev. 701, 2014, p. 750.

② Restatement (Second) of Torts § 496A, comment c, 1965.

③ See Restatement (Second) of Torts § 496A, 1965.

④ See Matthew J. Toddy, “Assumption of Risk Merged with Contributory Negligence: Anderson v. Ceccardi”, 45 Ohio St. L. J. 1059, 1984, p. 1063.

⑤ See Donald G. Gifford, Christopher J. Robinette, “Special Feature: Apportioning Liability in Maryland Tort Cases: Time to End Contributory Negligence and Joint and Several Liability”, by 73 Md. L. Rev. 701, 2014, p. 750.

⑥ See Matthew J. Toddy, “Assumption of Risk Merged with Contributory Negligence: Anderson v. Ceccardi”, 45 Ohio St. L. J. 1059, 1984, p. 1064 – 1065.

⑦ Thomas v. Panco Mgmt. of Md., LLC, 423 Md. 387, 419, 31 A. 3d 583, 603 (2011).

⑧ Kennedy v. Providence Hockey Club, Inc., 119 R. I. 70, 77, 376 A. 2d 329, 333 (1977).

⑨ See Rea v. Leadership Hous. 312 So. 2d 818, 823 (Fla. Dist. Ct. App. 1975).

风险承担抗辩的苛刻的“全有或全无”的性质，而将这一概念并入了更现代的过失分摊比较过失分析中。[①] 因此，《侵权法重述（第三版）》摒弃并取代了《侵权法重述（第二版）》中的默示风险承担抗辩，但原告面对已知风险的行为可能构成原告的过失，因此导致原告的赔偿金按百分比减少。[②] 换句话说，《侵权法重述（第三版）》将默示风险承担视为原告的过失，适用比较过失抗辩。

三、风险承担的变革

20 世纪 60 年代以后，美国侵权法理论发生重大改变，过失法占据了侵权法的重要位置。过失责任扩大民事义务内在范围的同时更加强调对侵权责任的限制，[③] 抗辩事由亦被重新审视，尤其是比较过失规则取代共同过失规则后，有学者提出美国侵权法不再有其他抗辩规则。[④] 美国法学界对风险承担抗辩与比较过失的关系问题主要有三种观点：第一，极少数者认为，即使比较过失取代了共同过失，成为不完全抗辩事由，风险承担规则仍属于完全抗辩事由。[⑤] 第二，明示风险承担是合同协议的一部分，仍属于完全抗辩事由，除非不符合合同原则，[⑥] 而默示风险承担抗辩不复存在。[⑦] 在默示风险承担与比较过失重叠的范围内，原告的不合理行为属于比较过失，从而保留部分抗辩。如果默示风险承

---

① See Kenneth W. Simons, “Reflections on Assumption of Risk”, 50 Ucla L. Rev. 481, 2002, p. 482; Restatement (Third) of Torts: Apportionment Liability § 2, reporters' note: comment d, 2000.

② See Restatement (Third) of Torts: Apportionment Liability § 2, comment I, 2000.

③ 参见［美］G. 爱德华·怀特：《美国侵权行为法：一部知识史》（原书增订版），王晓明、李宇译，北京大学出版社 2014 年版，第 75 页。

④ See Gary T. Schwartz, “The Beginning and the Possible End of the Rise of Modern American Tort Law”, 26 Georgia L. Rev. 601, 1992, p. 608.

⑤ See Fleming Jr. James, “Assumption of Risk: Unhappy Reincarnation”, 78 Yale Law Joumal 185, 1968, p. 185.

⑥ See William L. Prosser et al., *Prosser and Keeton on Torts*, West Group, 1984, p. 480.

⑦ See Rosenlund, Killion, “Once a Wicked Sister: The Continuing Role of Assumption of Risk Under Comparative Fault in California”, 20 U. S. F. L. Rev. 225, 1986, p. 231.

担被认为是合理的，与比较过失不重叠，则不再是任何抗辩。[①] 第三，与第二种观点形成鲜明对比的是，合理的默示风险承担被视为完全抗辩事由。[②]

在实践中，一些法院认为风险承担规则不具备独立的地位或功能，可以被废除。[③] 例如，在 Li v. Yellow Cab. Co. 案[④]中，法院指出，在采用比较过失制度时，应将承担风险的抗辩合并到按过失比例评估责任的一般方案中，在这些特殊案件中，所涉及的承担风险的形式不过是比较过失（共同过失）的一种变体。但仍将风险承担作为完全禁止追偿抗辩的法院认为，虽然风险承担和比较过失有时可能重叠和重合，但两者主要区别是：（1）风险承担涉及对危险的了解和自愿默许，而比较过失只是在不知情和无戒心的情况下偏离了合理注意的标准；（2）风险承担是根据原告实际了解的情况以主观标准来判断的，而比较过失采用的是客观的"合理的人"标准；（3）风险承担是以原告的冒险精神为基础的，而比较过失是以合理性为基础的。[⑤]

目前，超过半数的州已明确承认风险承担抗辩的部分内容被包含在比较过失或共同过失概念内，[⑥] 大多数司法管辖区只取消了次要的默示风险承担。[⑦]几乎所有这些州都允许明示和主要的默示风险承担来禁止

---

① See Rosenlund, Killion, "Once a Wicked Sister: The Continuing Role of Assumption of Risk Under Comparative Fault in California", 20 U. S. F. L. Rev. 225, 1986, p. 231.

② See Rosenlund, Killion, "Once a Wicked Sister: The Continuing Role of Assumption of Risk Under Comparative Fault in California", 20 U. S. F. L. Rev. 225, 1986, p. 231.

③ See John Diamond, "Assumption of Risk after Comparative Negligence: Integrating Contract Theory into Tort Doctrine", 52 Ohio St. L. J. 717, 1991, p. 717.

④ See Li v. Yellow Cab Co., 532 P. 2d 1226, p. 1241 (Cal. 1975).

⑤ See Riley v. Davidson Constr. Co., 381 Mass. 432, 409 N. E. 2d 1279 (1980).《侵权法重述（第二版）》第 496 条 A 款评述 d 也说明了风险承担抗辩与比较过失的不同：风险承担采用的是主观标准，评估原告在参与活动之前是否知道、理解和认识到活动的固有风险；共同过失或比较过失采用的是客观标准，将原告的判断与一个合理的人的判断进行比较。

⑥ See Paul Rosenlund, Paul Killion, "Once a Wicked Sister: The Continuing Role of Assumption of Risk Under Comparative Fault in California", 20 U. S. F. L. Rev. 225, 1986, p. 266 – 267, n. 236.

⑦ See Stephanie M. Wildman, John C. Barker, "Time to Abolish Implied Assumption of a Reasonable Risk in California", 25 U. S. F. L. Rev. 647, 1991, p. 653.

追偿，只有两个州通过成文法废除了风险承担抗辩。[①]可见，比较过失规则全面评估了风险承担抗辩，其对默示风险承担产生较大影响，但明示的风险承担仍具有独立价值。《侵权法重述（第三版）》明确承认明示的风险承担，并将其纳入比较责任中，但拒绝了一切形式的默示风险承担。

四、风险承担与同意抗辩的区别审视

在美国侵权法中，风险承担是过失侵权的抗辩事由，而同意（受害人同意）适用于故意侵权行为，与过失无关。而学者却常对风险承担与同意使用“volenti non fit injuria”这同一个描述。韦德（Wade）提出，过失诉讼中的风险承担抗辩是故意侵权行为中同意抗辩的近亲。[②]可见，同意与风险承担似乎无本质区别，都是意思自治和自我责任的体现。[③]尤其对于明示的风险承担和同意而言，这一区分并不是泾渭分明的。不论加害人实施侵害行为是出于故意还是过失，在损害结果发生之前，受害人都有权以明示的方式放弃自己的部分权益，从而在与加害人协商的过程中换取更为有利的对价，实现受害人最希望实现的目的。[④] 当受害人以明示的方式，尤其是以合同方式作出这种预先安排时，在不与公共政策相抵触的前提下，法院应当承认其效力。因此，以明示方式作出的风险承担和同意有着相同的法律效果，都可以完全免除加害人的责任。

但是，如受害人未以明示方式作出这种预先安排，只是其外在行为表明其内心可能存在同意加害人实施侵害行为的意愿，则在判断受害人的内心真意时，需要考虑作为过失侵权行为抗辩事由的风险承担与作为

---

① See Amy L. Stein, “Assuming the Risks of Artificial Intelligence”, 102 B. U. L. Rev. 979, 2022, p. 995.

② See John Wade, “The Place of Assumption of Risk in the Law of Negligence”, 22 La. L. Rev. 1, 1961, p. 5, p. 7 – 9.

③ See Francis H. Bohlem, “Voluntary Assumption of Risk”, Harvard Law Review, Vol. 20, 1906, p. 1.

④ See John L. Diamond, “Assumption of Risk after Comparative Negligence: Integrating Contract Theory into Tort Doctrine”, Ohio State Law Journal 52, 1991, p. 746.

故意侵权行为抗辩事由的同意之间的两处明显差异：其一，主观心态方面，实施故意侵权行为的加害人主观上追求损害结果的发生，受害人对故意侵权行为的同意表明其同样希望损害结果发生；而有过失的加害人只是创造了一种不合理风险，这种风险具有不确定性，加害人和受害人都不希望损害结果最终出现。其二，损害的确定性方面，故意侵权行为造成损害结果的可能性较高，受害人对损害结果的类型及其严重性有一个大致的预期，因此受害人对故意侵权行为的同意往往意味着对损害结果的同意；而过失侵权是否会造成损害结果是不确定的，受害人也很难对损害的类型以及严重性等形成清晰的预期，因而受害人自愿承受风险并不意味着受害人自愿承担损害结果。可见，默示的风险承担与同意在法理基础上有着本质区别。就同意而言，由于损害结果的出现具有较高确定性，受害人可以精确地判断侵害行为整体上对其是否有益，是否符合其主观意愿，从而利用同意对损害结果之分配作出预先安排，自愿承担侵害行为带来的损害结果，以此促成那些对其有益的侵害行为的实施。因此，同意是受害人顺利开展日常社会交往、与他人形成良性互动的重要手段。另外，受害人不可能将内心所有的想法都用语言清楚地表达出来，现实中很多同意是以默示而非明示方式作出的。出于社会交往之必要性的考虑，加害人在实施整体上对受害人有益的侵害行为时，可以综合考虑受害人的行为方式、社会习俗以及当事人之间的关系等情况，[①] 推断受害人是否默示地同意其实施侵害行为，并自愿承担相应的损害结果。

普罗瑟认为，受害人自愿承受某种已知的风险并不必然表明他同意承担未来加害人因过失而给他造成的任何损害。比如，对于一个横穿街区中心马路的行人而言，虽然来往车辆以极高的速度行驶，但是我们无论如何都不能认为，他同意司机不必尽到注意义务而把他撞倒。相反，

---

① 参见［美］丹·B. 多布斯：《侵权法》（上册），马静等译，中国政法大学出版社2014年版，第195～196页。

他坚持司机应当尽到注意义务。[1] 在过失侵权中，当受害人未作明确表示，只是以行为自愿承受某种已知风险时，其主观意愿往往不是对侵害行为以及损害结果的同意，也不是对自身权益的放弃，而是希望损害结果将来不会出现。在绝大多数情况下，默示的风险承担都不能被视同于同意，[2] 因而不具有免除加害人责任的法律效果。

---

① See William L. Prosser et al., *Prosser and Keeton on Torts*, West Publishing Company, 1984, p. 485.

② See Kenneth W. Simons, "Assumption of Risk and Consent in the Law of Torts: A Theory of Full Preference", Boston University Law Review 67, 1987, p. 218 – 224; Restatement (Third) of Torts: Apportionment of Liability § 2, Reporters' Note, comment i, 2000.

第四章　普通法系侵权法上严格责任的抗辩事由

第一节　普通法系侵权法上严格责任的溯源与类型

一、严格责任的历史溯源

（一）侵权令状制度中的严格责任理念

侵权令状制度包含两种形式：即直接侵害令状和类案诉讼。尽管在侵权令状制度时期并不存在现代意义上的严格责任，但这两种形式的令状却蕴含着严格责任的理念，可称为早期的严格责任。

在直接侵害令状中，原告的损害需满足“直接”“暴力”两个条件，是现代侵权法中五类故意侵权的基础。在此类令状中，法官并不关心被告是否是故意或过失的行为。[①] 换言之，在直接侵害令状下，法官裁定的核心在于直接暴力造成的损害，被告有无过错在所不问。例如，在著名的 Weaver v. Ward 案[②]中，原告与被告在参加日常军事训练时，原告因为被告触动步枪而受伤。被告辩称他并非故意触动步枪，而是意外。法院否定了这一抗辩理由，因为这一案件诉求是基于直接侵害令状（因为此案中的损害是直接的），而直接侵害仅仅以行为造成的损害为核心，并不要求行为人的故意或过失。但法院同时指出，如果原告在被告开火之前跑到被告面前，则被告无须承担责任。

在类案诉讼中，当原告遭受间接损害时，原告需要证明被告的过失

---

① See Dan B. Dobbs et al., *Torts and Compensation: Personal Accountability and Social Responsibility for Injury*, LEG, Inc. d/b/a West Academic Publishing, 2013, p. 671.

② See 80 Eng. Rep. 284 (K. B. 1616).

或非法行为。因此，过错亦成为此时期侵权案件中衡量的标准。[①] 但与现代侵权法不同的是，此时的损害必须是间接造成的。例如，在 Brown v. Kendall 案[②]中，被告用木棍击打狗时无意间打到原告，法院采用过错标准裁定被告的侵权责任。

可见，在侵权令状的两种形式中，法院裁判以损害为核心的同时，总是无意地考虑到被告的主观心理状态。也许正因如此，侵权令状制度中的严格责任理念问题存在许多争议。霍姆斯认为侵害令状中包含严格责任、过失责任和故意责任。但随后他又指出，侵害令状制度中不存在严格责任，过错一直是侵权责任的前提。[③] 直接侵害令状中不考虑侵权行为人的故意或过失仅是过错的判断标准产生变化。[④] 而另有学者认为，早期侵害令状贯彻的是严格责任，不考虑行为人是否故意、是否过失的主观心理状态，只是在 17 世纪以后，法院在 Weaver v. Ward 案[⑤]中的例外说明显示，过错逐渐进入法官的视野。[⑥] 早期法院裁判时仅仅考虑"被告有没有做导致原告损害的实际行为"即可。因此，以"合理性"标准取代无关道德的"个人自担行为风险责任"标准，是晚近才出现的。[⑦]

总体而言，尽管早期法院已经开始意识到行为人主观心理状态对损害的影响，但并非主流，在侵害令状中侵权责任仍是被直接施加的。19 世纪早期过失仍没有成为一种普遍的裁判标准。[⑧]

---

① See Dan B. Dobbs et al., *Torts and Compensation: Personal Accountability and Social Responsibility for Injury*, LEG, Inc. d/b/a West Academic Publishing, 2013, p. 671. 80 Eng. Rep. 284 (K. B. 1616).

② See 60 Mass. (6 Cush) 292 (1850).

③ See O. W. Holmes, The Common Law, Digireads. com, 2005, p. 89.

④ See O. W. Holmes, The Common Law, Digireads. com, 2005, p. 108.

⑤ 80 Eng. Rep. 284 (1616).

⑥ See John Henry Wigmore, "Responsibility for Tortious Acts: Its History", Part III, 7 Harv. L. Rev. 441, 1894, p. 442 – 443.

⑦ See James Barr Ames, "Law and Morals", 22 Harv. L. Rev. 97, 1908, p. 99.

⑧ 参见［美］丹·B. 多布斯：《侵权法》（上册），马静等译，中国政法大学出版社 2014 年版，第 234 页。

（二）过失侵权行为理论盛行时期的严格责任

19 世纪末 20 世纪初过失侵权行为理论盛行美国，学者们似乎非常热衷于将所有的侵权行为类型向过失侵权行为靠拢，[①] 但严格责任在动物致害和异常危险物致害的情形中仍然牢不可破。此时期对美国侵权法影响较大的严格责任案件是英国的 Rylands v. Fletcher 案[②]（以下简称 Rylands 案），该案的一名被告在他的土地上建造了一个水库，虽然他并没有过失，但水库的水造成原告的邻近煤矿受损，同时为被告建造水库的承包商可能存在过失。一审法官布莱克本（Blackburn）认为："我们应当遵循的真正法律规则是，为实现目的而在属于自己的土地上收集或保持一些可能导致损害的非自然使用时，如果他不能将此类危险控制在自己能够控制的范围内，则将对非自然使用而导致的所有的损害承担责任。"[③] 换言之，被告因对土地的非自然使用承担严格责任。二审法官凯恩斯（Cairns）引用了布莱克本的推理过程，同时强调被告"非自然使用"土地这一事实，并将非自然使用限于"异常、非正常地使用土地，并且考虑周围土地的性质和一般用途"。[④] 依据普罗瑟的观点，该案呈现了新的规则，即依据案件事实所处的环境，因过度危险或不适当的行为而造成的损害应当被施加严格责任。[⑤]

尽管这一案件的新规则被美国的一些法院所接受，但也遭受了一些严重批判。[⑥] 其中主要原因在于美国法院不愿在 20 世纪之交对工业发展施加过重的负担，因为促进该国的进步和发展是国家优先事项。[⑦] 例

---

① See Jeremiah Smith, "Tort and Absolute Liability", 30 Harv. L. Rev. 241, 1917, p. 319, p. 409.

② See L. R. 3 H. L. 330 (1868).

③ Rylands v. Fletcher, 3 L. R. -E. & I. App 279 – 280 (H. L. 1868).

④ Gerald W. Boston, M. Stuart Madden, *Law of Environmental and Toxic Torts: Cases, Materials, and Problems*, West Group, 2001, p. 114.

⑤ See William L. Prosser et al., *Prosser and Keeton on Torts*, West Group, 1984, p. 547 – 548.

⑥ See William L. Prosser et al., *Prosser and Keeton on Torts*, West Group, 1984, p. 548 – 549.

⑦ See William R. Ginsberg, Lois Weiss, "Common Law Liability for Toxic Torts: A Phantom Remedy", 9 Hofstra L. Rev. 859, 1981, p. 900.

如，在 Losee v. Buchanan 案①中，当锅炉在工厂爆炸导致原告受到损害时，法院拒绝在没有过失的情况下强加被告赔偿责任。法院认为："我们必须有工厂、机械、水坝、运河和铁路。这是人类多方面需求的需要，也是我们所有文明的基础。被告不需要对其土地上的这些东西意外地、不可避免地给邻居造成的损害负责。原告所受损害的补偿是基于其在自己土地上享有的放置同样东西的权利。"② 这种观点被马萨诸塞州和明尼苏达州立即接受，但没有被各州普遍接受。③

随着社会经济的发展，美国法院开始表达对工业发展和资源限制的关注，从而采纳了 Rylands 案的新规则（以下简称 Rylands 规则）。在 BridgemanRussell Co. v. City of Duluth 案④中，明尼苏达州最高法院重申了 Rylands 规则，认可城市水管从水库破裂造成原告财产的损害受到严格责任原则的限制。法院裁决，没有理由推翻 Rylands 规则，除非在现代条件下的实际应用已经清楚地表明其不合理或不公正。法院明确指出，大城市的人口正在增加，这要求城市本身或强大的公司在大规模上建立供水系统。大量的水必须在以前没有的地方被积累和保存。如果在水库本身或主水管中发生破裂，洪水可能在财政上彻底毁灭个人。在这种情况下，即使企业不存在过失，自然正义似乎要求企业而非个人承受损失，因为对个人而言太过沉重。从 20 世纪 30 年代开始，许多州开始采用不适当、异常危险的 Rylands 规则。这种趋势发展到 20 世纪末，几乎每个州都在至少有限的情况下承认了这一理论。⑤ 尽管爆炸物的使用仍然是严格责任适用的经典情形，但与此同时，严格责任开始适用于在危险场所大量收集的水、爆炸物、存储在城市中的易燃液体、爆破、作物除尘、用氰化物气体熏蒸、钻井油井、在人口密集的社区中操作精

① See 51 N. Y. 476 (1873).

② Losee v. Buchanan, 51 N. Y. 484 – 485 (1873).

③ See William L. Prosser et al. , *Prosser and Keeton on Torts*, West Group, 1984, p. 548.

④ See 197 N. W. 971 (Minn. 1924).

⑤ See William L. Prosser et al. , *Prosser and Keeton on Torts*, West Group, 1984, p. 549.

炼厂、在城市中间排放烟雾和灰尘或有害气体的工厂等。[①] 这种适用范围的扩展在《侵权法重述（第一版)》中得以体现。

此时期的严格责任已经被学者们视为独立的侵权行为类型。学者将严格责任建立在侵权行为法已经成为社会公共政策工具的基础上，即“是一种负担个人困境并维护社会、经济资源的损失分散机制”，基于社会利益而生。[②] 普罗瑟提出了相似的观点，他坚持认为，严格责任是在一种复杂的社会中如何对那些无法避免的损害进行配置并使处于更加优越地位的当事人承担责任的问题，被告承担责任并不是说其行为在道德层面是不法的，而是从社会角度必须承担责任。[③] 可见，美国法院对于严格责任的接受或拒绝与其社会经济发展有直接关系，也侧面印证了国家政策对严格责任选择的影响。

（三）严格产品责任理论的崛起

严格产品责任的端倪始于卡多佐法官于 1916 年判决的著名的 MacPherson v. Buick Motor Co. 案。[④] 该案中，原告因新车的轮子瘪掉而受伤，原告与制造商并无合同关系。卡多佐法官允许了原告对制造商的索赔要求，他认为“制造商在可以预见的危险的地方存在过失，因此产生了责任”，实际上是突破了合同关系，拓宽了产品责任，为严格产品责任打开了大门。1944 年，特雷诺（Traynor）法官在 Escola v. Coca-Coca Bottling Co. 案[⑤]中作出一个著名判决意见。该案中，一名女服务员在将苏打水瓶从容器送至冰箱时，瓶子突然爆炸致其受伤。初审法官以事实自证法则迫使被告举证推翻推定证明自己无过失，被告证明了对瓶内压力作出常规检查，并对玻璃中的缺陷做过可视检测，而陪审

---

① See William L. Prosser et al., *Prosser and Keeton on Torts*, West Group, 1984, p. 549 – 550.

② 参见［美］G. 爱德华·怀特:《美国侵权行为法：一部知识史》（原书增订版)，王晓明、李宇译，北京大学出版社 2014 年版，第 124 页。

③ See William L. Prosser, “Handbook of the Law of Torts”, West Pub. Co., 1971, p. 430.

④ See 217 N. Y. 382, 390, 111 N. E. (1916).

⑤ See 150 P. 2d 436 (Cal. 1944).

团支持了原告。在上诉程序中，特雷诺法官支持初审结论，但以普罗瑟的观点①为基础却提出了不同的审判意见。他认为，即使有事实自证机制的运用，受害人通常不处于指明缺陷原因的地位，这种毫无必要迂回引发浪费性诉讼。② 在他看来，在不存在契约相对性的情形下，制造者对消费者的担保依赖于公共政策，③ 而公共政策要求确定责任的承担应当以最有效地减少投入市场的缺陷产品固有的危险为标准。此外，制造者可以就损害的风险投保，并将此风险作为成本分摊于大众。④ 因此，法院通常诉诸拟制，即制造商因拟制的过失而承担责任。⑤ 之后 5 年，特雷诺法官在 Gordon v. Aztec Brewing Co. 案⑥中意识到适用事实自证法则相当于判定制瓶商不仅对瓶子处于自己控制之下时的缺陷承担严格责任，而且对瓶子在正常营销程序的过程中发展出来的缺陷承担严格责任。同时，特雷诺法官将该案视为 Escola 案的扩展。至此，他将严格责任作为其在缺陷产品案件中的适用原则。

但直到 20 世纪 60 年代，特雷诺法官在 Greenman v. Yuba Power Products 案⑦中对一个有缺陷的动力装置制造商课以严格责任才得到普遍接受。自此美国产品责任迎来严格责任时代。

二、严格责任的主要类型

目前，美国侵权法上的主流责任标准是过失责任，严格责任仅适用于特定的类型，主要包括动物侵害的严格责任、异常危险活动的严格责

---

① 普罗瑟在其 1941 年出版的《侵权法》专著中详细列举了确立产品严格责任的各种理由，指出受他人掌控的消费者有权获得最大限度的保护，无论从实践可行性还是从道义上看，生产者都是那个应当提供这种保护的人；生产者最能以提价和保险的方式，将风险转移给一般公众等。

② See Escola v. Coca-Coca Bottling Co. 150 P. 2d, p. 462 – 464 (Cal. 1944).

③ See Escola v. Coca-Coca Bottling Co., p. 465.

④ See Escola v. Coca-Coca Bottling Co., p. 462 – 643.

⑤ See Escola v. Coca-Coca Bottling Co., p. 465 – 466.

⑥ See 33 Cal. 2d 514 (1949).

⑦ 59 Cal. 2d 57, 377 P. 2d 897, 27 Cal. Rptr. 697, 13 A. L. R. 3d 1049 (Cal. 1963).

任和严格产品责任。[①]

（一）动物侵害的严格责任

关于动物侵害的责任问题，普通法区分了动物的侵入侵害和动物引起的其他侵害。依据《侵权法重述（第二版）》，侵入他人土地的家畜的占有人应对该侵入承担责任，即使他已行使最大关注、防止其他家畜侵入该土地。[②] 依据《侵权法重述（第三版）》，如果家畜或其他动物（犬猫除外）侵入他人土地，其拥有人或占有人应为该侵入造成的实体损害承担严格责任。[③] 英国普通法较早地将严格责任适用于动物侵入侵害，诸如农场中的马、牛、羊等动物非法（未经允许而强行）进入他人土地可能会给他人的财产造成很大损害。[④] 而这些动物的侵入侵害等同于其主人造成的损害，因为损害的原因是侵入他人土地的动物失去主人的控制，主人自身过失的有无不再重要。[⑤] 但家养的宠物（如狗或猫）的主人无须为其宠物侵入他人土地承担责任，因为这些宠物即使非法侵入他人土地也几乎不会造成损害。[⑥] 动物侵入侵害适用严格责任的正当性在于动物非法侵入对他人造成可预见的损害，如果几乎没有损害则不需要严格责任的适用。[⑦] 也许基于美国广阔的地域及西部开发（向西部迁移），让农作物种植者建起围栏防止牛等动物的进入要比由牧场

---

① 严格产品责任在上文及下文都有论述，此处不再赘言。

② See Restatement (Second) of Torts § 504, 1965.

③ See Restatement (Third) of Torts: Liability for Physical and Emotional Harm § 21, 2010.

④ See Charles E. Cantu, "Distinguishing the Concept of Strict Liability in Tort from Strict Products Liability: Medusa Unveiled", 33 U. Mem. L. Rev. 823, 2003, p. 829 – 830.

⑤ See Harry R. Bader, Greg Finstad, "Conflicts Between Livestock and Wildlife: An Analysis of Legal Liabilities Arising from Reindeer and Caribou Competition on the Seward Peninsula of Western Alaska", 31 Envtl. L. 549, 2001, p. 558; Douglas H. Cook, "Negligence or Strict Liability? A Study in Biblical Tort Law", 13 Whittier L. Rev. 1, 1992, p. 3 – 4.

⑥ See Cindy Andrist, "Is There (And Should There Be) Any 'Bite' Left in Georgia's 'First Bite' Rule?", 34 Ga. L. Rev. 1343, 2000, p. 1348.

⑦ See Charles E. Cantu, "Distinguishing the Concept of Strict Liability in Tort from Strict Products Liability: Medusa Unveiled", 33 U. Mem. L. Rev. 823, 2003, p. 831.

主建围栏防止牛等动物出去更简单廉价，[1] 故非法侵入他人土地的动物的主人被课以过失责任，即早期美国侵权法并没有理所当然地采纳英国侵权法中动物侵入侵害的严格责任。[2] 有些地方随着越来越多的人定居，筑起围栏变得实际，立法机关通过规定牧场主需对其牲畜的侵扰承担责任，除非牧场主能表明已筑起合适的围栏限制其牲畜的活动，从而部分地回归到严格责任规则上来。[3] 事实上，美国侵权法对于动物侵入侵害的严格责任只是一种选择问题，有些重视种植业的州，要求动物的主人控制自己的牲畜从而被施加严格责任。[4] 也许如学者埃里克森（Ellickson）所言，"当种植者在这个区域是不寻常的群体，而牛（动物）的放牧是通常的行为时，筑起围栏防止牛进入的规则可能变得更合适。也可以这样理解：任何人都不需要承担责任，因为这个区域的每个成员都会施加并遭受（动物的）侵扰以致相互抵消"。[5] 换言之，动物侵入侵害责任的类型取决于各州对于种植业或畜牧业的重视程度，依据各州不同的利益需求而定。

动物引起的其他侵害主要指被驯养的危险动物引起的损害和野生动物引起的损害。依据《侵权法重述（第三版）》，如果一只动物的拥有人或占有人知道或有理由知道该动物有着对该物种而言异常的危险倾向，则该拥有人或占有人应对该动物所造成、因该危险倾向所产生的实体损害承担严格责任。[6] 可见，拥有人或占有人对其驯养的危险动物引

---

① 参见［美］丹·B. 多布斯：《侵权法》（下册），马静等译，中国政法大学出版社 2014 年版，第 812 页。

② See Thomas C. Grey, "Accidental Torts", 54 Vand. L. Rev. 1225, 2001, p. 1277; Charles E. Cantu, "Distinguishing the Concept of Strict Liability in Tort from Strict Products liability: Medusa Unveiled", 33 U. Mem. L. Rev. 823, 2003, p. 831.

③ 参见［美］丹·B. 多布斯：《侵权法》（下册），马静等译，中国政法大学出版社 2014 年版，第 812 页。

④ See Charles E. Cantu, "Distinguishing the Concept of Strict Liability in Tort from Strict Products Liability: Medusa Unveiled", 33 U. Mem. L. Rev. 823, 2003, p. 832.

⑤ Robert C. Ellickson, "Of Coase and Cattle: Dispute Resolution among Neighbors in Shasta County", 38 Stan. L. Rev. 623, 1986, p. 623.

⑥ See Restatement (Third) of Torts: Liability for Physical and Emotional Harm § 23, 2010.

起的损害承担严格责任需要满足的要素有：一是拥有人或占有人明知或有理由知道。该严格责任被施加的基础不在于拥有人或占有人对动物的控制而在于拥有人或占有人知道或有理由知道其动物能够造成他人损害的危险倾向。① 二是被驯养的动物存在异常的危险倾向。不要求动物是凶猛的或攻击性的，如果在玩耍过程中，一只大狗以能够导致人们跌倒并受伤的方式扑向他们，即可认定为异常危险。② 三是损害是由动物的异常危险特性造成的。严格责任仅限于动物的异常危险倾向引起而非正常特性引起的损害。如果动物被挑衅之后开始咬人，这种咬人可以被归入普通动物的正常反应，而非该动物的任何异常危险倾向，不能适用严格责任。③ 此外，有些州法院还允许原告根据严格责任理论或过失责任理论或两者结合证明自己的主张。④《侵权法重述（第三版）》也规定了野生动物的严格责任，野生动物被定义为“属于尚未被普遍驯化且一旦失去约束可能造成人身伤害的物种”。⑤ 对野生动物导致的损害施加严格责任的原理在于野生动物天性危险，拥有野生动物是一项少数人进行的不寻常活动却给他人带来不寻常且特殊的巨大风险。⑥ 例如，19 世纪英国的指导性案件 Filburn 案，⑦ 埃舍尔（Esher）法官对野生动物（大象）的饲养人承担严格责任进行了阐述：“除非受伤者因自身原因导致大象伤人，否则不能说大象是一种大家都知道的无害动物或凭经验认为

---

① See David A. Elder, “An End of Millennium Odyssey Through Tort Liability of Occupiers and Owners of Land”, 28 N. Ky. L. Rev. 352, 2001, p. 356, n. 54.

② See Restatement (Third) of Torts: Liability for Physical and Emotional Harm § 23, comment c, 2010.

③ Restatement (Third) of Torts: Liability for Physical and Emotional Harm § 23, comment h, 2010.

④ 参见［美］丹·B. 多布斯：《侵权法》（下册），马静等译，中国政法大学出版社 2014 年版，第 815 页。Williams v. Tysinger, 328 N. C. 55, 399 S. E. 2d 108 (1991). 一匹马的主人鼓励小孩子单独与马玩耍，尽管该匹马并非异常危险，但他的行为将孩子们置于马的正常行为都能带来的危险境地，因此他存在过失，应当承担责任。

⑤ Restatement (Third) of Torts: Liability for Physical and Emotional Harm § 22 (b), 2010.

⑥ Restatement (Third) of Torts: Liability for Physical and Emotional Harm § 22, comment d, 2010.

⑦ Filburn v. People's Palace and Aquarium, Ltd., 25 Q. B. Div. 258 (1890).

大象无害。因此，大象是一种由其饲养人自负后果的动物类型，即有责任保证动物安全性的动物类型。在该案中，动物（大象）是否是危险动物，或被告是否明知该动物是危险动物都已经无关紧要。”① 美国法院普遍采用了该案的严格责任规则。但野生动物严格责任的适用也存在一些例外，主要存在于公共动物园饲养者，如科罗拉多州上诉法院在Kennedy 案②中，针对原告手指被动物园一匹斑马咬断的情形，采纳了过失责任原则。

由此可见，动物损害的严格责任主要被划分为两种情形，且适用严格责任的理由亦有不同。动物侵入侵害严格责任的理由在于失去控制的动物对他人的损害具有很大可能性；被驯养的危险动物和野生动物严格责任的原理是即使没有侵入，动物也对他人具有天然的危险性。

（二）异常危险活动的严格责任

严格责任是一个较为古老的概念，但适用于异常危险活动则是19世纪中期以后开始的，可追溯到英国的 Rylands 案（见上文）。之后，三次美国侵权法重述都认可了异常危险活动的严格责任。《侵权法重述（第一版）》选择了“极度危险”这一用语，是指“那些非常危险且即使给予最大程度的关注也不能使之安全”。③《侵权法重述（第二版）》以“异常危险活动”取代“极度危险活动”，并且规定了判断异常危险活动需要考虑的因素：存在高度风险；可能发生严重损害；不能通过合理关注消除风险；活动不属于普遍行为；活动的地点适当；活动的危险特性与其对社区的价值。④ 法官对以上因素衡量后决定严格责任的适用。《侵权法重述（第二版）》所规定的考量因素备受学者批评，这些因素并没有给严格责任提供清楚的理论依据，故有学者建议应当直接考

① ［美］小詹姆斯·A. 亨德森等：《美国侵权法实体与程序》，王竹等译，北京大学出版社 2014 年版，第 416 页。

② Kennedy v. City and County of Denver, 506 P. 2d 764 (Colo. Ct. App. 1972).

③ ［美］丹·B. 多布斯：《侵权法》（下册），马静等译，中国政法大学出版社 2014 年版，第 820～821 页。

④ See Restatement (Second) of Torts § 520, 1965.

虑严格责任的目标作出严格责任的判决。[①]《侵权法重述（第三版）》简化了《侵权法重述（第二版）》规定的考虑因素，即可预见且高度重大的实体损害风险、不能通过合理关注消除风险、活动不被普遍采用。[②]

总的来讲，美国法院普遍认可了异常危险活动的严格责任，但在具体的判例上仍不尽如人意，存在很多分歧。例如，危险物质通常因污染土地、水和空气而造成死亡或严重的身体损害，因此对此类物质的堆积或丢弃需承担严格责任。但有些州认为，如果涉及该类物质的活动能够合理安全地进行，则可以排除严格责任的适用。[③]

第二节 普通法系侵权法上严格责任的非独立抗辩事由：不可抗力

在美国侵权法严格责任规则下，只要被告的行为是原告损害的近因，被告就须承担责任，没有必要判断和证明被告过错的有无。故严格责任没有抗辩事由的适用空间似乎是合乎逻辑的。但事实上，严格责任不等同于绝对责任，法院已经确立了至少可以被认为是对严格责任程度大小的限制因素。从术语的表述来看，似乎倾向于将它们归为构成要件下责任的限制因素而非抗辩事由。或者说，这些对严格责任的限制因素仍被作为严格责任的构成要件予以探讨，不被作为独立的抗辩事由，最多被称为“半抗辩事由”，在诉讼过程中发挥着抗辩事由的角色。因此，有必要对这些限制因素予以探究，其中最为重要的是不可抗力抗辩。

---

① See Joseph H. King, “A Goal-Oriented Approach to Strict Tort Liability for Abnormally Dangerous Activities”, 48 Baylor L. Rev. 341, 1996, p. 341.

② See Restatement (Third) of Torts: Liability for Physical and Emotional Harm § 20, 2010.

③ 阿拉巴马州上诉法院表示，以回收为目的进行的大量废旧电池处理，尽管会提高铅污染的风险，但不足以危险到成为一种异常危险的活动。参见［美］丹·B. 多布斯：《侵权法》（下册），马静等译，中国政法大学出版社 2014 年版，第 825 页。

一、不可抗力的历史溯源

法律不应让任何人为不可抗力负责。[①] 不可抗力的概念最早可追溯到16世纪英国的Shelley案[②]，该案涉及合同一方当事人因不可抗力而死亡致使合同履行不能。这一原则揭示了一般性的公平概念，即被告不因其不可预见的原因造成的损害后果承担赔偿责任。随后，在Coggs v. Bernard案[③]中，法院再次提及了不可抗力。1785年的Forward v. Pittard案[④]涉及承运人无过错而发生意外火灾的情形，法院对普通承运人施加了严格责任。该案的问题在于承运人是否应该对火灾承担责任。法院认为，依据习俗，承运人的性质是保险人，故承运人应当对除不可抗力以外的意外事件负责。而不可抗力不同于人的行为，是基于神的旨意发生，法律推定由承运人承担责任，除非承运人能够证明损害不可能由人的行为干预造成。换言之，不可抗力排除了人的因素且证明责任由原告转移到被告。

不可抗力的抗辩扩展到侵权法的严格责任领域，最为著名的案例是前文已详细论述的Rylands案。大法官布莱克本指出，被告可以通过证明原告的过错推脱责任，或证明不可抗力推脱责任。换言之，不可抗力成为被告免除责任的抗辩事由。在Smith v. Fletcher案[⑤]中，布兰韦尔（Bramwell）男爵遵循了Rylands案的严格责任规则，但批判了不可抗力的抗辩。他认为，洪水是异常的且不可预见的，这可能消除他们的道德责任，但不能影响其法律责任。在美国侵权法中，1868年的Polack v. Pioghe案[⑥]认可了Rylands规则，法院指出，不可抗力排除了人为因

① See C. G. Hall, "An Unsearchable Providence: The Lawyer's Concept of Act of God", 13 Oxford J. Legal Stud. 227, 1993, p. 229 (1993); Michael Faure et al., "Industrial Accidents, Natural Disasters and 'Act of God'", 43 Ga. J. Int'l & Comp. L. 383, 2015, p. 386.

② See Wolfe v. Shelley, 76 Eng. Rep. 199 (1581).

③ See 92 Eng. Rep. 107 (1703).

④ See 99 Eng. Rep. 953 (1785).

⑤ See 7 L. R. -Ex. 305 (1872).

⑥ See 35 Cal. 416 (1868).

素，如果损失的发生需要人的因素的干预则就不能构成不可抗力。有学者认为，不可抗力的传统概念是“一种异常的不可预见、不可阻挡且无人为因素参与的事件”。[①]

不可抗力理论的核心在于人与自然的分离。当损害只是由自然原因引起而非人为原因时，不可抗力的抗辩才可产生。[②] 法院认为，不可抗力必须是由并且仅由自然原因直接引起。[③] 换言之，不可抗力的抗辩要求自然是损害发生的唯一、直接原因。如果损害是由被告的行为与自然因素共同造成的，则被告不得以不可抗力抗辩。[④] 换言之，即使被告证明了不可抗力，只要原告能够证明被告的行为亦是损害的原因，则被告不能免责。灾害通常被划分为人为的技术灾害和自然灾害。侵权法可适用于人为的技术灾害，因为侵权行为人能够被确定并应当承担责任；存在困难的是自然灾害中侵权行为人的责任确定问题，盖因损害由不可抗力（“神的旨意”）引起。因此，自然灾害通常被排除于侵权法之外。当然，两者的区分并非泾渭分明，自然灾害引起的损害的范围又可能因人的行为进一步恶化。[⑤]

二、不可抗力的概念

近年来，随着自然灾害的接连出现，如地震、洪水、飓风、龙卷风、火灾、干旱、海啸，生命因此被剥夺、财产因此被摧毁。相应地，律师们以不可抗力作为诉讼的抗辩事由达到免除责任的目的。[⑥]

---

① Brian J. Stammer, “‘Nothing We Could Do’: The Defense of Act of God in Environmental Prosecutions”, 4 J. Envtl. L. & Prac. 93, 1993, p. 94.

② See Jill M. Fraley, “Re-Examining Acts of God”, 27 Pace Envtl. L. Rev. 669, 2010, p. 670.

③ See Shea-S & M Ball v. Massman-Kiewit-Early, 606 F. 2d 1245, 1249 n. 6 (D. C. Cir. 1979).

④ See Inland Power & Light Co. v. Grieger, 91 F. 2d 811, 816 – 817 (9th Cir. 1937); Okla. Ry. Co. v. Boyd, 282 P. 157, 163 (Okla. 1929).

⑤ See Michael Faure et al., “Industrial Accidents, Natural Disasters and ‘Act of God’”, 43 Ga. J. Int'l & Comp. L. 383, 2015, p. 386.

⑥ See Denis Binder, “Act of God? or Act of Man?: A Reappraisal of the Act of God Defense in Tort Law”, 15 Rev. Litig. 1, 1996, p. 1.

美国国会在法案[①]中对不可抗力有如此描述：不可抗力是预见之外的严重的自然灾害或自然现象，具有异常、不可避免和不可抵抗的特征，不可抗力造成的损害不可能因人的注意义务的履行或预见而避免。故不可抗力的要素有：自然的原因；具有不可预见性；自然是损害唯一的原因；损害后果不能因被告的注意义务或预见而避免。[②] 阿拉巴马州最高法院在一案件中认为，从法律意义上说，不可抗力只适用于自然界的事件，故气候变化的历史和特定地区的其他条件并不能给他们（被告）提供合理的警示。[③] 田纳西州上诉法院认为，不可抗力所导致的损害结果必须是"直接地由自然力量引起、不能为人所控制和人为因素参与"。[④] 如果在正常气候条件下，降雨可以被预见且损害可以通过适当的排水设计避免，则降雨这一自然力量也不能构成不可抗力。因此，不可抗力的前提是：如果一个人建立大坝或路堤足以承受最大可能流量的水，且该结构被洪水摧毁不超出一个相当谨慎的人的预期，则该洪水就被认为是异常的，属于不可抗力。人无须因此承担损害赔偿责任。[⑤] 可见，自然力量或自然灾祸并不意味着必然构成不可抗力，如果自然力量造成的损害能够被人合理地预见和谨慎地避免，则该自然力量不构成不可抗力。

因此，如果损害是由不可抗力和被告的过失相结合导致的，则被告仍需承担责任。如果损害能够因人的谨慎、预见和注意义务的履行而避免，则被告需要承担责任。因此，不可抗力成为损害唯一的近因时，才能成为抗辩事由。[⑥] 可见，不可抗力作为抗辩事由并非无限制，而有其

---

① See Oil Pollution Act, 33 U. S. C. 2701 (1) (2006); Comprehensive Environmental Response, Compensation, and Liability Act, 42 U. S. C. 9601 (1) (2006).

② See Jill M. Fraley, "Re-Examining Acts of God", 27 Pace Envtl. L. Rev. 669, 2010, p. 670.

③ See Bradford v. Stanley, 355 So. 2d 328, 330 (Ala. 1978).

④ Butts v. City of S. Fulton, 565 S. W. 2d 879, 882 (Tenn. Ct. App. 1978).

⑤ See Curtis v. Dewey, 475 P. 2d 808, 810 (Idaho 1970).

⑥ See Denis Binder, "Act of God? or Act of Man?: A Reappraisal of the Act of God Defense in Tort Law", 15 Rev. Litig. 1, 1996, p. 18.

局限性。例如，在科罗拉多州的一个经典案例①中，被告对大坝的泄洪容量的设计方案是 33,000 立方英尺/秒，而实际构建的泄洪道是 4500 立方英尺/秒。提前已知最大的洪水量达到 27,500 立方英尺/秒，洪水的高峰值达到 158,000 立方英尺/秒且估计如果水量达到 75,000 ~ 100,000 立方英尺/秒就会溢出大坝。被告提出了不可抗力抗辩。法院认为被告对大坝的泄洪道的设计不合理，存在过失，且洪水的风险是可以预见到的，故驳回了被告的不可抗力抗辩。换言之，降水量具有不可预见性可能是事实，它是一种自然力量，可以构成不可抗力，但不充分的设计及建造则是人的行为。②

综上所述，在美国侵权法中，如果根据过去的事实可以预见，或者被告的过失与自然力量相结合，则被告的不可抗力抗辩会失败。

三、不可抗力在严格责任中的适用

在严格责任规则下，责任承担不依赖于诸如意图、鲁莽、明知、过失、道德等因素，也不依赖于被告注意义务履行的程度，相反，责任仅仅基于所涉及的风险。因此，施加严格责任的主要政策考量是行为给他人带来损害的高度风险性。③ 不可抗力能够适用于严格责任的理由在于改善严格责任的严苛性。④

事实上，在《侵权法重述（第二版）》和《侵权法重述（第三版）》关于严格责任抗辩事由的具体规定中并没有出现不可抗力抗辩的描述。即使如此，也不能断然否定不可抗力在严格责任中的适用。美国法律研究院肯定了 Rylands 案中不可抗力适用于严格责任的做法，此外，在解释

---

① See Barr v. Game, Fish & Parks Comm'n, 497 P. 2d 340 (Colo. Ct. App. 1972).

② See Denis Binder, "Act of God? or Act of Man?: A Reappraisal of the Act of God Defense in Tort Law", 15 Rev. Litig. 1, 1996, p. 22.

③ See Denis Binder, "Act of God? or Act of Man?: A Reappraisal of the Act of God Defense in Tort Law", 15 Rev. Litig. 1, 1996, p. 60 - 61.

④ See Joseph H. Beale, "The Carrier's Liability: Its History", 11 Harv. L. Rev. 158, 1897, p. 159.

责任范围时亦肯定了不可抗力对严格责任的限制。[1] 美国《联邦水污染控制法案》、《石油污染法》和《全面的环境反应补偿责任法》都规定了不可抗力在严格责任中的适用。有学者认为，正是由于存在不可抗力等抗辩事由，严格责任才区别于绝对责任（absolutely liability）。[2]

不可抗力适用于严格责任必须满足两个基本要素：其一，不可预见性。不可抗力由自然因素引起，是异常因素，不可能被预见。其二，损害的唯一近因。不可抗力是损害发生的唯一原因。

不可抗力作为严格责任的一项抗辩事由，发挥着巨大作用。需要注意的是，在不可抗力适用分析过程中，通常是以替代原因的面貌出现。换言之，不可抗力实际上是打破了被告行为与损害结果之间的因果关系。从此意义上说，不可抗力是影响严格责任构成要件之一——因果关系的事由，是构成要件中的一部分，不能成为独立的抗辩事由的原因正在于此。

第三节 普通法系侵权法上严格责任中的比较过失与风险承担

根据严格责任理论，某些行为和活动具有内在的危险性，因此无论被告是否有过错，都应承担责任。严格责任并不是“绝对责任”，美国一些法院陆续将过失侵权行为中的抗辩事由适用于严格责任，这导致严格责任的抗辩事由充满争议并且变得复杂。

一、比较过失在严格责任中的适用

在比较过失之前，共同过失从来就不是严格责任的抗辩事由。比较

① See Michael Faure et al., “Industrial Accidents, Natural Disasters and ‘Act of God’”, 43 Ga. J. Int’l & Comp. L. 383, 2015, p. 405.

② See Vernon Palmer, “A General Theory of the Inner Structure of Strict Liability: Common Law, Civil Law, and Comparative Law”, 62 Tul. L. Rev. 1303, 1988, p. 1329.

过失能否成为严格责任的抗辩事由？《侵权法重述（第三版）》明确规定了严格责任中的比较过失抗辩："如果原告在未采取合理的预防措施方面存在过失，则原告在严格责任索赔中因身体或精神伤害而获得的赔偿将根据原告承担的比较责任份额而减少。"[①] 但美国各司法管辖区对这一问题仍存在分歧。比较过失的适用需要回答一个基本问题，即比较什么。通常的回答是将侵权人的过失与原告的过失或不当行为进行比较。[②] 但是，如果原告的索赔是基于严格责任理论，比较的任务就会造成两难的局面。严格责任首先不是因为被告有过错才被认定，无法与过错比较，因为后者"是以道德意义上的可责性为基础的"。[③] 有法院认为，将比较过失和严格产品责任的概念合二为一的任务据说是不可能的，苹果和橘子不能比较，油和水不能混合，严格责任不是建立在过失的基础上，不适合比较原则。[④] 但在此逻辑下，可能出现一个较为荒唐的结果：一个在损害发生上有过错的人能从一个在此问题上无过错的人那里获得赔偿。[⑤]

（一）比较过失适用于严格责任的可能性：严格责任与过失概念的"重叠"

严格责任的发展经历了与过失概念的"隔离"与"重叠"的过程。20 世纪六七十年代，美国很多法院坚持认为过失概念在严格责任诉讼中没有地位。[⑥] Azzarello v. Black Brothers Co. 案[⑦]（以下简称 Azzarello 案）是将严格责任与过失隔离的典型案例，法院指出："……在巨型企

① Restatement (Third) of Torts: Liability for Physical and Emotional Harm § 25 (2010).

② See Robert N. Strassfeld, "Causal Comparisons", 60 Fordham L. Rev. 913, 1992, p. 913.

③ Daly v. Gen. Motors Corp., 575 P. 2d 1162, 1165 (Cal. 1978).

④ See Daly v. General Motors Corp., 20 Cal. 3d 725, 734, 575 P. 2d 1162, 1167, 144 Cal. Rptr. 380, 385 (1978).

⑤ 参见［美］丹·B. 多布斯：《侵权法》（下册），马静等译，中国政法大学出版社 2014 年版，第 829 页。

⑥ See James M. Beck, Esquire, "Rebooting Pennsylvania Product Liability Law: Tincher v. Omega Flex and the End of Azzarello Super-Strict Liability", 26 Widener L. J. 91, 2017, p. 102 – 107.

⑦ See Azzarello v. Black Bros. Co., 480 Pa. 547, 391 A. 2d 1020 (1978).

业利用全国性媒体推销产品的时代，原先对新兴制造业的关注已让位于现在必须保护消费者的观点。法院越来越多地采取这样的立场，即损失风险必须由有缺陷产品的供应商承担，而不考虑过错或合同关系。”《侵权法重述（第二版）》对缺陷的“不合理的危险”表述“环绕着过失”，不是真正的“严格”责任。为此，Azzarello 案采用了“适当的”严格责任陪审团指令“草案”，其中的责任取决于“产品对于其预期用途是否安全”。随后的一些案例遵循了将过失概念排除在严格责任诉讼之外的观点，认为合理性和可预见性等过失概念在严格责任中不起作用。[①] 例如，在 Kirkland v. General Motors Corp. 案[②]中，原告车主醉酒驾驶，当座椅倒塌时，车随之倒下，原告受伤。原告基于该座位是有缺陷的产品而对制造商提起诉讼。法院作出了有利于制造商的判决，认为原告误用该产品。[③] 法院拒绝接受与过失有关的任何类型的抗辩，过失不是严格责任中必要的因素，因此比较过失不适用于严格责任。[④]

比较过失取代共同过失后，很多法院仍坚持认为，过失概念在严格责任诉讼中没有任何地位，除了将过失和严格责任的概念混为一谈会造成概念上的混乱，还会破坏严格责任的目的：严格产品责任的前提是将有缺陷的产品投入商业流通的企业责任概念。如果我们允许以严格的产品责任标准为基础的诉讼因过失概念而败诉或减少赔偿，那么严格的产品责任标准的威慑作用就会被削弱。[⑤] 直到 20 世纪末，严格责任与过失概念的绝对隔离才有所缓和。例如，在 Duchess v. Langston Corp. 案[⑥]中，法院认为，无法从对实施补救措施或改进设计的影响方面对主张过失设计的索赔与主张设计缺陷的索赔进行有意义的区分。在有关设计缺

---

① See Carrecter v. Colson Equip. Co., 346 Pa. Super. 95, 499 A. 2d 326 (1985); Lewis v. Coffing Hoist Div. 515 Pa. at 337, 528 A. 2d 590, 591 (1987).

② See Kirkland v. General Motors Corp., 521 P. 2d 1353 (Okla. 1974).

③ See Kirkland v. General Motors Corp., 1358.

④ See Kirkland v. General Motors Corp., 1365.

⑤ See Kimco Development Corp. v. Michael D's Carpet Outlets, 536 Pa. 1, 637 A. 2d 603 (1993).

⑥ See Duchess v. Langston Corp., 564 Pa. 529, 769 A. 2d 1131 (2001).

陷的索赔方面，严格责任与过失之间在分析上有相似之处，即两者之间没有区别，没有理由区别对待后续补救措施。事实上，严格责任与过失理论之间的差异是“微不足道”的，因为两者都使用了类似的“风险/效用”平衡形式，而且在两种情况下，损害赔偿的可能性都是一种威慑。① 尽管仍有很多法院认为严格责任与过失的区分是严格责任诉因的根本基础，② 但严格责任领域不再激烈地回避过失概念。尤其是 Tincher v. Omega Flex，Inc. 案③从根本上否定了以前将严格责任与过失概念严格区分的做法，承认严格责任与过失“重叠”并“源于”过失，将两者分开会导致“令人费解”的结果。特别是“风险/效用”的证明方法表明了过失，明显反映了严格责任的过失根源，过失概念并不损害严格责任索赔的基本原则。至此，过失的合理性和可预见性概念又回到了严格责任的战场。④

过失概念与严格责任的“重叠”意味着严格责任与过错具有比较的可能性，为比较过失抗辩在严格责任中的适用留下了空间。例如，在 Hagenbuch v. Snap-On-Tools Corp. 案⑤中，当原告告诉销售人员锤子有缺陷时，推销员拒绝更换锤子，最终原告的眼睛因从锤子飞出的另一个金属芯片受到伤害。法院认为比较过失抗辩可以适用于严格责任。尽管严格责任不是基于过失，但作为抗辩事由的风险承担至少在严格责任原则中注入了过失的味道。⑥ 此外，原告对事故负有部分责任，因为原告在事故发生前向销售人员披露了问题，所以原告知道受伤的可能性。因此，原告所获的损害赔偿根据其自身过失相应减少。⑦

---

① See James M. Beck, Esquire, “Rebooting Pennsylvania Product Liability Law: Tincher v. Omega Flex and the End of Azzarello Super-Strict Liability”, 26 Widener L. J. 91, 2017, p. 131.

② See Phillips v. Cricket Lighters, 576 Pa. 644, 841 A. 2d 1000 (2003).

③ See Tincher v. Omega Flex, Inc., 628 Pa. 296, 104 A. 3d 328 (2014).

④ See James M. Beck, Esquire, “Rebooting Pennsylvania Product Liability Law: Tincher v. Omega Flex and the End of Azzarello Super-Strict Liability”, 26 Widener L. J. 91, 2017, p. 182.

⑤ See 339 F. Supp. 676 (D. N. H. 1972).

⑥ See Hagenbuch v. Snap-On-Tools Corp., 339 F. Supp. 682 (D. N. H. 1972).

⑦ See Hagenbuch v. Snap-On-Tools Corp., 339 F. Supp. 682 (D. N. H. 1972).

（二）比较过失适用于严格责任的基础：公平分摊

传统上，根据严格责任对被告施加赔偿责任，则不适用共同过失和比较过失的抗辩，赔偿金也不应在原告和被告之间分摊。[①] 在严格责任与过失概念重叠后，原告与严格责任被告的责任分摊成为一种可能。但比较过失是否应该及在多大程度上应该被纳入严格责任诉讼抗辩中？有些法院认为，比较过失适用于严格责任侵权行为是简单明了的。严格责任不过是不知情的过失，[②] 这种法律上的过失在概念上类似于过失。[③] 严格责任和过失的性质并不因为严格责任的被告对损害风险的推定知情而有本质区别。在以过失为责任基础的被告与以严格责任为责任基础的被告之间适用比较过失原则的案件中，在将知情要素归于严格责任被告之后，对被告比较过失的判定实际上是过失与疏忽的比较。[④] 在严格责任案件中，原告的主要好处是无须承担证明被告知情的责任。但原告仍然必须证明过失的所有其他要素，然后才能承担责任。因此，过失方与严格责任方之间的过失比较只不过是明知过失与推定明知过失之间的比较。[⑤]

但法院和评论者经常质疑在严格责任诉讼中适用比较过失原则的可取性，甚至是可能性。[⑥] 这些反对意见虽然令人担忧，但不应完全束缚法院对严格责任诉讼中的抗辩进行微调，以利用灵活、公平的比较过失原则。[⑦] 有学者明确指出，原告的行为是否应减少其在严格责任诉讼中的赔偿最终不是取决于所谓概念困难，而是取决于公共政策问题。严格责任的基本政策并不支持——事实上也反对将比较过失适用于严格责任诉

---

① See Patterson v. Long, 321 Ga. App. 157, 161, 741 S. E. 2d 242, 247 (2013).

② See Thomas C. Galligan, "Strict Liability in Action: The Truncated Learned Hand Formula", 52 La. L. Rev. 323, 1991, p. 329.

③ See Howard v. Allstate Ins. Co., 510 So. 2d 685 (La. App. 4th Cir. 1987).

④ See Veazey v. Elmwood Plantation Assocs., 650 So. 2d 712, 720 n. 12 (La. 1994).

⑤ See B. Scott Andrews, "Premises Liability—The Comparison of Fault Between Negligence and Intentional Actors", 55 La. L. Rev. 1149, 1995, p. 1160 - 1161.

⑥ See Harvey R. Levine, "Strict Products Liability and Comparative Negligence: The Collision of Fault and No-Fault", 14 San Diego L. Rev. 337, 1977, p. 356.

⑦ See Mark E. Roszkowskia, Robert A. Prentice, "Reconciling Comparative Negligence and Strict Liability: A Public Policy Analysis", 33 St. Louis U. L. J. 19, 1988, p. 47.

讼。因此，将比较过失扩大到这类案件的最后论据是正义原则，这也许不足为奇。[①]法院和立法机关在回答“比较过失应否成为严格责任的抗辩事由”这一问题时，经常提到需要“达到公平公正的结果”“公平地分担或分配损失”的词语以及相信陪审团有能力达到公平公正的结果。[②]例如，丹尼斯（Dennis）法官指出，如果比较过失适用于严格责任，那么适用严格责任所造成的苛刻程度可能会在很大程度上得到改善。[③] 在 Carpenter v. State Farm Fire & Casualty Co. 案[④]中，法院认为，传统上阻止法院承认共同过失作为严格责任的抗辩事由的因素仅仅是社会政策。在被告的行为既不涉及极端危险活动，也不涉及制造商对其产品的责任的情况下，分担过失（比较过失）的确可以作为严格责任诉讼的抗辩事由。

《侵权法重述（第三版）》明确承认了比较过失抗辩在异常危险活动的严格责任、动物侵害的严格责任以及严格产品责任中的适用，[⑤] 并在评注中指出，无论侵权法的目标是实现公平还是激励双方的安全行为，抑或是两者兼而有之，承认比较过失都比之前将原告的共同过失视为与严格责任索赔无关的做法更为明智。[⑥]但被告根据严格责任理论承担责任时，可能无法对双方的过失进行字面比较。因此，与其说是承认“比较过失”适用于严格责任，倒不如说在严格责任中适用“公平分摊或分配损失”，因为它表明事实认定者在考虑相关因素后分配责任份额，而不是比较不相称的数量。[⑦]

---

① See David C. Sobelsohn, “Comparing Fault”, 60 IND. L. J. 413, 1985, p. 436, p. 440.

② See Daly v. Gen. Motors Corp., 575 P. 2d 1162, p. 1168, p. 1172 – 1173 (Cal. 1978).

③ See Kent v. Gulf States Utilities Co. 418 So. 2d 493, 502 (La. 1982).

④ See 411 So. 2d 1206 (La. App. 4th Cir. 1982).

⑤ See Restatement (Third) of Torts: Liability for Physical Harm (Basic Principles) § 25, TD No. 1, 2001.

⑥ See Restatement (Third) of Torts: Liability for Physical Harm (Basic Principles) § 25, comment c, TD No. 1, 2001.

⑦ See Restatement (Third) of Torts: Liability for Physical Harm (Basic Principles) § 25, comment d, TD No. 1, 2001.

（三）比较过失适用于严格责任的比较方法：比较因果关系法

一旦将比较过失适用于严格责任，就面临且必须解决的一个难题，即如何将过错与不涉及应受谴责行为的严格责任相提并论，从而实现比较。对此，实务界和理论界提出了不同的方法：一是将严格责任类比为过失本身，从而实现“过失”的比较。[①] 但将严格责任视为过失的方法并可取，在严格产品责任中，此“过失”要么是销售有缺陷产品所涉及的“社会过错”，要么是违反销售有缺陷产品的规定所产生的“法律过失”。销售有缺陷产品的“社会过错”与比较过失所要求的特定个人罪责类型仍然没有共同之处。这两个概念无法进行合理的比较。[②] 二是比较因果关系，将比较的重点从当事人的相对过错转移到当事人的相对因果关系上。[③] 比较因果关系意味着各方都必须根据其在因果关系中所占的比例分担责任。《统一比较过失法》采用了混合比较方法，即“在确定过失的百分比时，事实裁判者应同时考虑有过失的各方的行为性质以及该行为与所主张的损害之间的因果关系的程度”。[④] 《侵权法重述（第三版）》亦认可因果在比较过失中的作用，“在确定比例分担时应考虑的因素包括原告行为的不合理程度以及原告行为、被告行为和原告所受损害之间因果关系的性质”。[⑤] 此外，费舍尔（Fischer）教授还提出了“非比较式的分摊”，“在真正的严格责任案件中，最令人满意的损害赔偿分摊方法是根据原告自身过错的程度按比例减少原告的赔偿。如果原告在保护自己的方式上稍有偏差，作为一个合理的人，他的损害赔偿额

---

① See Thomas v. Board of Township Trustees, 582 P. 2d 271, 278 (Kan. 1978); John W. Wade, “On the Nature of Strict Tort Liability for Products”, 44 MISS. L. J. 825, 1973, p. 850.

② See Murray v. Fairbanks Morse, 610 F. 2d 149, 159 (3d Cir. 1979).

③ See Murray v. Fairbanks Morse, 610 F. 2d 149, 159 – 161 (3d Cir. 1979); Aaron Gershonowitz, “Comparative Causation as an Alternative to, Not a Part of, Comparative Fault in Strict Products Liability”, 30 St. Louis U. L. J. 483, 1986, p. 507 – 515; Aaron Twerski, “The Many Faces of Misuse: An Inquiry Into the Emerging Doctrine of Comparative Causation”, 29 Mercer L. Rev. 403, 1978, p. 413 – 414.

④ Uniform Comparative Fault Act § 2 (b), 12 U. L. A. 41, 48 (Supp. 1991).

⑤ Restatement (Third) of Torts: Apportionment of Liability § 8, comment a, 2000; Restatement (Third) of Torts: Liability for Physical Harm (Basic Principles) § 25, comment d, TD No. 1, 2001.

就应该减少，反之亦然”。[1]

上述方法中，比较因果关系法似乎成为一种主流比较方法，至少有 16 个州也对部分或全部案件采用了比较因果关系规则，或采用了《统一比较过失法》中混合调查比较过失和比较因果关系的方法，而其他 4 个州的法律尚不明确，但暗示了比较应该是全部或部分因果关系的可能性。[2]

1. 司法实践对比较因果关系的采用

为了协调比较过失与严格责任，比较因果关系似乎成为法院能够选择的最佳比较方案。有法院指出：“严格责任不要求认定过失，被告的行为并不涉及可责性或罪责。很难在概念上比较过失与严格责任，对这一问题最满意的结果似乎是比较因果关系原则。根据这一原则，事实认定者将原告行为的因果关系与被告非过失过错的因果关系进行比较。”[3] 还有法院直接将比较过失等同于比较因果关系，[4] 法院对术语的选择似乎没有影响比较过失的适用。从语义上讲，在严格的产品责任案件中分摊损害赔偿可以被称为“比较过失”制度，但真正的划分是按照因果关系进行的。[5] 还有法院认为，尽管比较过失法规使用了“过失”一词，但从传统意义上理解，使用“过失”一词是不准确的。因为其所涉及的是对伤害事故或事件的因果责任，更准确地说是一种比较因果责任，即比较因果关系。[6]

在 Murray v. Fairbanks Morse 案[7]中，第三巡回法院详细讨论了比较因果关系分析的理论框架，指出如果要在原告的不当行为和产品缺陷之间分摊特定伤害的损失，比较的唯一概念基础就是两者对特定损失或伤害的因果关系。在分摊损害赔偿时，我们实际上是在问，有多少伤害

---

① David A. Fischer, “Products Liability—Applicability of Comparative Negligence”, 43 MO. L. Rev. 431, 1978, p. 445.

② See Robert N. Strassfeld, “Causal Comparisons”, 60 Fordham L. Rev. 913, 1992, p. 914 – 915.

③ Howard v. Allstate Insurance Co., 520 So. 2d 715 (La. 1988).

④ See Duncan v. Cessna Aircraft Co., 665 S. W. 2d 414 (Tex. 1984).

⑤ See Murray v. Fairbanks Morse, 610 F. 2d 149 (3d Cir. 1979).

⑥ See Kennedy v. City of Sawyer, 4 Kan. App. 2d 545, 608 P. 2d 1379 (1980).

⑦ See Murray v. Fairbanks Morse, 610 F. 2d 149 (3d Cir. 1979).

是由产品缺陷造成的，有多少伤害是由原告自己的行为造成的。因此，无论其标签如何，每个案件的基本任务都是分析和比较每一方的因果行为。虽然在进行比较之前必须存在过错，即被告的产品存在缺陷或原告未能达到护理标准，但比较本身必须侧重于各方在造成特定伤害中所起的作用。因此，将因果关系作为原告行为与被告产品之间的概念桥梁，绝不会损害严格产品责任诉讼的概念完整性——重点仍然是产品缺陷。从语义上讲，严格产品责任案件中的损害赔偿分摊可称为“比较过失”制度，但真正的划分是按照因果关系进行的。

可见，支持比较过失适用于严格责任的一些法院试图通过比较因果关系解决原告过失行为与被告严格责任比较的难题。

2. 比较因果关系应用的限制

尽管很多法院采纳了比较因果关系法，但此比较方法的应用也遭到一些质疑。首先，任何以因果关系为由认为一个必然原因比另一个必然原因更重要的归因都是毫无意义的，① 因为因果关系不是一个相对的概念，只有存在或不存在，没有程度之分。② 例如，在 Sandford v. Chevrolet Division of General Motors 案③中，法院指出，损害赔偿的分摊要反映相对因果关系，意味着原告的损害一方面是由产品缺陷造成的，另一方面是由原告自己的过失造成的。但如果“因果关系”是指物理世界中的某种因果关系，而非以“因果关系”为前提的责任归属，那么“比较因果关系”的概念不比比较过失更有说服力或更有意义。并且，比较因果关系的前提是产品缺陷与原告的过失必须事实上都是造成同一损害的原因。然而，一旦假定必须有两个或两个以上不同的原因才能产生不可分割的损害，则过失比例概念的目的是对综合因果关系进行

① See David Kaye, Mikel Aickin, “A Comment on Causal Apportionment”, 13 J. Legal Stud. 191, 1984, p. 206; Mark Kelman, “The Necessary Myth of Objective Causation Judgments in Liberal Political Theory”, 63 Chi. -Kent L. Rev. 579, 1987, p. 579.

② See Richard N. Pearson, “Apportionment of Losses under Comparative Fault Laws—An Analysis of the Alternatives”, 40 La. L. Rev. 343, 1980, p. 346.

③ See Sandford v. Chevrolet Division of General Motors, 292 Or. 590, 642 P. 2d 624 (1982).

某种矢量分析，即使是在罕见的同时发生、物理上可以相称的作用力的情况下也是如此。在大多数情况下，对产品缺陷和原告过失行为的因果效应进行衡量是徒劳的。其次，任何因果分摊制度都必然是粗糙和不精确的。[①] 事实认定者（陪审团）可能会简单地根据各方各自的“过错”程度进行分摊，如果以这种方式行事，比较因果关系和比较过失也就没什么差异了。[②]

尽管在某些情况下因果分摊制度是粗糙和不精确的，但当必须比较被告在严格责任标准下的“过错”和原告因未能进行合理的自我护理而产生的“过错”等不可比因素时，因果关系分摊就成为分摊责任的最有用工具。在要求因果关系分摊的案件中，或者在任何其他案件中，粗略的公正可能是我们所能追求的最好结果。[③] 需要注意的是，如果可以根据比较过失的判断来分摊损害赔偿，而无须参考因果关系，那么就没有必要用因果关系比较这一复杂的任务来替代。[④] 但是，如果责任标准不允许对可比较的过失进行比较，如在严格的产品责任案件中，则应该根据因果关系的重要性进行分摊。[⑤]

综上所述，拒绝将比较过失作为严格责任的抗辩事由的理由似乎非常简单，即严格责任与过失无法比较。尽管严格责任和比较过失是否为不相容的概念的争论一直存在，但是这种观点在逐渐削弱，越来越多的法院意识到了这个问题，[⑥] 尤其是《侵权法重述（第三版）》确立了公平分摊理念后，越来越多的法院承认了比较过失在严格责任中的适用。

---

① See Robert N. Strassfeld, “Causal Comparisons”, 60 Fordham L. Rev. 913, 1992, p. 918.

② See Michael R. Thomas, *Comparative Negligence Law and Practice* § 9. 30 (LexisNexis 2023).

③ See Robert N. Strassfeld, “Causal Comparisons”, 60 Fordham L. Rev. 913, 1992, p. 918.

④ See Richard N. Pearson, “Apportionment of Losses under Comparative Fault Laws—An Analysis of the Alternatives”, 40 La. L. Rev. 343, 1980, p. 346.

⑤ See Robert N. Strassfeld, “Causal Comparisons”, 60 Fordham L. Rev. 913, 1992, p. 949.

⑥ See Elizabeth K. Brannen, “Daly v. General Motors, Corp.: Comparative Negligence As a Defense to Strict Liability”, 17 Am. J. Trial Advoc. 555, 1993, p. 555.

同时，比较过失适用于严格责任的比较方法已经并将继续在评论家之间引起争论，并导致法院在努力制定可行的方法时出现广泛的方法分歧。在严格责任中，当原告的过失与几乎完全没有过错的被告相比时，原告的赔偿额必然会大幅减少，或者根本得不到赔偿。这可能颠覆严格赔偿责任的“风险分散”或“企业赔偿责任”政策。[①] 因此，有学者提出“我们必须在一定程度上忽视原始的侵权分析，但原则上的妥协并不极端，不应该阻止我们对原告的判决进行我们认为是合法的减损”，[②] 即在严格责任诉讼中应明智而不是全面地采用比较原则。[③] 因此，比较过失能否成为严格责任的抗辩事由以及在何种程度上予以适用仍是一个需要继续研究并回答的问题，但正如有评论所言，“比较过失似乎在未来取得胜利”。[④]

笔者认为，严格责任中的比较过失与其说是一种抗辩事由，倒不如说是一种损害分摊原则。也正因如此，公平分摊比比较什么更重要。

二、风险承担在严格责任中的适用

风险承担最初是作为过失侵权的抗辩事由而存在的。美国法学会曾就风险承担能否成为严格责任中的抗辩事由展开了名为“荒野之战”(the Battle of thc Wilderness)[⑤] 的激烈辩论。尽管有相当多的人支持完

---

① See Mark E. Roszkowskia, Robert A. Prentice, “Reconciling Comparative Negligence and Strict Liability: A Public Policy Analysis”, 33 St. Louis U. L. J. 19, 1988, p. 52.

② Aaron D. Twerski, “The Use and Abuse of Comparative Negligence in Products Liability”, 10 Ind. L. Rev. 797, 1977, p. 806.

③ See Todd P. Leff, Joseph V. Pinto, “Comparative Negligence in Strict Products Liability: The Courts Render the Final Judgement”, 89 Dick. L. Rev. 915, 1985, p. 920-922.

④ Henry Woods, “Product Liability: Is Comparative Fault Winning the Day?”, 36 Ark. L. Rev. 360, 1982, p. 382.

⑤ See Aaron D. Twerski, “Old Wine in a New Flask—Restructuring Assumption of Risk in the Products Liability Era”, 60 Iowa L. Rev. 1, 1974, p. 9-10. 在编写《侵权法重述（第二版)》时，顾问们意见分歧很大。一个主要由著名院长和教授组成的小组赞成删除“风险承担”的整个章节，而使用共同过失。这些杰出的学者将他们之间的辩论称为“荒野之战”。报告人普罗瑟在草案中指出，美国法学会理事会一致投票决定采纳各章节关于风险承担的建议。

全取消风险承担抗辩，但最终《侵权法重述（第二版）》在评注中明确阐述："如果原告的共同过失仅是没有发现产品的缺陷，或没有防范缺陷存在的可能性，那么这种过失就不能作为抗辩事由。另一方面，共同过失的形式包括自愿和不合理地面对已知的危险，通常以风险承担的名义出现，故这种过失与其他严格责任案件中的过失一样，可以作为抗辩事由。"[①] 可见，承担风险可以作为禁止严格责任索赔的抗辩事由，而共同过失则不适用。[②] 基于此，很多法院承认了风险承担在严格责任中的适用，并且成为比较过失出现前唯一可行的严格责任抗辩事由。[③] 然而，到了 20 世纪 80 年代，风险承担抗辩迅速衰落，几乎绝迹。[④] 其主要原因在于比较过失被广泛适用后，大多数司法管辖区将风险承担抗辩作为比较过失的一部分适用于严格责任。

风险承担在严格责任中发挥了重要作用。首先，促进公平，缓和严格责任的严苛性。例如，根据风险承担理论，马业和农场动物业在很大程度上受到保护，免受诉讼，因为马业和农场动物活动的参与者是有意与这些动物互动的，而这些动物可能会造成伤害。[⑤] 其次，风险承担在严格产品责任中的扩展适用催生出产品误用抗辩。例如，在宾夕法尼亚州具有里程碑意义的 Berkebile v. Brantly Helicopter Corp. 案[⑥]中，法院指出，在严格责任案件中，原告不能因为自己的过失而被排除追偿权。只有当原告知道最终导致其受伤的具体缺陷，并在知道缺陷所造成的危险的情况下自愿继续使用该产品时，他才不能获得赔偿。此外，风险承担的认定必须基于个人自身的主观认知，而不是基于"合理的人"的

---

① Restatement (Second) of Torts § 402A, comment n, 1965.

② See Romualdo P. Eclavea, "Applicability of Comparative Negligence Doctrine to Actions Based on Strict Liability in Tort", 9 A. L. R. 4th 633, 2000.

③ See Arthur L. Bugay, Esquire, "Pennsylvania Products Liability at the Crossroads: Bugosh, Berrier and the Restatement (Third) of Torts", 81 PA Bar Assn. Quarterly 1, 2010, p. 6 - 9.

④ See Gary T. Schwartz, "The Beginning and the Possible End of the Rise of Modern American Tort Law", 26 GA. L. Rev. 601, 1992, p. 671.

⑤ See Faryn Fort, "The Udderly Problematic Beef Between States: Whether Employees Are Covered under Equine and Farm Animal Liability Acts", 62 S. Tex. L. Rev. 65, 2022, p. 68.

⑥ See 337 A. 2d 893 (Pa. 1975).

客观认知，只有当被告提出证据证明死者在使用飞机之前知道导致死亡的具体缺陷并意识到其所涉及的危险时，法院才能对这种抗辩提出指控。法院将非正常使用抗辩等同于风险承担，从而作出了判决。① 事实上，最初的产品误用经常被描述为风险承担。例如，“制造商的责任是根据产品的可预见用途设计产品并提供信息。如果用户在使用产品时做了一些奇怪的事情，以至于任何合理的制造商都无法预见，那么制造商就没有义务对由此产生的风险进行设计或提供警告”。② 这一意义上的产品误用等同于默示的主要风险承担。

综上所述，风险承担抗辩曾经一度成为严格责任中唯一可行的抗辩事由，发挥着巨大作用。20 世纪 80 年代以后，大多数司法管辖区逐渐废除风险承担抗辩，但这并不意味风险承担的彻底消亡，只是风险承担不再是独立的抗辩事由，亦不再遵循“全有或全无”规则，而是成为比较过失的重要部分，继续限制责任的承担。

第四节 普通法系侵权法上严格产品责任的抗辩事由

严格产品责任几乎是严格责任的最重要类型，其抗辩事由具有一定的特殊性。目前，美国侵权法上严格产品责任的抗辩事由主要包括比较过失、风险承担抗辩、产品误用抗辩、最新技术抗辩、免责声明抗辩、法规遵守抗辩等。需要注意的是，不同的司法管辖区对一些抗辩事由的角色仍存在分歧。

一、比较过失抗辩

《侵权法重述（第三版）》明确规定了比较过失作为严格产品责任

---

① See Arthur L. Bugay, Esquire, “Pennsylvania Products Liability at the Crossroads: Bugosh, Berrier and the Restatement (Third) of Torts”, 81 PA Bar Assn. Quarterly 1, 2010, p. 13.

② Restatement (Third) of Torts: Products. Liability § 2, comment p, 1998.

的抗辩："如果原告的行为与产品缺陷共同造成损害，且原告的行为不符合确立适当护理标准的一般适用规则，则原告因产品缺陷造成的损害而获得的赔偿金可能会减少。"① 但如同前文提及的比较过失在严格责任中的适用引发很多争论，就严格产品责任而言亦是如此。比较过失适用于严格产品责任面临两个基本问题：一是严格产品责任政策目标与比较过失是否冲突；二是比较什么。前文（"比较过失在严格责任中的适用" 部分）已经对上述两个问题有所回应，但鉴于严格产品责任的特殊性与重要性，有必要进一步阐述。

（一）严格产品责任政策目标与比较过失的协调

严格产品责任之所以被各司法管辖区广泛接受，是因为"在一个日益复杂和机械化的社会中，保护消费者的经济和社会需要，也是因为过失和保证补救措施的局限性"。② 因此，严格产品责任从来都不是绝对责任，只是弥补过失责任在消费者保护方面的局限性而已，制造商并不会因严格责任成为产品使用者安全的保险人。还有法院进一步提出，采用严格产品责任的主要论点是，人类生命和安全方面的公共利益要求法律针对产品中的危险缺陷提供最大可能的保护，即制造商和分销链中的人将商品投放市场，即向公众表明产品适合安全使用，有缺陷的动产造成意外伤害的责任应由分销链中的人承担，作为经营成本和防范此类缺陷的激励措施。③ 简言之，严格产品责任的政策目标主要是保护消费者和市场免受有缺陷产品的损害。

有些法院不允许将比较过失作为严格产品责任诉讼的抗辩事由，认为严格产品责任政策目标与比较过失原则不相容，因为"严格产品责任的根本目的因引入过失概念而受到破坏"。④ 多数法院主张，比较过失抗辩适用于严格产品责任不会妨碍其政策目标，因为"原告将继续不必

---

① Restatement (Third) of Torts: Products. Liability § 17, 1998.

② Daly v. General Motors Corp., 575 P. 2d 1162, 1166 (Cal. 1978).

③ See Stewart v. Budget Rent-A-Car Corp., 470 P. 2d 240, 243 (Haw. 1970).

④ Kimco Development Corp. v. Michael D's Carpet Outlets. 637 A. 2d 603, 606 (Pa. 1993).

证明制造商或分销商在生产、设计或传播有关物品时存在过失，被告的责任仍然是严格的”。[①] 在严格的产品责任中适用比较过失，将减少受害原告的赔偿金，减少的金额与原告的过失程度相当。这样的制度将取得更公平、更公正的结果。[②] 正如有些法院强调“公平和公正比语义一致更重要”。[③] 因此，大多数司法管辖区在严格产品责任诉讼中采纳了比较过失抗辩。[④] 这也体现了现代损害分摊成为一种趋势。《侵权法重述（第三版）》也提出，比较过失适用于严格产品责任后“原告仍然不必为证明产品有缺陷而证明过错，但被告可以提出与无过错有关的证据来降低其责任比例。这至少符合严格责任的一个目标，即减轻原告证明过错的困难”。[⑤]

综上所述，美国法院在“严格产品责任的政策目标与比较过失是否冲突”这一问题上似乎没有更为充足的论证，甚至几乎没有论证。法院即使关注到此问题，严格产品责任的政策目标在事实上也并不会成为阻碍比较过失适用的关键因素，或者说实现严格产品责任的政策目标须让位于“损害的公平分摊”政策。如学者所言，“既然严格产品责任是以政策为基础的，那么提供一个保护所有参与者的制度就是更好的政策”。[⑥]

（二）严格产品责任中比较过失的适用方案

在严格产品责任诉讼中，法院承认比较原告的过失与产品缺陷是困难的。例如，第三巡回法院在 Murray v. Fairbanks Morse 案[⑦]中解释了

---

① Daly v. General Motors Corp., 575 P. 2d 1162, 1168 (Cal. 1978); McKinnie v. Lundell Mfg. Co., 825 F. Supp. 834 (W. D. Tenn. 1993).

② See Kaneko v. Hilo Coast Processing, 65 Hawaii 447, 654 P. 2d 343, 353 (1982).

③ Daly v. General Motors Corp., 575 P. 2d 1162, 1169 (Cal. 1978); Kaneko v. Hilo Coast Processing, 654 P. 2d 343, 352 (Haw. 1982).

④ See Andrew A. Bennington, "Tort Law: Statutory Stalemate: Strict Products Liability and Comparative Negligence in South Carolina", 56 S. C. L. Rev. 815, 2005, p. 825.

⑤ Restatement (Third) of Torts: Apportionment of Liability § 8, comment c, 2000.

⑥ Jerome F. Leavell, "The Return of Caveat Venditor As the Law of Products Liability", 23 Ark. L. Rev 355, 1969, p. 356.

⑦ See Murray v. Fairbanks Morse, 610 F. 2d 149, 159 (3d Cir. 1979).

这种比较的困难："用'过失'一词代替缺陷似乎无助于审判者在缺陷和原告行为之间分摊损害赔偿。严格产品责任理论与过失之间的关键概念区别在于，原告无须证明被告的过失行为即可获得赔偿。陪审团无须确定被告在生产产品时是否偏离了谨慎标准。没有证据证明被告的过失行为可与原告的过失行为进行比较，以划分事故责任。尽管我们可以将有缺陷的产品称为'有缺陷的'，但它与导致原告受伤的行为在性质上是不同的，将两者进行比较是不恰当的。"尽管如此，有法院表示"相信陪审团有能力比较不同类型的过失"，[①] 如果原告的过错是造成其自身伤害的原因之一，则应允许陪审团根据该过错按比例减少其损害赔偿。[②]

如上文所述，比较过失适用于严格责任时，比较因果关系成为法院能够选择的最佳比较方案，在严格产品责任中亦是如此。但在实践中，比较过失的适用常常将原告比较过失问题转向近因问题。例如，在 Johansen v. Makita USA，Inc. 案[③]中，原审法院认为，原告的行为与因果关系相关，而与比较过失无关。陪审团随后作出被告胜诉的裁决，认定锯子没有缺陷。上诉庭同意原告的行为不能作为比较过失的考虑因素，但它在近因问题上是适当的。新泽西州最高法院在判定原审法院未下达限制性指示确实犯了明显错误之后，又重申原告的行为与近因问题相关。[④] 随后，一位执业律师对此案进行了恰当的总结：尽管最高法院

---

① Johns v. Suzuki Motor of America，Inc.，310 Ga. 159，850 S. E. 2d 59，66（2020）.

② See Rudi M. Brewster，"Comparative Negligence in Strict Liability Cases"，42 J. Air L. & Com. 107，1976，p. 115.

③ See Johansen v. Makita USA，Inc.，607 A. 2d 637，640 – 641（N. J. 1992）. 在此案中，原告在使用被告生产的锯子从事木工工作时受伤。事故发生时，原告正试图将一把工锯的末端锯掉几英寸，而这把锯的大部分都伸出了支撑平台。鉴于他在使用平台时遇到困难，原告对切割的一端施加压力，使木板平放在平台上。不幸的是，当锯子接触到木头时，木头发生了移动，原告的手被卷进了锯条的轨迹中。原告的赔偿理由主要集中在设计缺陷上。虽然市场上销售的锯子带有一个护罩以提供稳定性，但事故发生时护罩不见了。对此，被告公司的专家作证说，事故发生的原因是原告不小心将手指直接放在锯条的路径上。在整个庭审过程中，被告律师对原告的行为大加挞伐，令原告律师大为恼火，他要求获得限制性指示，但未能如愿。

④ See Johansen v. Makita USA，Inc.，607 A. 2d 637，646（N. J. 1992）.

推翻了制造商在审判中取得的“无缺陷”胜诉，但为制造商提供了在重审中胜诉的路线图——向制造商表明，即使它在责任案中败诉，只要提出证据证明原告的行为是造成损害的唯一原因，它仍然可以胜诉。即使产品因设计缺陷或未发出警告而存在缺陷，但造成伤害的责任完全在于他人的行为。被告可能会在责任问题上败诉，但会在近因问题上胜诉。[①] 正如学者所指出的，“原告的过失行为在多大程度上促成了伤害或损害的近因成为焦点，而不是严格罗列原告过失行为的确切性质”。[②]

可见，比较因果关系方法似乎过于注重因果行为而忽视严格产品责任本身，这可能颠覆严格产品责任的基本政策目标。因此，既然比较过失在严格产品责任中的适用已有不可阻挡的趋势，那接下来要解决的重要问题不是如何比较原告的行为和被告的缺陷产品，而是在什么情况下进行比较才不会削弱支持缺陷产品严格责任的强有力的公共政策考虑。[③] 换言之，比较方案应当是兼顾严格产品责任的政策目标与损害公平分摊，实现两者的平衡。

一般而言，依据《侵权法重述（第三版）》，可以将原告的过失行为与被告的严格责任比较的情形有：（1）“如果原告的行为与产品缺陷共同造成损害，且原告的行为不符合合理谨慎标准的普遍适用规则，则可以减少原告因产品缺陷造成的损害所获得的赔偿金”。[④] 但“当被告声称原告未能发现缺陷时，必须有证据证明原告未能发现缺陷的行为确实未能达到合理谨慎的标准。一般来说，原告没有理由预期新产品含有缺陷，也没有理由对缺陷保持警惕”。[⑤]（2）原告行为构成产品误用时，可以适用比较过失。[⑥] 大多数法院的立场是，即使原告已经确立了表面

---

① See Christopher P. DePhillips, “Winning the Proximate Cause War in Workplace Product Liability Cases”, 158 N.J. L.J. 550, 1999, p.550.

② Rudi M. Brewster, “Comparative Negligence in Strict Liability Cases”, 42 J. Air L. & Com. 107, 1976, p.110.

③ See Mark E. Roszkowski, “Robert A. Prentice, Reconciling Comparative Negligence and Strict Liability: A Public Policy Analysis”, 33 St. Louis U. L.J. 19, 1988, p.50.

④ Restatement (Third) of Torts: Products Liability § 17 (a), 1998.

⑤ Restatement (Third) of Torts: Products Liability § 17 (a), comment d, 1998.

⑥ 仍有一些法院将产品的误用、改动和修改视为绝对禁止追偿的理由。

证据确凿的案件，如果原告在误用、修改或变更产品时存在疏忽，并且这种疏忽与产品缺陷结合在一起造成了损害，那么原告的行为应导致根据比较过失原则减少损害赔偿。[①]（3）原告行为构成风险承担时，可以适用比较过失。[②] 此外，一些法院认为，如果原告的过失仅仅是没有发现产品的缺陷，那么就没有理由减少损害赔偿，[③] 因为消费者有权期望产品没有缺陷，而不应承担审查缺陷的义务。另一些判决认为，如果产品缺乏安全功能，无法防范导致相关伤害的风险，则责任分摊是不恰当的，理由是当原告从事了产品设计本应防止的行为时，被告的责任不应减轻。[④] 此外，还有法院指出："如果减少赔偿额并不能切实促进消费者谨慎使用产品，或者会大大降低制造商生产更安全产品的积极性，则不应减少赔偿额。"[⑤]

由此，尽管比较过失适用于严格产品责任还面临很多待解决问题，如比较过失是否适用于严格产品责任，是否包含风险承担抗辩、产品误用抗辩，比较什么等，但基于现代损害分摊的趋势，比较过失应当是严格产品责任中具备很大潜力的抗辩事由。

二、风险承担抗辩

长期以来，风险承担一直是产品责任的经典抗辩事由之一。[⑥] 在相当多的州，风险承担仍然是一个完全抗辩事由，与现在大多数情况下仅起到减少损害赔偿作用的比较过失有显著区别。基于引起风险承担抗辩的情况通常是正常和可预见的，风险承担很可能是产品责任中所有原告

---

① See Restatement (Third) of Torts: Products Liability § 17, Reporters' Note comment c.

② See Restatement (Third) of Torts: Products Liability § 17, Reporters' Note, comment d, 1998; Restatement (Third) of Torts: Apportionment Liability § 2, Reporters' Note, comment I, 2000.

③ See Murray v. Fairbanks Morse, 610 F. 2d 149, 161 n. 14 (3d Cir. 1979).

④ See Restatement (Third) of Torts: Products Liability § 17, comment d, 1998.

⑤ McCaskill v. Welch, 463 So. 2d 942 (La. Ct. App. 1985).

⑥ See Robert E. Keeton, "Assumption of Risk in Products Liability Cases", 22 La. L. Rev. 122, 1961; Kenneth W. Simons, "Assumption of Risk and Consent in the Law of Torts: A Theory of Full Preference", 67 B. U. L. Rev. 213, 1987.

不当行为抗辩中最有力的抗辩。[1]

风险承担是指用户愿意或同意使用实际上知道存在缺陷并认识到这种缺陷所造成的危险的产品。[2] 因此，要使原告承担风险责任而排除被告的责任，原告必须基于对风险性质的理解而自由作出的选择：一个人不可能“同意”他不知道的事情，也不可能“同意”强迫他做的事情。[3] 这意味着风险承担应当包含两个要素：[4] 其一，原告必须知道并理解风险；其二，原告对遭遇风险的选择必须是自由和自愿的。

（一）“知情并理解”的解释

如果原告不知道产品如何可能具有危险性，那么原告就不能承担他可能受到该危险伤害的风险。[5] 因此，原告必须了解产品特定的风险，才能构成风险承担。[6] 何谓“知情并理解”风险？简单地说，风险意味着在一定程度上不理解在特定事实环境中起作用的各种力量，如果一个人知情并理解所有这些力量，他就会知道伤害肯定会发生或肯定不会发生。例如，在 Campbell v. ITE Imperial Corp. 案[7]中，由于电器设备的配置方式存在缺陷，原告在开始清洁未断电的电气设备时受到严重电击。法院认为，如果断定原告知情并理解这种设备配置的具体缺陷，无异于认为他打算自杀。

美国各司法管辖区在原告“知情并理解”的程度问题上仍未达成共识。有些法院似乎要求原告必须知道威胁到他的危险的具体缺陷。例如，在 Haugen v. Minnesota Mining & Mfg. Co. 案[8]中，原告在工作时

---

① See David G. Owen, “Products Liability: User Misconduct Defenses”, 52 S. C. L. Rev. 1, 2000, p. 23.

② See Rahmig v. Mosley Mach. Co., 412 N. W. 2d 56, 74 (Neb. 1987).

③ See David G. Owen, “Products Liability: User Misconduct Defenses”, 52 S. C. L. Rev. 1, 2000, p. 25.

④ See William L. Prosser et al., *Prosser and Keeton on Torts*, West Group, 1984, p. 487.

⑤ See David G. Owen, “Products Liability: User Misconduct Defenses”, 52 S. C. L. Rev. 1, 2000, p. 26.

⑥ See Thomas v. American Cystoscope Makers, Inc., 414 F. Supp. 255 (E. D. Pa. 1976).

⑦ See Campbell v. ITE Imperial Corp., 733 P. 2d 969, 971 (Wash. 1987).

⑧ See 550 P. 2d 71 (Wash. Ct. App. 1976).

砂轮爆炸成三块，其中一块击中了他的眼睛，原告在事故发生时没有佩戴安全护目镜。初审法院指示陪审团，原告知道使用产品存在一般危险，但这不足以阻止原告以承担风险为由进行追偿，而必须证明原告确实知道、了解并自愿且不合理地将自己暴露在导致其受伤的具体缺陷和危险之下。上诉法院认可了这一指示，如果说原告承担了任何风险的话，那就是在打磨过程中灰尘或木头或金属的小颗粒进入眼睛的风险。他显然没有意识到圆盘本身结构完整性的潜在缺陷以及该缺陷所带来的危险。原告不知道也不可能知道这一潜在缺陷。因此，原告不可能承担该缺陷造成的风险。但也有一些法院认为，只要对所遇到的危险有一般的了解，即满足知情并理解的要求而无须涉及具体缺陷。例如，在 Heil Co. v. Grant 案①中，维修工在一辆倾卸卡车下进行修理工作时被压死。原告认为，维修工一般知道在倾卸卡车下面工作可能会有危险，但不知道所涉及的具体缺陷。上诉法院推翻了原判并指出，具体的危险是撞到缆绳会导致车床下降，而维修工知道这一点。承担风险抗辩的前提是知道产品的危险状况，而不是认识到产品的缺陷。

需要注意的是，对原告知情并理解风险的判断更倾向于采用主观标准而非“合理人”标准。② 因此，法院在评估原告是否知情并理解缺陷时会考虑年龄、经验和周围环境等因素。例如，在 Sweeney v. Max A. R. Matthews & Co. 案③中，原告在锤击时被碎裂的钉子击中眼睛，尽管他在几枚钉子的钉痕断裂后仍继续使用钉子，但仍被认定无须承担风险。法院在维持陪审团对原告的裁决时指出，原告只有 19 岁，而且工作时间很短。

（二）“自由和自愿”的解释

风险承担抗辩的第二个要素是原告在遭遇缺陷产品所带来的危险时的行为是否自由和自愿。事实上，风险承担本身是“自由和自愿”的，

---

① See 534 S. W. 2d 916 (Tex. Civ. App. 1976).

② See David G. Owen, “Products Liability: User Misconduct Defenses”, 52 S. C. L. Rev. 1, 2000, p. 29.

③ See Sweeney v. Max A. R. Matthews & Co., 46 Ill. 2d 64, 264 N. E. 2d 170 (1970).

原告为了更值得的利益做出面对风险的选择。这意味着：首先，原告了解所遭遇风险的性质；其次，原告有一种或多种可供选择的行动方案，可以合理地避免风险；最后，原告随后决定，遭遇危险最符合他或她的利益。[①] 因此，如果情况迫使原告遭遇有缺陷的产品状况，那么原告遭遇风险就不是自愿的，制造商销售有缺陷的产品就成了伤害的最后也是唯一的近因。[②] 换言之，当被告将原告置于两难的境地时，被告就剥夺了原告选择的自由，不能说原告是自愿承担风险的。例如，在 Wallace v. Owens-Illinois，Inc. 案[③]中，法院认为，如果被告的不法行为使原告没有其他合理的行为方式来避免自己或他人受到伤害，那么原告接受风险就不是自愿的。有缺陷的瓶子爆炸使他没有其他合理的选择：他可以将溢出物留在地板上，自己或他人有可能因溢出物而受伤；或者他可以着手清除溢出物，自己或他人有可能在清理过程中受伤。无论哪种选择都有风险时，他选择清除危险并不是自愿承担风险。

此外，有些法院还会考虑原告选择遭遇风险的时间性问题。[④] 例如，在 Collins v. Musgrave 案[⑤]中，原告的刹车失灵，他必须决定是转向加油站的墙壁还是继续沿着公路行驶，他转向加油站墙壁的决定被认为不属于承担风险，因为该决定不是“自愿的”。

（三）风险承担的变革

随着比较过失规则的出现，越来越多的法院和立法机构正在部分或全部废除风险承担抗辩，[⑥] 在严格产品责任中也不例外。风险承担理论以选择为基础，完整的选择理论不仅需要考虑原告的选择，还需要考虑制造商的选择，在产品使用者承担伤害风险的情况下，比较责任制度似

① See David G. Owen, “Products Liability: User Misconduct Defenses”, 52 S. C. L. Rev. 1, 2000, p. 31.

② See David G. Owen, “Products Liability: User Misconduct Defenses”, 52 S. C. L. Rev. 1, 2000, p. 34 – 35.

③ See Wallace v. Owens-Illinois, Inc., 300 S. C. 518, 389 S. E. 2d 155 (S. C. Ct. App. 1989).

④ See Louis R. Frumer et al., 9 Products Liability App. G. 2 (LexisNexis 2023).

⑤ See Collins v. Musgrave, 28 Ill. App. 3d 307, 328 N. E. 2d 649 (1975).

⑥ 参见本书第三章第三节。

乎为伸张正义提供了更好的方法。[①] 当然，风险承担抗辩在个别情况下仍具有吸引力，如当事实清楚地表明原告在明知且不合理的情况下故意冒险导致了意外伤害时，风险承担为被告免除责任提供了依据。

笔者认为，从美国司法实践及各州立法看，废除风险承担抗辩理论并将其并入比较过失的趋势似乎不可阻挡。即使风险承担在某些司法管辖区仍将存在一段时间，作为独立抗辩事由的它注定走向消亡。但这不意味着风险承担对责任再无影响，只是以比较过失的形式出现，不能完全禁止索赔而已。

三、产品误用抗辩

产品误用抗辩（product misuse defense）是严格产品责任诉讼中一种强有力的“不当行为抗辩”。《侵权法重述（第二版）》承认了产品误用抗辩，将严格产品侵权责任的范围仅限于因产品的正确使用而造成的伤害，“正常操作”安全的产品不存在缺陷，产品销售商对因“操作不当”、“过度消费”、“过度使用”以及未阅读和注意适当的警告而造成的伤害免于承担严格责任。言外之意，产品误用抗辩被用来证明产品不存在缺陷，或反驳因果关系。

（一）产品误用抗辩的角色争论

20 世纪六七十年代严格产品责任理论出现后，大多数司法管辖区增加了“产品误用”这一新的抗辩。当使用者“误用”有缺陷的产品时，其不当行为都可能成为一种责任障碍，类似于传统的共同过失和风险承担的抗辩，并且除一个州外，所有已颁布有关产品误用的法定改革条款的州都将其定义为积极抗辩事由。[②] 在司法实践中，大多数法院将

---

① David G. Owen, “Products Liability: User Misconduct Defenses”, 52 S. C. L. Rev. 1, 2000, p. 41.

② See Peter Zablotsky, “The Appropriate Role of Plaintiff Misuse in Products Liability Causes of Action”, 10 Touro L. Rev. 183, 1993, p. 201 - 204.

产品误用抗辩视为被告的积极抗辩事由。[①] 法院通常认为，证明产品按预期用途使用并不是原告表面侵权要件，用户误用被控有缺陷的产品是对责任的积极抗辩，被告必须提出抗辩并加以证明。[②]

但原告如果证明有缺陷的产品“造成”了伤害，实际上就是在反驳产品误用造成了伤害。从这个意义上说，产品误用实际上成了“原告案件中因果关系分析不可分割的一部分”。[③] 因此，从技术上讲，产品误用抗辩并非一项法律抗辩，而是一种事实模式。这一事实可能表明产品无任何缺陷，或产品缺陷并非损害发生的近因，或产品有缺陷但原告存在比较过失。[④] 更准确地说，产品误用抗辩是一项关于被告责任范围的责任限制原则，涉及过失、产品缺陷、保证范围和近因等问题。[⑤] 基于此，有些法院认为，产品误用只是反驳了原告表面侵权的一个基本要件，不是一项积极抗辩。[⑥] 例如，在 Hughes v. Magic Chef, Inc. 案[⑦]中，在炉子的丙烷罐被重新加满后，受害人没有重新点燃烤箱烤肉炉腔中的引燃灯，导致丙烷气体积聚引发爆炸和火灾，制造商以产品使用不当为由提出抗辩，陪审团裁定制造商胜诉。上诉法院针对产品误用抗辩做出详细论证，指出在产品责任诉讼中，产品误用不应被视为一种积极抗辩，而应与受害人证明不合理危险状况和合法原因的责任联系起来处理。无论被告是否提出产品误用抗辩，原告仍有责任通过大量证据证明造成伤害的法律原因是产品缺陷，该缺陷使产品在制造商可合理预见的

---

① See Peter Zablotsky, “Appropriate Role of Plaintiff Misuse in Products Liability Causes of Action”, 10 Touro L. Rev. 183, 1993, p. 191 – 192.

② See 144 F. Supp. 3d 699, Prod. Liab. Rep. (CCH) P 19729 (E. D. Pa. 2015).

③ Christopher H. Toll, “The Burden of Proving Misuse in Products Liability Cases”, 20 Colo. Law. 2307, 1991, p. 2309.

④ 参见［美］丹・B. 多布斯：《侵权法》（下册），马静等译，中国政法大学出版社2014年版，第886页。

⑤ See David G. Owen, “Products Liability: User Misconduct Defenses”, 52 S. C. L. Rev. 1, 2000, p. 49.

⑥ See Dix W. Noel, “Defective Products: Abnormal Use, Contributory Negligence, and Assumption of Risk,” 25 Vand. L. Rev. 93, 96 (1972).

⑦ See Hughes v. Magic Chef, Inc. (1980, Iowa) 288 NW2d 542, CCH Prod Liab Rep 8679.

使用中具有不合理的危险性。也就是说，原告产品误用问题的实质是涉及产品是否存在缺陷以及缺陷是否是造成伤害的法律原因的判定，而这些本就属于原告必须证明的要素，因此产品误用不是一项积极抗辩事由。

综上所述，各司法管辖区在确定产品误用抗辩是否是一项积极抗辩事由，或者原告是否必须证明在严格责任和过失案件中不存在产品误用的问题上没有达成共识。但绝大多数法院在产品责任诉讼中都以某种形式采用了产品误用抗辩，[1] 如果伤害是由制造商和供应商无法合理预见的产品风险或误用造成的，则他们不承担责任。[2]

（二）可预见性对产品误用抗辩的限制

《侵权法重述（第三版）》将设计缺陷和警告缺陷的责任限定为“产品造成伤害的可预见风险”，只有当产品的用途是销售商或分销商可以合理预见的，才需要承担责任，[3] 而且法院禁止在产品设计诉讼中对“当产品被用于不可预见的用途时”所造成的伤害进行追偿。[4] 很多法院认为，当产品的使用目的与制造商的意图或可合理预见的目的不同时，即构成产品误用抗辩。[5] 可见，可预见性几乎成为判断产品误用的唯一标准。正如一家法院所言，产品的误用并不仅仅是因为制造商希望产品以不同的方式使用，制造商必须证明，造成伤害的使用方式不是可以合理预见的。[6]

在司法实践中，产品误用抗辩作为一种特定抗辩，要求原告对产品的使用是不可预见和非故意的，并且是造成伤害的原因。法院通常认

---

① See Lana Steven, “Tenth Circuit Survey: Torts: Products Liability”, 75 Denv. U. L. Rev. 1105, 1998, p. 1121.

② See Smith ex rel. Smith v. Bryco Arms, 131 N. M. 87, 2001 – NMCA – 090, 33 P. 3d 638, Prod. Liab. Rep. (CCH) 16288 (Ct. App. 2001).

③ See Restatement (Third) of Torts: Products Liability §2 (b), (c), 1998.

④ See Restatement (Third) of Torts: Products Liability §2, comment p, reporters' note, 1998.

⑤ See Smith v. Central Mine Equipment Co., 876 F. Supp. 2d 1261, Prod. Liab. Rep. (CCH) P 18868 (W. D. Okla. 2012).

⑥ See Magic Chef, Inc. v. Sibley, 546 S. W. 2d 851, 856 (Tex. Civ. App. 1977).

为，产品误用意味着使用方式既不是制造商有意为之，也不是制造商可以合理预见的。[①] 如果消费者将“产品用于一种他应该知道可能超出产品能力的独特冒险用途……不能公平地要求制造商赔偿，这削弱了制造商所有者和其他消费者的自主权，因为事故是由于受害者贪婪地要求产品具有比其他消费者所追求的更大效用以及比他所支付的价格所反映的更大效用而造成的”。[②] 换言之，可预见性通常将制造商或销售者的责任限制在公平的用途上，即一个合理的消费者是否可以公平地预期产品能够经受住这种使用。产品误用应当是“使用或处理方式非常不寻常，以至于普通消费者无法合理预期产品的设计和制造能够承受这种使用”。[③] 需要注意的是，在产品安全方面，制造商不能仅仅因为将完全可以预测的、完全是人类的行为归类为误用，然后发出警告，就逃避使其有缺陷的产品安全的责任。[④] 因此，有缺陷设计的责任不能被警告所抵消——包括那些被认定为准确、清晰、明确的警告。[⑤]

此外，可预见规则下限制被告责任范围的方式还有排除产生损害缺陷产品。制造商有义务根据可预见的误用设计出相当安全的产品。如果误用是可预见的，设计不能将风险降至最低，则产品有缺陷。[⑥] 因此，汽车必须设计成在碰撞时具有相当的安全性，工业机械必须有足够的安全防护装置，将由可预见的误用导致的危害风险降至最低。[⑦] 当通过设计变更来消除风险不可行时，制造商必须警告可预见的误用所涉及的危险。[⑧]

---

① See Smith v. Sturm, Ruger & Co. (1985) 39 Wash App 740, 695 P. 2d 600, CCH Prod Liab Rep 10471, 59 ALR 4th 89.

② David G. Owen, “The Moral Foundations of Products Liability Law: Toward First Principles”, 68 Notre Dame L. Rev. 427, 1993, p. 476.

③ Findlay v. Copeland Lumber Co., 509 P. 2d 28, 31 (Or. 1973).

④ See Magic Chef, Inc. v. Sibley, 546 S. W. 2d 851, 856 (Tex. Civ. App 1977).

⑤ See Robert S. Adler, Andrew F. Popper, “The Misuse of Product Misuse: Victim Blaming at Its Worst”, 10 Wm. & Mary Bus. L. Rev. 337, 2019, p. 360.

⑥ See Aaron D. Twerski, “The Many Faces of Misuse: An Inquiry into the Emerging Doctrine of Comparative Causation”, 29 Mercer L. Rev. 403, 1978, p. 420.

⑦ See D'Hedouville v. Pioneer Hotel Co., 552 F. 2d 886 (9th Cir. 1977).

⑧ See Robinson v. Williamsen Idaho Equip. Co., 94 Idaho 819, 498 P. 2d 1292 (1972).

如果误用产生的损害是不可预见的，产品可能根本没有缺陷。[①] 换言之，可预见的产品使用应当是相当安全。

综上所述，原告的使用应当具有合理可预见性或符合公平性，否则构成产品误用抗辩。如果制造商或其他产品销售商本应合理地考虑并防范风险，则被告应对损害承担责任；如果原告将产品用于不可预见的、不公平的用途，则被告无须承担责任。[②]

（三）介入原因与产品误用抗辩

在严格产品责任诉讼中，被告时常将产品误用作为近因问题提出，即原告没有受到缺陷的损害，而是受到了自己行为的损害（尽管这实质上构成了近因抗辩或共同过失抗辩）。[③] 产品误用涉及原告对产品的不可预见、不合理和特殊使用，误用的证据通常被用于推翻因果关系。[④] 也就是说，如果原告自身对产品的不可预见的误用或改动是导致损害发生的原因之一，也构成生产者对缺陷产品免除责任的介入原因。[⑤] 此时，误用和介入原因之间的区别仅仅是术语问题。介入原因是在被告的侵权行为发生后出现的有利因素。[⑥] 如果相关介入由产品的用户完成，法院经常将行为标记为产品误用，而不是介入原因，但是无论标签是什么，效果都是相同的。[⑦] 介入原因和误用行为由相同的可预见

---

① See Dosier v. Wilcox & Crittendon Co., 45 Cal. App. 3d 74, 119 Cal. Rptr. 135 (1975).

② See David G. Owen, "Products Liability: User Misconduct Defenses", 52 S. C. L. Rev. 1, 2000, p. 55.

③ See Ryan C. Fowle, "Strictly Speaking, What Needs to Change? A Review of How Statutory Changes Could Bring Strict Products Liability to Virginia", 56 U. Rich. L. Rev. 307, 2021, p. 325.

④ See Wright v. Ryobi Technologies, Inc, 175 F. Supp. 3d 439, Prod. Liab. Rep. (CCH) P 19811 (E. D. Pa. 2016).

⑤ 参见［美］丹·B. 多布斯：《侵权法》（下册），马静等译，中国政法大学出版社2014年版，第887页。

⑥ See William L. Prosser et al., *Prosser and Keeton on Torts*, West Group, 1984, p. 319 – 321.

⑦ See Kuisis v. Baldwin-Lima-Hamilton Corp., 457 Pa. 321, 331 n. 13, 319 A. 2d 914, 920 n. 13 (1974).

性标准判断。[①] 如果误用或介入原因无法预见，则制造商无须承担责任。但如果误用本身造成的损害能够预见，则误用不能与介入原因等同，并且被告需对损害承担责任。例如，在 Ford Motor Co. v. Wagoner 案[②]中，在发现车的缺陷时，被告作为经销商提供免费的零件替换，经销商将这一权利让渡给原始购买者，谢绝修理的原始购买者将未修理的车出售给原告，原告由于该缺陷受伤。法院认为，原始购买者的行为具有不可预见性，构成介入原因，被告责任免除。

（四）产品误用抗辩与其他行为不当抗辩的区别

在严格产品责任中，行为不当抗辩包括比较过失、风险承担和产品误用三类抗辩，产品误用常常与比较过失、风险承担相混淆。

1. 产品误用抗辩与比较过失的区别

《侵权法重述（第三版）》已经明确放弃了产品误用抗辩作为严格产品责任的独立抗辩的立场，而将其作为构成缺陷、因果关系和原告过错等概念的重要组成部分。[③] 目前，绝大多数司法管辖区将比较过失抗辩适用于产品责任诉讼，大多数法院的立场是，即使原告已经完成了表面侵权的证明，如果原告在误用、修改或变更产品时存在过失，并且这种过失与产品缺陷结合在一起造成了损害，那么应根据比较过失原则减少损害赔偿。[④] 换言之，产品误用抗辩被纳入比较过失规则中。例如，在 Kennedy v. Sawyer 案[⑤]中，法院认为，比较过失概念的产生是弱化普通法共同过失的“全有或全无”规则的结果，此类案件中不当行为的性质应根据比较过失或因果关系的程度来表述，比较责任法规取代了产品责任诉讼中的产品误用抗辩。也就是说，比较过失规则实质上建立

---

① See W. Keeton, “Products Liability and Defense—Intervening Misconduct”, 15 Forum 109, 1979, p. 112－113.

② See 183 Tenn. 392, 192 S. W. 2d 840 (1946).

③ See Restatement (Third) of Torts: Products Liability § 2, comment p, 1998.

④ See Restatement (Third) of Torts: Products Liability § 17, reporter' comment c, 1998.

⑤ See Kennedy v. Sawyer, 228 Kan 439, 618 P. 2d 788, CCH Prod Liab Rep 8810 (1980). 该案中，土地所有者的牛在其地产沿线喷洒除草剂后死于砒霜中毒，他们基于严格的产品责任和默示保证对下令喷洒除草剂的城市和市议员提起诉讼，被告反过来对除草剂经销商和制造商提起第三方投诉。

了一种比较分摊机制。如果原告误用了产品，但这种误用并不是造成损害的原因，或者这种误用是制造商或销售者可以合理预期的，那么这种误用就不能作为产品责任的完全抗辩，而应适用比较过失原则。[①] 除此之外，还有法院提出，原告对产品可预见的误用将限制其在比较过失法下的赔偿，而不可预见的误用将完全禁止赔偿。[②] 在此观点下，可预见的产品误用被作为比较过失减少赔偿数额，而不可预见的产品误用仍然作为独立的抗辩事由禁止赔偿。

可见，比较过失规则出现以后，本来充满争论的产品误用抗辩的独立抗辩地位呈现被逐步取代的趋势。

2. 产品误用抗辩与风险承担的区别

通过上文（“风险承担在严格责任中的适用”部分）可知，产品误用抗辩的产生与风险承担抗辩息息相关，产品误用抗辩甚至被认为是风险承担的扩展适用。但随着产品误用抗辩的独立，两项抗辩事由被明确区分开来。例如，在 Hughes v Magic Chef, Inc. 案[③]中，法院详细地阐述了两项抗辩的不同，制造商不能在同一案件中主张产品误用和风险承担的抗辩。因为风险承担涉及用户自愿和不合理地遭遇已知危险的行为，而误用则排除了原告以被告无法合理预见的方式使用产品的情况下获得赔偿的可能性。产品误用首先与生产者的责任有关，因为如果产品存在缺陷，生产者从一开始就可能承担责任；但风险承担原则与使用者的过失有关，如果使用者在已知危险面前自愿使用产品，则不能获得赔偿。虽然法院承认在某些情况下，使用者可能既以被告无法合理预见的方式使用产品，又自愿面对已知的危险，但法院驳回了原告不能只做一件事而不做另一件事的观点。

四、技术水平抗辩

技术水平抗辩（state-of-the-art defense）即最新技术抗辩，其经典

---

① See Hackney v. Pendu Manufacturing, Inc., 146 N. E. 3d 1016 (Ind. Ct. App. 2020).

② See Schuh v. Fox River Tractor Co., 63 Wis. 2d 728, 218 N. W. 2d 279 (1974).

③ See Hughes v. Magic Chef, Inc. (1980, Iowa) 288 NW2d 542, CCH Prod Liab Rep 8679.

定义是：在设计缺陷案件中，如果被告能证明产品的计划或设计，或制造、检查、测试和标记产品的方法和技术符合被告首次销售产品时的技术水平，则不承担责任。① 因此，当原告试图证明产品的设计存在缺陷，替代设计可以避免或减少伤害时，技术水平抗辩才会发挥作用。② 此外，技术水平抗辩适用于警告案件，有助于原告确定哪些不合理的危险在销售时是可以预见的。具体而言，如果卖方知道或通过应用合理的、发达的人类技能和远见应该知道不合理危险的存在和危险，则卖方必须针对不合理危险发出警告。③ 事实上，技术水平抗辩是一种发展中的理论，不同司法管辖区对其的定义大相径庭。④ 概括而言，"技术水平"通常被理解为：一是"技术进步"标准，即制造商在"目前的科学知识范围内"不可能生产出更安全的产品；⑤二是行业标准或行业习惯，即制造商遵循了惯常做法或特定行业内的其他做法。⑥

（一）"技术进步"标准

许多司法管辖区使用"技术进步"作为技术水平抗辩的核心内涵。大多数情况下，要成功地进行技术水平抗辩，需要"证明相关行业中没有其他制造商在使用更先进的技术类型"。⑦ 这意味着制造商的产品必须符合现有科学和技术知识的最高标准，而不仅仅是特定制造商所掌握的知识。⑧ "技术进步"标准应当是一个更高的标准，科学知识的发展

---

① See James Boyd, Daniel E. Ingberman, "Should 'Relative Safety' Be a Test of Product Liability?", 26 J. Legal Stud. 433, 1997, p. 437.

② See David G. Owen, *Products Liability Law*, West Academic Publishing, 2008, p. 711 – 712.

③ See Restatement (Second) of Torts § 402A, comment j, 1965.

④ See Edward C. Sobota, "Product Liability Reform Proposal: The State of the Art Defense", 43 Alb. L. Rev. 941, 1979, p. 945 – 946.

⑤ See James T. Murray, "The State of the Art of Defense in Strict Products Liability", 57 Marquette L. Rev. 649, 1974, p. 651 – 652; James Boyd, Daniel E. Ingberman, "Should 'Relative Safety' Be a Test of Product Liability?", 26 J. Legal Stud. 433, 1997, p. 436 – 441.

⑥ See Richard C. Ausness, "'Fasten Your Seat Belt, Orville!': Exploring the Relationship Between State-of-the-Art, Technological and Commercial Feasibility, and the Restatement's Reasonable Alternative Design Requirement", 45 Ind. L. Rev. 669, 2012, p. 677.

⑦ Maxted v. Pacific Car and Foundry Co., 527 P. 2d 832, 835 (Wyo 1974).

⑧ See Belle Bonfils Memorial Blood Bank v. Hansen, 665 P. 2d 118, 125 (Colo 1983).

速度远快于行业吸收知识并将其作为标准的速度。[①] 因此，技术水平抗辩要求被告至少证明其内部评估和上市后监控工作达到或超过了同行业专业制造商的最佳实践。[②] 换言之，技术水平抗辩创造了以相对安全比较为基础的责任检验标准，而不是以降低风险的基本成本和效益为基础的客观责任检验标准。当“技术进步”标准被用来检验什么是最先进的技术时，只有在没有更安全的可比产品的情况下才能免除责任。[③]

具体地讲，“技术进步”标准被用来检验被告的产品是否具有不可避免的不安全性。如果有证据表明存在一种替代产品设计，可以同样有效地达到被告产品的目的，但风险较小，则被告抗辩不成立。[④] 但许多法院一致认为，技术可行性是产品设计中技术水平概念的关键。当原告证明存在替代设计时，如果被告能够证明替代设计不可行，则被告技术水平抗辩不受影响。例如，在 Murphy v. Chestnut Mountain Lodge, Inc. 案[⑤]中，原告在一次滑雪事故中受伤，他认为旅馆提供的滑雪板存在缺陷，因为这些滑雪板没有防摩擦装置，当滑雪者的腿在摔倒过程中扭曲时，绑带无法松开。原告的专家证实，在事故发生时，防摩擦装置是可行的。然而，被告的专家声称，他对当时正在开发的几种防摩擦装置进行了测试，发现这些装置要么不可行，要么无效。伊利诺伊州上诉法院维持了下级法院对被告的判决，采纳了被告技术不可行的证词，被告技术水平抗辩成立。

值得注意的是，《侵权法重述（第二版）》在评注中提出，对于部分产品来说，基于其通常所追求的功能，依据现有人类智识水平不可能被制造得更加安全。对于这类具有不可避免的不安全性的产品，鉴于其明显有用且符合一般期望，并具有一个普通消费者可以预见且明显合理

---

① See Acands, Inc. v. Asner, 344 Md. 155, 686 A. 2d 250, 260 (1996).

② See Wendy E. Wagner, “Choosing Ignorance in the Manufacture of Toxic Products”, 82 Cornell L. Rev. 796, 1997, p. 838 – 839.

③ See James Boyd, Daniel E. Ingberman, “Should ‘Relative Safety’ Be a Test of Product Liability?”, 26 J. Legal Stud. 433, 1997, p. 438.

④ See Toner v. Lederle Laboratories 732 P. 2d 297 (Idaho 1987).

⑤ See 464 N. E. 2d 818 (Ill. App. Ct. 1984).

的风险，生产者不应对该产品造成的损害承担严格责任。[①] 因此，"技术进步"标准在特殊情况下是无关紧要的，此时被告有更有力的抗辩事由。例如，在 Alevromagiros v. Hechinger Co. 案[②]中，法院认为，制造商不承担严格责任。因为梯子的安全性能对原告来说是显而易见的，而且在购买时可以很容易地比较其他梯子的安全性能。可见，只有在消费者对产品的安全性、替代品的安全性或两者都相对不知情的情况下，"技术进步"标准才适用。[③]

（二）行业标准或行业习惯

与"技术进步"标准相比，行业标准或行业习惯通常只要求被告的安全性符合法院对行业标准和习惯的认定，并不要求提供证据证明"没有更安全的"产品。但在产品责任中，产品缺陷的衡量标准是诉讼中具体产品的危险缺陷质量，而不是同类产品的平均值。行业标准作为制造商行为的证据，是不可接受的。[④]

在大多数司法管辖区，技术水平的概念与行业标准或行业习惯被明确区分开来，后者不能作为抗辩事由。例如，在著名的 T. J. Hooper 案[⑤]中，初审法院认为，T. J. Hooper 号没有配备无线电接收器，哈特拉斯角以北三月份的大风并不罕见，收到无线电天气警告的谨慎船长不会继续航行。初审法院还认定，为拖船配备无线电接收器并非沿海航运

---

① See Restatement (Second) of Torts § 402A, comment k, 1965.

② See Alevromagiros v. Hechinger Co., 993 F. 2d 417, 421 (1993). 在该案中，有明确且无争议的证据表明，在被告的产品制造和销售时，市场上有更安全的梯子。由于未能确定被告的责任，受害人在上诉中辩称，由于当时市场上有安全性能更高的梯子，制造商应承担责任，因为其梯子并非最安全的。

③ See James Boyd, Daniel E. Ingberman, "Should 'Relative Safety' Be a Test of Product Liability?", 26 J. Legal Stud. 433, 1997, p. 443.

④ See Leon Green, "Strict Liability Under Sections 402A and 402B: A Decade of Litigation", 54 Tex. L. Rev. 1185, 1976, p. 1210.

⑤ See 60 F2d 737, 740 (2d Cir 1932). T. J. Hooper 是一艘拖船，从弗吉尼亚州诺福克出发前往纽约市，拖着一系列满载煤炭的驳船。午夜时分，拖船经过特拉华防波堤时，天气晴朗。然而到了早上，风力猛增。拖船和驳船被迫抛锚避风，其中一艘驳船失去了踪影。驳船船主声称，T. J. Hooper 号本应配备无线电接收器。他争辩说，如果拖船装有无线电接收器，船长就会及时收到天气警告，就能在特拉华防波堤安全靠岸。

公司的常规做法。该行业尚未普遍采用接收器是否就是最终的答案？汉德（Hand）法官认为，“在大多数情况下，合理的审慎实际上就是普遍的审慎；但严格说来，这绝不是衡量标准；整个行业可能在采用新的可用设备方面不适当地滞后了。”虽然行业习惯可以作为适当谨慎标准的证据，但“有些预防措施十分必要，即使被普遍忽视也不能成为遗漏的借口”。可见，整个行业都可能因为没有采用新技术而出现过失。如果适用的注意标准完全建立在行业习惯的基础上，那么法院将废除严格产品责任的一个主要目的——为产品安全研究和快速采用更安全的做法提供激励。①但如果原告没有举出证据证明习惯本身不安全，法院可能会将习惯证据视为设计缺陷问题的定论。例如，在 Turner v. Manning, Maxwell and Moore, Inc. 案②中，一家升降机制造商在销售升降机时没有在钩上安装安全锁。原告因其中一台葫芦脱钩并击中头部而受伤。制造商提交的证据表明，行业的普遍做法是不在葫芦上安装安全锁。虽然法院承认行业惯例的证据并不能最终证明应有的谨慎，但如果没有证据证明该行业惯例不具有合理的安全性，则此类证据可以最终证明无责任。由于原告未能提供证据证明遗漏安全钩是不安全的，法院依法裁定制造商不承担责任。可见，当被告证明其符合行业常规做法而又没有任何实质性的反驳证据证明其存在过错时，被告应依法胜诉。

此外，如果制造商对行业标准的遵守可以用来证明产品的特性符合消费者对安全的合理预期，则构成制造商的技术水平抗辩。③ 例如，在 McClung v. Ford Motor Co. 案④中，原告声称其汽车方向盘的设计存在缺陷，被告提出了行业习惯证据。法院认为，被控设计不符合预期用途的车辆，其设计和结构必须与制造该车辆的一般机械或结构工程专业人员所掌握的公认科学知识不符或相悖，方可提起诉讼。该设计必须是这

---

① See Garey B. Spradley, “Defensive Use of State of the Art Evidence in Strict Products Liability”, 67 Minn. L. Rev. 343, 1982, p. 361.

② See 216 Va. 245, 217 S. E. 2d 863, 868 (1975).

③ See James Boyd, Daniel E. Ingberman, “Should ‘Relative Safety’ Be a Test of Product Liability?”, 26 J. Legal Stud. 433, 1997, p. 440.

④ See 333 F. Supp. 17, 21 (S. D. W. Va. 1971).

样的，即在应用普遍的工程和科学知识时，可以合理地预见到，在正常和公认地使用如此设计的产品的过程中，可以合理地预期此处所称的结果。

值得一提的是，也有少数案例认为，有证据证明符合政府标准，就可以免除制造商或销售商的责任。政府标准通常只涉及设计缺陷和警告案件，政府标准只规定最低限度的产品设计质量和销售条件。遵守这些政府标准只能说明制造商尽了最基本的努力来保证产品的安全。[①]

（三）《侵权法重述（第三版）》的合理性标准立场

依据《侵权法重述（第三版）》，如果销售商或商业销售链中的前身采用合理的替代设计可以减少或避免该产品造成的可预见的伤害风险，而该替代设计的缺失使该产品不具有合理的安全性，则该产品在设计上存在缺陷。[②] 这一规定并没有明确提及最新技术水平，而是采用了合理性（“风险/效用平衡”）标准作为判断产品设计缺陷的标准。这避免了“技术水平”多重含义带来的混乱。

但《侵权法重述（第三版）》仍在评注部分讨论了技术水平的概念，承认“技术水平”一词有多种不同含义后，进一步提出“如果采用合理的替代设计可以使产品更安全，则该设计存在缺陷。如果在销售时可以实际采用这种设计，而且如果这种设计的缺失导致产品不具有合理的安全性，那么产品存在缺陷。当被告证明其产品设计在销售时是最安全的设计时，原告可能很难证明替代设计本可实际采用”。[③] 可见，《侵权法重述（第三版）》似乎支持了“技术进步”标准。然而，评注似乎又将最先进的设计等同于行业习惯，认为“被告可以提出有关行业习惯的证据，以证明替代设计是否切实可行。行业习惯也可能与遗漏替代设计是否使产品不具有合理安全性有关”。[④] 不过评注还指出，行业

---

① See Garey B. Spradley, “Defensive Use of State of the Art Evidence in Strict Products Liability”, 67 Minn. L. Rev. 343, 1982, p. 367.

② See Restatement (Third) of Torts: Products Liability § 2 (b), 1998.

③ Restatement (Third) of Torts: Products Liability § 2, comment d, 1998.

④ Restatement (Third) of Torts: Products Liability § 2, comment d, 1998.

习惯的证据可以采纳，但不一定是决定性的。如果原告证明合理的替代设计实际上是可以采用的，那么尽管在产品销售时没有任何制造商采用这种设计，甚至没有考虑将其用于商业用途，事实审判者仍可得出产品存在缺陷的结论。[①]

总的来讲，技术水平抗辩的标准不是唯一的，大多数法院似乎都接受了“技术进步”标准，但行业标准或行业习惯也有可能被采纳。当信息对称时（消费者和制造商都知情时），依靠通常习惯做法可以节约缔约成本，而且比司法成本效益分析更能准确地衡量安全决策的最优性。[②] 当信息不对称严重到不能指望普通消费者充分了解产品特性或替代设计的相关范围时，“技术进步”标准似乎最有可能适用。

五、免责条款抗辩

免责条款抗辩（exculpatory clause defense）也称为免责声明抗辩，旨在免除一方当事人的责任，[③] 即一方当事人在其受到伤害之前同意放弃其因对方当事人过失行为而遭受损害的起诉权利。[④] 免责条款是基于合同的抗辩，其实质是转移伤害风险，剥夺了合同一方因另一方的过失行为而遭受损害的索赔权。[⑤] 事实上，免责条款抗辩在严格产品责任中并不受欢迎，《侵权法重述（第二版）》和《侵权法重述（第三版）》都指出，消费者对严格责任的诉讼不受任何免责声明或其他协议的影响。[⑥]

依据《侵权法重述（第三版）》，产品销售商或其他分销商的免责声明和补救措施限制、产品购买者的弃权声明以及其他类似的口头或书

---

① See Restatement (Third) of Torts: Products Liability § 2, comment d, 1998.

② See Richard A. Epstein, “The Path to the T. J. Hooper: The Theory and History of Custom in the Law of Tort”, 21 J L Stud. 1, 1992, p. 1.

③ See Restatement (Second) of Contracts § 195, 1981.

④ See John C. P. Goldberg, Benjamin C. Zipursky, The Oxford Introduction to U. S. Law: Torts, Oxford University Press, 2012, p. 184.

⑤ See Sanislo v. Give Kids the World, Inc., 157 So. 3d 256, 265 (Fla. 2015).

⑥ See Restatement (Second) of Torts § 402A, comment m, 1965; Restatement (Third) of Torts: Products Liability § 18, 1998.

面合同免责声明，并不能阻止或减少针对新产品销售商或其他分销商就人身伤害提出的有效产品责任索赔。[①] 其主要理由是“普通产品使用者或消费者缺乏足够的信息和讨价还价的能力，无法在合同中对索赔权做出公平的限制”。[②] 但这一规则亦有例外，即当产品购买者既拥有足够的知识又具有足够的经济实力时，尤其是由信息灵通、经济实力雄厚的消费者团体或中介机构所代表的消费者，在拥有充分信息和足够议价能力的情况下，与产品销售商签订合同，且此类合同附有“替代性非侵权救济措施，作为减少或取消侵权追偿权的适当交换条件”，则有理由支持此含有免责条款的协议生效。[③] 此外，《侵权法重述（第三版）》还指出，二手产品销售商对产品缺陷所造成损害的免责声明可能具有决定性的法律效力，这取决于缺陷所造成损害的性质。[④] 当有缺陷的产品对第三人拥有的财产造成损害时，合同当事人之间的合同安排不应使卖方免于承担对第三人的责任。但是，对财产损害的侵权责任的合同限制，如果经过公平的讨价还价，可以为合同双方提供一种有效的方式，在他们之间有效地分配这种损害的风险。[⑤]

可见，严格产品责任中的免责条款抗辩只有满足特别情形时才被认为有效。通常而言，免责条款的有效性涉及两个基本问题：该条款必须表面上可执行，以及不违反公共政策。[⑥]

（一）免责条款的表面可执行性

免责条款的表面可执行性主要体现为：免责条款必须“清晰明确、易懂”，即一个普通的、有知识的人会知道自己签约放弃的是什么。[⑦]

---

① See Restatement (Third) of Torts: Products Liability § 18, 1998.

② Restatement (Third) of Torts: Products Liability § 18, comment a, 1998.

③ See Restatement (Third) of Torts: Products Liability § 18, comment d, 1998.

④ See Restatement (Third) of Torts: Products Liability § 8, comment k, 1998.

⑤ See Restatement (Third) of Torts: Products Liability § 21, comment f, 1998.

⑥ See Courtney K. Meyer, “Exculpatory Clauses and Artificial Intelligence”, 51 Stetson L. Rev. 259, 2022, p. 264.

⑦ See Courtney K. Meyer, “Exculpatory Clauses and Artificial Intelligence”, 51 Stetson L. Rev. 259, 2022, p. 269 – 270.

例如，在 Williams v. United States. 案①中，法院认为，空军的免责声明只是告知儿童的父母游泳和潜水的潜在危险，而不是空军疏忽的潜在危险。免责条款必须明确说明其所否定的责任，并严格解释为不利于依赖该条款的一方。

事实上，反对免责条款抗辩的一个重要论点是免责条款是模棱两可的，从未实际回答“谁被免除责任以及免除什么责任”这一具体问题，而只是引用了条款中含糊不清、没有定论的语言，似乎只要反复强调，其含义就会变得清晰。② 为此，有些法院进一步明确，评估免责条款时除了适用两条特殊的合同解释规则，即免责条款应严格解释为不利于依赖该条款的一方、条款必须明确规定应避免的责任，还应当考量下列因素：③ 当事人必须了解其免除的潜在责任；当事人必须从交易活动中获益；合同必须是公平订立的。总之，法院应当考虑与协议相关的所有事实和情况，而不仅仅是合同的字面意思。④

笔者认为，在免责条款措辞是否“清晰明确”以及是否对其效力有决定性意义的问题上，美国法院似乎没有或者不能给出较为客观的检验标准，更多的是依靠法官的自由裁量权。但较为明确的是，免责条款与消费者的知情有关。例如，在 Garcia v. Mountain Creek Riding Stable, Inc. 案⑤中，法院认为在免责声明的可执行性方面也存在事实争议，因

---

① See 660 F. Supp. 699, 703 (E. D. Ark. 1987).

② See John G. Shram, “Contract Law—The Collision of Tort and Contract Law: Validity and Enforceability of Exculpatory Clauses in Arkansas, Jordan v. Diamond Equipment, 2005 WL 984513 (2005)”, 28 U. Ark. Little Rock L. Rev. 279, 2006, p. 303.

③ See Jordan v. Diamond Equipment & Supply Co., No. 04 – 1113, 2005 WL 984513, 2 – 3 (Ark. Apr. 28, 2005).

④ See John G. Shram, “Contract Law—The Collision of Tort and Contract Law: Validity and Enforceability of Exculpatory Clauses in Arkansas, Jordan v. Diamond Equipment, 2005 WL 984513 (2005)”, 28 U. Ark. Little Rock L. Rev. 279, 2006, p. 300.

⑤ See 2021 WL 5154815 (M. D. Pa. June 15, 2021). 当原告参与者在骑马前换上适合骑马的鞋子时，她的儿子给她看了一些文件，他说这些文件需要签字，而且他们正在匆忙签字。这些文件包含了对被告骑马经营者疏忽责任的免责声明；对与马相处的固有风险的详尽描述；风险承担。财产上的标牌也有必要的法定风险承担警告。但这一切都是用英语写的，参与者作证说她没有看到或签署免责声明，也不懂英语，而且她也不知道她的丈夫为她签署了免责声明。不幸的是，在骑马途中，参与者的马突然发力，将她摔倒在地，需要到医院就诊。

为即使语言障碍并不妨碍免责声明的执行，但参与者是否授权其丈夫代为签署免责声明仍是一个未决问题。也就是说，尽管有良好的合同和标牌，但当越野骑行经营者的程序无法确保参与者在签署责任弃权书时做出知情决定时，也会给自己带来麻烦。

（二）公共政策对免责条款的效力限制

在严格产品责任中，即使免责条款的措辞足够清晰明确，足以提醒消费者放弃全部权利，还有第二个更有力的论据反对免责条款的有效性，即公共政策对免责条款的效力限制。长期以来，美国法院一直认定违背公共政策的免责条款无效，但“公共政策”一词的含义模糊而多变，没有固定的规则来确定它是什么——它的定义松散而自由。①

加利福尼亚州最高法院在 Tunkl v. Regents of Univ. of Cal. 案②（以下简称 Tunkl 案）中作出了关于免责条款抗辩的重要判决，迄今为止，该判决确立的公共政策检验标准仍最具影响力。③ 该案认定免责条款因违反公共政策而无效，并阐明了规范公共政策的检验标准：“影响公共利益的交易……具有以下一些或所有特征。它涉及的业务类型通常被认为适合公共监管。寻求免责的一方正在从事一项对公众极为重要的服务，而这往往是一些公众成员的实际需要。当事人表示自己愿意为任何寻求这种服务的公众成员提供这种服务，或者至少为任何符合某些既定标准的公众成员提供这种服务。由于服务的基本性质，在交易的经济环境中，援引免责的一方在与任何寻求其服务的公众讨价还价时拥有决定性的优势。在这种讨价还价的过程中，当事人向公众提供的是一份标准的免责附合合同，并没有规定购买者可以支付额外的合理费用并获得针对过失的保护。最后，由于交易的结果，买方的人身或财产被置于卖

---

① See Kuzmiak v. Brookchester, Inc., 111 A. 2d 425, 430 (N. J. Super. Ct. App. Div. 1955).

② See Tunkl v. Regents of Univ. of Cal., 383 P. 2d 441, 443 (Cal. 1963).

③ See Ryan Martins et al., “Contract’s Revenge: The Waiver Society and the Death of Tort”, 41 Cardozo L. Rev. 1265, 2020, p. 1286 - 1287.

方的控制之下，要承担卖方或其代理人疏忽大意的风险。”[①] 概言之，Tunkl 案在确定公共政策的含义时所考量的因素有：（1）寻求免责一方从事为公众服务的事业；（2）免责条款的签订是双方当事人自愿达成；（3）寻求免责一方自愿提供了服务；（4）寻求免责一方当事人的讨价还价能力占据绝对优势；（5）寻求免责一方提供了免责附合合同；（6）交易的结果是一方在另一方的控制之下。

随后，这些公共政策的考量因素开始在其他州传播，许多司法管辖区逐步采纳了 Tunkl 案因素，并作出了有利于受害原告的判决。例如，田纳西州最高法院全盘采纳了 Tunkl 案因素，印第安纳州上诉法院也采纳了 Tunkl 案因素，[②] 州法院对 Tunkl 案因素的全盘采纳一直持续到 20 世纪 80 年代。[③] 还有许多法院受 Tunkl 案因素的影响，创建了自己版本的公共政策检验标准。例如，明尼苏达州最高法院创立了公共政策的“双管齐下检验标准”，即双方之间是否存在讨价还价的能力差异，以及提供的服务类型是否属于公共服务或基本服务。[④] 科罗拉多州最高法院阐述了由四个部分组成的公共政策检验标准：“（1）是否存在对公众的责任；（2）所提供服务的性质；（3）合同的订立是否公平；（4）当事人的意图是否以清晰明确的语言表达。”[⑤]

但从 20 世纪 80 年代中期开始，最初看似即将出现的公共政策浪潮放缓为公共政策涓涓细流。[⑥] 有些法院强调免责条款的分析应当“最大限度地减少与公共政策相关的传统关注”，并接受了对免责条款的合同

---

① Tunkl v. Regents of Univ. of Cal., 383 P. 2d 441, 445 – 446 (Cal. 1963).

② See Miller v. Fallon Cty., 721 P. 2d 342 (Mont. 1986); Morgan v. S. Cent. Bell Tel. Co., 466 So. 2d 107 (Ala. 1985).

③ See Ryan Martins et al., “Contract's Revenge: The Waiver Society and the Death of Tort”, 41 Cardozo L. Rev. 1265, 2020, p. 1288.

④ See Schlobohm v. Spa Petite, Inc., 326 N. W. 2d 920, 923 (Minn. 1982).

⑤ Jones v. Dressel, 623 P. 2d 370, 376 (Colo. 1981).

⑥ See Ryan Martins et al., “Contract's Revenge: The Waiver Society and the Death of Tort”, 41 Cardozo L. Rev. 1265, 2020, p. 1291.

自由至关重要的固有市场效率理念。[1] 而其他继续采用公共政策检验标准的法院也逐步缩小了被认为符合公共政策的活动范围，以至于免责声明很少被宣布无效。[2] 佐治亚州上诉法院对 Lovelace v. Figure Salon, Inc. 案[3]的判决是新一轮判决的典型代表，它重新唤起了关于合同自由的旧观念。法院指出，“不轻易干涉当事人订立合同的自由是该州最重要的公共政策。公共政策不是执行合同免责的障碍，而是执行免责条款的理由”。很多法院支持了这一观点，如在南卡罗来纳州的一起赛车事故中，赛前免责条款也得到了支持，因为“人们应该有自由选择订约的权利”。[4]

综上所述，目前美国大部分法院在审视免责条款抗辩时，似乎开始将重点从以公共政策为导向的关注转向自由放任的契约自由关注。这意味着法院减少了对免责条款效力的干涉，免责条款抗辩成为严格产品责任中的有力抗辩。诚如学者所言，“趋势是明确的，合同条款再次战胜了侵权标准”。[5]

六、法规遵守抗辩

法规遵守抗辩（regulatory compliance defense）也可称为法定合规抗辩。通常认为，法规遵守抗辩源于美国联邦最高法院判决的 Grand

---

① See John G. Shram, “Contract Law—The Collision of Tort and Contract Law: Validity and Enforceability of Exculpatory Clauses in Arkansas, Jordan v. Diamond Equipment, 2005 WL 984513 (2005)”, 28 U. Ark. Little Rock L. Rev. 279, 2006, p. 288 – 289.

② See Ryan Martins et al., “Contract's Revenge: The Waiver Society and the Death of Tort”, 41 Cardozo L. Rev. 1265, 2020, p. 1292.

③ See 345 S. E. 2d 139, 140 (Ga. Ct. App. 1986). 此案中，Marilyn Lovelace 和她的丈夫起诉了一家商业健身中心，因为她在使用被告的设施时背部受伤。Lovelace 声称，被告在她进行日常锻炼时疏忽大意，没有对员工进行适当监督，也没有警告她举重过重的后果。但被告提交了一份 Lovelace 匆忙签署的免责声明，作为她与健身中心协议的一部分，其中部分内容指出 Lovelace 同意免除被告的所有过失索赔。

④ Huckaby v. Confederate Motor Speedway, Inc., 281 S. E. 2d 223, 224 (S. C. 1981).

⑤ Ryan Martins et al., “Contract's Revenge: The Waiver Society and the Death of Tort”, 41 Cardozo L. Rev. 1265, 2020, p. 1299.

Trunk Railway Co. of Canada v. Ives 案[①]（以下简称 Ives 案），该案是最早考虑遵守安全条例是否会导致侵权责任的案件之一。在 Ives 案中，法院指出："无论是立法机构还是铁路委员，都不能事先武断地决定，在以后可能出现的每一个特定情况下，铁路公司在交叉路口的普通谨慎或合理谨慎应构成什么。每个案件都必须根据其本身的是非曲直，并根据其本身的事实和情况作出裁决。"[②] 因此，法院支持原审法院的陪审团指示，即遵守法律并不一定等同于履行了合理谨慎义务，并维持了陪审团对死者的判决。

（一）《侵权法重述（第二版）》与《侵权法重述（第三版）》的立场

《侵权法重述（第二版）》认可了 Ives 案规则，即如果一个合理谨慎的人会采取额外的预防措施，遵守立法或行政法规并不妨碍对过失的认定。[③] 同时，《侵权法重述（第二版）》对此做出重要的限制：当发现一项法规或规章为过失诉讼的目的界定了行为标准时，这一标准通常是最低标准，适用于立法所设想的一般情况。这种立法或行政上的最低标准并不妨碍认定一个合理谨慎的人会在需要采取额外预防措施的情况下采取措施。[④] 换言之，没有特殊情况要求被告采取额外的预防措施时，法院可以判定遵守法规或法定标准构成法律上的注意。[⑤]

《侵权法重述（第三版）》保留了《侵权法重述（第二版）》的基

---

① See 144 U. S. 408 (1892). 在该案中，史密斯先生及其妻子在底特律市的一个铁路道口被一列火车撞死。史密斯先生的遗产管理人对铁路公司提起过失诉讼，认为铁路公司本应在十字路口设置旗手或提供闸门，以保护旅客免受迎面驶来的火车的伤害。陪审团裁定原告胜诉，被告铁路公司提起上诉。铁路公司辩称，它没有必要采取额外的预防措施，因为密歇根州的信号灯、旗手、道闸等在交叉口的整个问题都是由法规规定的。法规规定，铁路专员负责决定是否应在特定铁路道口设置旗手，除非铁路专员确定事故发生的道口需要旗手，否则铁路公司没有提供旗手并不是疏忽。在本案中，铁路专员并未命令铁路公司在该道口设置旗手。

② 144 U. S. 408, 427 (1892).

③ See Restatement (Second) of Torts § 288C, 1965.

④ See Restatement (Second) of Torts § 288C, comment a, 1965.

⑤ See William L. Prosser et al., Prosser and Keeton on Torts, ST. PAUL, West Group, 1984, p. 233; Paul Dueffert, "The Role of Regulatory Compliance in Tort Actions", 26 Harv. J. on Legis. 175, 1989, p. 186.

本方法，延续了 Ives 案规则，即“在确定产品在法规或行政条例所寻求减少的风险方面是否存在缺陷时，应适当考虑产品是否符合适用的产品安全法规或行政条例，但这种符合性并不排除在法律上认定产品存在缺陷”。① 相比于《侵权法重述（第二版）》，《侵权法重述（第三版）》进一步明确了立场，当一方未能遵守产品安全法规或行政条例时，产品本身应被视为有缺陷。② 其同时指出，基于监管环境的显著复杂性，法规遵守作为法律事项确立非缺陷的偶发情况也存在，如“当法规或行政条例是最近颁布的，从而为其中规定的标准提供了时效性；当具体标准涉及的正是法庭审理案件中提出的产品设计或警告问题；当法庭确信制定安全标准的审议过程是充分、公正和彻底的，并反映了大量的专业知识”。③

可见，两次《侵权法重述》都将安全法规作为行为的最低标准，只有在特殊情形下，法规遵守抗辩才有效。

（二）支持法规遵守抗辩的论据

尽管法规遵守抗辩不能完全地为产品制造商提供有力的保护，但很多学者和法院仍坚持认为应当尊重法规遵守抗辩。其主要原因包括：

第一，立法机构和监管机构比法院更有能力制定有效的安全标准。④ 因为立法机构和行政机构通常会聘用具有教育资质、培训和经验的专业人员，以了解安全监管的技术和经济信息。⑤ 必要时，这些工作人员还可以通过委托研究或征求外部专家的意见来获得帮助。⑥ 在大多

---

① Restatement (Third) of Torts: Product Liability § 4 (b), 1998. Restatement (Third) of Torts: Liability for Physical Harm § 16 (a) 有类似的规定：“行为人遵守有关法规，虽然是无过失的证据，但并不排除根据第 3 认定行为人因未采取法规规定以外的预防措施而有过失。”

② See Restatement (Third) of Torts: Product Liability § 4 (a), 1998.

③ Restatement (Third) of Torts: Product Liability § 4, comment e, 1998.

④ See Peter Huber, “Safety and the Second Best: The Hazards of Public Risk Management in the Courts”, 85 Colum. L. Rev. 277, 1985, p. 334 – 335.

⑤ See Daniel Carpenter, A. Mark Fendrick, “Accelerating Approval Times for New Drugs in the U. S.”, 15 Reg. Aff. J. 411, 2004, p. 411 – 417.

⑥ See Steven L. Holley, “The Relationship Between Federal Standards and Litigation in the Control of Automobile Design”, 57 N. Y. U. L. Rev. 804, 1982, p. 819.

数情况下，这些国家或共识标准是最佳或最先进的安全标准，而不是最低标准。[①]

第二，监管效率的提高。如果政府法规所规定的谨慎标准实际上是最低标准，那么它与侵权法所规定的谨慎标准之间可能会有很大的差别。在这种情况下，执行更严格的侵权法标准所节省的事故成本，可能值得维持双重监管体系所增加的费用。[②] 但是，如果法规所要求的谨慎标准与侵权法所要求的谨慎标准之间没有明显差别，那么在现有政府法规的基础上叠加侵权法安全标准就不可能具有成本效益，因为侵权法标准略微提高所带来的事故成本的额外减少不会超过实施这些标准的成本。[③]

第三，强有力的遵守法规抗辩将促进更公平、更统一地适用政府安全标准。[④] 一方面，如果没有强有力的司法尊重监管标准的政策，一些遵守适用安全标准的被告仍会被认定为过失，而另一些被告则会逃脱责任。这种不统一的待遇对诉讼当事人是不公平的，也削弱了侵权法的威慑作用。另一方面，如果这些个人和企业知道遵守法规可以免除他们的侵权责任，他们可能会有更多的动力去遵守法规标准。[⑤]

第四，模糊或不一致的侵权标准对具有社会效用但本质上有风险的活动造成了过重的负担。[⑥] 当法院承认遵守法规是一种抗辩事由时，政

---

① See Robert W. Hamilton, "Prospects for the Nongovernmental Development of Regulatory Standards", 32 Am. U. L. Rev. 455, 1983, p. 462 – 464.

② See Richard C. Ausness et al., "Providing a Safe Harbor for Those Who Play by the Rules: The Case for a Strong Regulatory Compliance Defense", 2008 Utah L. Rev. 115, 2008, p. 135.

③ See Richard C. Ausness, "The Case for a 'Strong' Regulatory Compliance Defense", 55 Md. L. Rev. 1210, 1996, p. 1257 – 1266.

④ See Ashley W. Warren, "Compliance with Governmental Regulatory Standards: Is It Enough to Immunize a Defendant from Tort Liability?", 49 Baylor L. Rev. 763, 1997, p. 805 – 806.

⑤ See Michael D. Green, "Statutory Compliance and Tort Liability: Examining the Strongest Case", 30 U. Mich. J. L. Reform 461, 1997, p. 483.

⑥ See Ashley W. Warren, "Compliance with Governmental Regulatory Standards: Is It Enough to Immunize a Defendant from Tort Liability?", 49 Baylor L. Rev. 763, 1997, p. 780.

府法规可以为企业提供重要的"安全港"。[①] 商业实体不必预测法院将来会采用何种侵权法标准，而是可以预先知道，如果它遵守适用的政府安全标准，且该标准具有前瞻性，且案件中没有特殊情况，那么它将不会在随后的侵权诉讼中承担责任。

尽管如此，一些学者依然反对将承认遵守政府标准作为侵权责任抗辩的宽泛规则。[②] 在他们看来，侵权责任对于保护公共安全是必要的，因为政府的标准往往是最低性质的。[③]

---

① See Richard C. Ausness, "The Case for a 'Strong' Regulatory Compliance Defense", 55 Md. L. Rev. 1210, 1996, p. 1218.

② See Teresa Moran Schwartz, Punitive Damages and Regulated Products, 42 Am. U. L. Rev. 1335, 1993, p. 1340 – 1341.

③ See Ashley W. Warren, "Compliance with Governmental Regulatory Standards: Is It Enough to Immunize a Defendant from Tort Liability?", 49 Baylor L. Rev. 763, 1997, p. 807.

第五章　普通法系侵权法上诽谤侵权的抗辩事由

名誉侵权一般不会造成任何形式的实际损害，该类侵权行为的原因与过失责任无关，与非法侵入的故意侵权行为也无关。故该类侵权行为通常是独立发展的，显示出与过失侵权行为、故意侵权行为适用不同的原则、不同的政策。因此，名誉侵权行为有其特别的抗辩事由。名誉侵权行为主要表现为诽谤侵权和隐私侵权，鉴于美国侵权法中，诽谤法有着长远的历史且体系制度较为完整，而系统的隐私权只是在20世纪才得以发展，同时诽谤侵权与隐私侵权适用的抗辩事由基本一致，故本书以诽谤法为例，研究该类侵权行为的抗辩事由。

第一节　普通法系诽谤侵权的溯源与构成

诽谤是最为复杂的侵权行为之一，其复杂性来自诽谤法的历史起源及调和名誉保护与言论自由中的各种重要却经常冲突的利益的困难性。[①] 正因诽谤法试图平衡个人的名誉与言论自由的利益冲突，才显得如此重要，诚如学者所言，“如果每个时代的法律都是一个完整的系统，那么在这个系统中没有哪一部分比诽谤法更有意义。诽谤法保护个人和公众机构免受言论的毁损性攻击，且不以牺牲公共思想与言论自由为代价。成功地调和两者之间的关系将是一种令人钦佩的文化”。[②]

---

① 参见［美］小詹姆斯·A. 亨德森等：《美国侵权法实体与程序》，王竹等译，北京大学出版社2014年版，第699页。

② Van Vechten Veeder, “The History and Theory of the Law of Defamation”, 3 Colum. L. Rev. 546, 1903, p. 546.

一、诽谤侵权的概念

在美国侵权法上，诽谤意味着对他人的蔑视、嘲笑、污蔑、厌恶。[①] 但如果言论或陈述仅仅是令人厌恶、讨厌、尴尬的或原告的感情受到伤害，则该言论或陈述是不可诉的。人们应当能够容忍此类言论或陈述，否则可能造成滥诉。[②] 此外，诽谤的含义还取决于时代的性质、俗语、内涵、以前或随后的广播、文章以及常识问题。[③] 也就是说，诽谤作为一种明显的社会侵权行为，[④] 其含义是相对的，随着社会环境的变化而演变。例如，如果一家报纸称原告是同性恋者，或许在以前被认为是诽谤，而现在在大多数司法管辖区不会因此认定为诽谤。[⑤]

尽管诽谤的含义充满不确定性，但比较明确的是，诽谤意味着对原告名誉的损害，诽谤法的目的在于保护原告名誉免受侵害。[⑥] 因此，诽谤是一种向公众发布的言论或陈述造成他人名誉损害的侵权行为。[⑦] 换言之，诽谤更倾向于损害原告在公众面前的名誉，减损原告在社会中的自尊、尊严、荣誉及信心或利用引发敌视、贬损原告的情感或意见，羞辱是诽谤的重要因素，诽谤性判断应当遵循理性人标准。[⑧]

名誉是一个抽象的概念，普通法并没有对名誉进行定义。[⑨] 美国学

---

① See Foster v. Churchill, 665 N. E. 2d 153, 157 (N. Y. 1996). quote: Roy S. Gutterman, "Liar! Liar? The Defamatory Impact of 'Liar' in the Modern World", 27 Fordham Intell. Prop. Media & Ent. L. J. 254, 2017, p. 254.

② See Bonnie Docherty, "Defamation Law: Positive Jurisprudence", 13 Harv. Hum. Rts. J. 263, 2000, p. 264 – 265.

③ See Jerome K. Skolnick, "Foreword: The Sociological Tort of Defamation", 74 CALIF. L. Rev. 677, 1986, p. 677.

④ See Jerome K. Skolnick, "Foreword: The Sociological Tort of Defamation", 74 CALIF. L. Rev. 677, 1986, p. 677.

⑤ See Jay Barth, "Is False Imputation of Being Gay, Lesbian, or Bisexual Still Defamatory?", 34 UALR L. Rev. 527, 2012, p. 527.

⑥ See Rosenblatt v. Baer, 383 U. S. 75, 86 (1966).

⑦ See Bonnie Docherty, "Defamation Law: Positive Jurisprudence", 13 Harv. Hum. Rts. J. 263, 2000, p. 264.

⑧ See William L. Prosser et al., Prosser and Keeton on Torts, West Group, 1984, p. 773.

⑨ See Note, "Developments in the Law Defamation", 69 Harv. L. Rev. 875, 1956, p. 877.

者从三个层面理解“名誉”这一术语：第一，名誉可以被理解为作为一种无形财产的良好商誉，即个人可以通过“人才的运用”或“机械技能和聪明才智”来获得的东西。此类声誉的损害是“能够进行金钱测量”的，因为声誉的价值由市场决定，与市场确定任何财产损失的现金价值完全相同。[①] 第二，作为荣誉（honor）的名誉。诽谤法中的荣誉被定义为个人以个人身份识别社会角色特征的一种名誉形式，个人以其身份所获得的社会尊重。[②] 换言之，荣誉是个人依据自身的社会地位（如社会职业、阶层）而获得的名誉。第三，作为尊严的名誉。尊严是一种与自我完整有关的宗教礼仪。[③] 人性尊严总是处在危险之中，尊重和表现的规则体现在言论中，因此受诽谤法的约束，即“文明规则”。[④] 事实上，作为尊严的名誉创造了诽谤法的两个功能——恢复个人尊严和维护社会成员的身份。其中，荣誉的名誉和尊严的名誉较为相似，但荣誉关注源于特定社会角色的个人身份特征，而尊严则倾向于社会成员的个人认同。因此，荣誉下的诽谤法保护具体社会角色的地位，而尊严下的诽谤法保护整体社会的身份。[⑤]

依据《侵权法重述（第二版）》，如果一项言论或陈述倾向于伤害他人的名誉从而降低社区对他的评价，或者阻遏第三人与他发生联系或进行交往，则该言论或陈述构成诽谤。[⑥] 因此，诽谤的本质是对原告名誉的侵害，其外延的大小取决于所处时代对名誉的理解。简单地说，诽谤是指向第三人发布虚假言论，致使他人被厌恶、仇视、蔑视，或损害

---

① See Robert C. Post, “The Social Foundations of Defamation Law: Reputation and the Constitution”, 74 Cal. L. Rev. 691, 1986, p. 692.

② See Max Weber, “The Protestant Sects and the Spirit of Capitalism”, in H. H. Gerth, C. W. Mills eds., *From Max Weber: Essays in Sociology*, Oxford University Press, 1958, p. 186 – 188.

③ See Michael S. Pritchard, “Human Dignity and Justice”, 82 Ethics 299, 1972, p. 300 – 302.

④ See Robert C. Post, “The Social Foundations of Defamation Law: Reputation and the Constitution”, 74 Cal. L. Rev. 691, 1986, p. 701.

⑤ See Robert C. Post, “The Social Foundations of Defamation Law: Reputation and the Constitution”, 74 Cal. L. Rev. 691, 1986, p. 703 – 704.

⑥ See Restatement (Second) of Torts § 559, 1965.

他人的尊严，或使他人为人避之不及，或损害他人的商誉和形象。①

二、诽谤侵权的历史溯源

诽谤法有丰富的历史和很复杂的规则。正是因为诽谤法有如此复杂的规则，普罗瑟和基顿的侵权法著作在诽谤章节一开始就写到："我们必须一开始就承认大量的诽谤法是没有意义的，它包含了没有任何一个法律专家认可的反常的和荒谬的话语。"②

美国侵权法上的诽谤源于英国法中的诽谤，先后经历了普通法和宪法化的发展历程。其适用的规则亦发生相应的变化。几世纪以来，英美普通法为强有力地保护个人的名誉和良好声誉，对诽谤言论的发布者施加了严格责任。③ 因此，即使他或她（诽谤言论发布者）没有意识到发布的言论构成诽谤，或者甚至他或她不知道原告的存在，他或她亦应当对该诽谤言论承担责任。④ 诚如霍姆斯所言，"如果出版（言论）是诽谤性的，则被告承担（侵权）风险，如曼斯菲尔德勋爵（Lord Mansfield）所认为的'只要出版，则出版者承担风险'，原因很简单，诽谤是有害的。如果一个人为了一则新闻或广告而没有其他正当理由，出版诽谤他人的虚假言论，依据侵权法规则，该出版者应当承担责任"。⑤ 法院对于严格责任的适用表明其对个人名誉的高度重视。但随着时间的推移，社会关注及公众情感使法院为平衡公众言论自由和被诽谤者利益而调整了保护范围。⑥ 20 世纪中期开始，美国联邦最高法院作出一系列裁决废除严格责任标准，开始了诽谤法宪法化，最引人注目的

---

① See Harold L. Nelson et al., *Law of Mass Communications: Freedom and Control of Print and Broadcast Media*, Foundation Press, 1989, p. 99.

② William L. Prosser et al., *Prosser and Keeton on Torts*, West Group, 1984, p. 771.

③ See Joshua B. Orenstein, "Absolute Privilege from Defamation Claims and the Devaluing of Teacher' Professional Reputations", Wis. L. Rev. 261, 2005, p. 268.

④ See Joshua B. Orenstein, "Absolute Privilege from Defamation Claims and the Devaluing of Teacher' Professional Reputations", Wis. L. Rev. 261, 2005, p. 268.

⑤ Peck v. Tribune Co., 214 U. S. 185, 189 (1909).

⑥ See William L. Prosser et al., *Prosser and Keeton on Torts*, West Group, 1984, p. 772.

是 New York Times v. Sullivan 案[①]（以下简称 Times 案）和 Gertz v. Robert Welch，Inc. 案[②]（以下简称 Gertz 案）。

（一）诽谤的源起：英国法中的诽谤

在英国国王阿尔弗雷德（Alfred）统治时期（大约公元 880 年），口头诽谤者应当被割掉舌头，除非他以自己的人头予以赎回。[③] 16 世纪以前，名誉的损害并非法律关注的焦点，关注更多的是导致仇恨的侮辱，以及可以直接报复的救济。[④] 显然，这样的救济方式不能满足人们保护名誉的需求。概括而言，诽谤诉讼先后经历了四类不同的法院管辖，即中世纪的地方法院（local court）、教会法院、星室法院（the Star Chamber）及普通法法院。

13 世纪，诽谤诉讼是地方法院管辖的最为常见的侵权诉讼。[⑤] 此时普通法不承认诽谤法，书面诽谤和口头诽谤没有明显的区分。但真实性抗辩已成为诽谤的抗辩事由，如 1294 年的一则案例，[⑥] 被告诽谤原告盗取粮食，原告指控被告诽谤。被告认为，他只是陈述了事实，事实不构成诽谤。1066 年诺曼底征服后，威廉公爵颁布一项著名的政令，将法院划分为世俗法院（王室法院）和精神法院（教会法院）。[⑦] 两种法院制度的差异不可避免地导致了管辖范围的争议，尤其是诽谤诉讼的管辖问题。13 至 14 世纪，诽谤被作为涉及精神层面的诉讼由教会法院管辖。[⑧] 从 1475 年到 1610 年，诽谤案件在教会法院审理的 700 多个案件中所占比重是 5% ~6%，且大部分诽谤案件涉及性不道德。[⑨] 在诽谤的

---

① See 376 U. S. 254，285 (1964).

② See 418 U. S. 323，347 (1974).

③ See Van Vechten Veeder，“The History and Theory of the Law of Defamation”，3 Colum. L. Rev. 546，1903，p. 550.

④ 参见［美］丹·B. 多布斯：《侵权法》（下册），马静等译，中国政法大学出版社 2014 年版，第 965 页。

⑤ See R. C. Donnelly，“History of Defamation”，1949 Wis. L. Rev. 99，1949，p. 100.

⑥ See R. C. Donnelly，“History of Defamation”，1949 Wis. L. Rev. 99，1949，p. 103.

⑦ See R. C. Donnelly，“History of Defamation”，1949 Wis. L. Rev. 99，1949，p. 103 – 104.

⑧ See R. C. Donnelly，“History of Defamation”，1949 Wis. L. Rev. 99，1949，p. 105.

⑨ See Frank Carr，“History of Defamation”，18 LAW Q. Rev. 255，1902，p. 270.

形式上，口头诽谤与书面诽谤仍没有明显区分。贬低他人的口头话语在教会法庭上被作为罪孽惩罚。[①] 经过长期斗争，教会法院的司法管辖权逐渐向王室法院转移，直到 16 世纪后半叶诽谤诉讼的管辖权才转移至王室法院。但王室法院对诽谤仅给予有限的救济，并且很少涉及名誉的保护，换言之，此时的诽谤诉讼仅仅是一系列经过许可的例外。[②] 直到 17 世纪，普通法法院才接管了涉及诽谤的案件。

（二）美国普通法中的诽谤

作为英国曾经的殖民国家，美国普通法接受并发展了英国法上的诽谤制度。在 1964 年之前，美国诽谤法完全取决于各州的普通法，[③] 主要原因在于美国宪法第一修正案不适用于诽谤言论。[④] 依据普通法，诽谤侵权属于严格责任，适用的抗辩事由仅有真实性抗辩或特权。[⑤]

普通法上的诽谤分为书面诽谤和口头诽谤。这种简单的两分法最初源于曼斯菲尔德勋爵对 Thorley v. Lord Kerry 案[⑥]的评注，两种诽谤有着不同的发展历史，尽管有着细微的差别，但仍都适用普通法中诽谤的一般规则。[⑦] 传统普通法认为，诽谤法保护个人免受他人（虚假言论造成的）声誉和名誉侵害。[⑧] 而与之并列的是言论自由和出版自由（新闻自由），即确保公众对公共问题不受约束的、有力的自由言论。[⑨] 在普

---

① 参见［美］丹·B. 多布斯：《侵权法》（下册），马静等译，中国政法大学出版社 2014 年版，第 965 页。

② See Van Vechten Veeder, "The History and Theory of the Law of Defamation", 3 Colum. L. Rev. 546, 1903, p. 547.

③ See Van Vechten Veeder, "The History and Theory of the Law of Defamation", 3 Colum. L. Rev. 546, 1903, p. 546.

④ See Michael A. Sarafin, "A Rationale for Reforming the Indiana Standard in Private Figure Defamation Suits", 35 Val. U. L. Rev. 617, 2001, p. 618.

⑤ See M. M. Slaughter, "The Development of Common Law Defamation Privileges: From Communitarian Society to Market Society", 14 Cardozo L. Rev. 351, 1992, p. 351.

⑥ See 4 Taunt. 355 (1812).

⑦ See Jeffrey A. Plunkett, "The Constitutional Law of Defamation: Are All Speakers Protected Equally?", 44 Ohio St. L. J. 149, 1983, p. 150.

⑧ See Eaton, "The American Law of Defamation through Gertz v. Robert Welch, Inc. and Beyond: An Analytical Primer", 61 VA. L. Rev. 1349, 1975, p. 1357 - 1359.

⑨ See New York Times Co. v. Sullivan, 376 U. S. 254, 270 (1964).

通法中，原告必须建立两个要素构成初步案件：被告发布声明且该声明为诽谤。诽谤的类型决定了其可诉性。口头诽谤是可诉的，原告可获得一般的损害赔偿；与口头诽谤相比，书面诽谤适用更严格的条件，只有在特殊情况下才是可诉的。如果诽谤本身不可诉，原告必须证明“特殊损害”才能获得赔偿。[①] 尽管两者有所不同，但两者都遵循严格责任标准。换言之，诽谤在普通法上的规则是为保护个人名誉和良好的声誉，对发布诽谤性言论者施加严格责任。

普通法诽谤中存在两项抗辩事由：真实性抗辩和特权抗辩。原告证明被告的口头或书面诽谤的理由是其陈述声明是虚假的，而被告则需证明其陈述是真实的。真实性陈述构成诽谤诉讼的完全抗辩。[②]

特权抗辩分为绝对特权和附条件特权，前者免除责任，后者赋予发布者为促进特权被滥用或超越而损失的重要具体利益进行有条件保护。[③] 绝对特权完全免除了被告的责任，不考虑被告在说谎时的动机。[④] 此类特权只适用于司法和立法程序中的声明，行政通信，口头对话，政治广播以及原告同意的陈述。[⑤] 相比之下，条件特权在所有情况下都不会消除责任，可以通过滥用行为来克服。滥用发生在被告无理由相信所声明的陈述的真实性时。[⑥] 曾经发表言论保护自己的合法利益的被告可以利用有条件的特权。特权同样适用于保护第三方合法权益的言论，特别是当发言人有道义或法律义务保护该方的利益时。[⑦] 此外，普通法确认了“公平评论”的特权。鉴于“公平评论对于历史的真相和科学的

---

① See William L. Prosser, *Handbook of the Law of Torts*, West Pub. Co., 1971, p. 766, p. 762, p. 754 – 762.

② See William L. Prosser, *Handbook of the Law of Torts*, West Pub. Co., 1971, p. 797 – 798.

③ See William L. Prosser, *Handbook of the Law of Torts*, West Pub. Co., 1971, p. 792 – 796.

④ See Rodney A. Smolla, *Law of Defamation*, Clark Boardman Callaghan, 1986, § 8.

⑤ See William L. Prosser et al., Prosser and Keeton on Torts, St. Paul: West Publishing Co., 1984, p. 816 – 824.

⑥ See Rodney A. Smolla, *Law of Defamation*, Clark Boardman Callaghan, 1986, § 8.

⑦ See Rodney A. Smolla, *Law of Defamation*, Clark Boardman Callaghan, 1986, § 8.

进步本质上是必要的”,[①] 该特权免除了公开诚实的言论，但关于公共重要事项的诽谤言论除外。[②] 虽然最初的公平评论特权只能保护纯粹意见的责任声明,[③] 但是大多数州最终将特权扩大到虚假的事实陈述。[④] 公正评论特权逐渐发展为保护基于事实的任何意见的抗辩事由。

在普通法上，诽谤本质上是一种严格责任的适用类型。尽管美国宪法第一修正案要求原告证实某种过错、散布内容的虚假，有时还需证实实际损害，以获得赔偿，这不同于普通法上的诽谤规则。[⑤] 然而，在20世纪60年代之前，法律法学家和法律评论家普遍将宪法（宪法第一修正案）规定的诽谤放在宪法规制的范围之外。[⑥] 换言之，诽谤不由宪法规制。但1964年Times案后，诽谤开始宪法化。

（三）美国侵权法上诽谤的宪法化

1964年Times案涉及《纽约时报》的政治性广告，涉嫌诽谤阿拉巴马州市长。美国联邦最高法院认识到，诽谤言论在某些情况下有权享有宪法保护。具体而言，宪法区分了对公职人员职业行为的批评言论与诽谤侵权责任，只有令人信服的证据表明被告以“实际恶意”行事除外。实际恶意是指明知是虚假信息却罔顾事实真相发表言论。[⑦] 在此标准下，对公职人员的批评者只要不故意或罔顾后果地发表谎言，即可言论自由。故法院裁定，宪法第一修正案限制了各州制定诽谤法的权力，认定“国家应当保证公众对公共问题的言论是不受拘束、健全和开放

---

① Tabart v. Tipper, 170 Eng. Rep. 981, 982 (1808).

② See Robert C. Post, “The Constitutional Concept of Public Discourse: Outrageous Opinion, Democratic Deliberation, and Hustler Magazine v. Falwell”, 103 Harv. L. Rev. 601, 1990, p. 627.

③ See Rodney A. Smolla, “Let the Author Beware: The Rejuvenation of the American Law of Libel”, 132 U. Pa. L. Rev. 1, 1983, p. 67.

④ See Alain Sheer, Asghar Zardkoohi, “An Analysis of the Economic Efficiency of the Law of Defamation”, 80 Nw. U. L. Rev. 364, 1985, p. 371.

⑤ 参见［美］丹·B. 多布斯:《侵权法》（下册），马静等译，中国政法大学出版社2014年版，第967页。

⑥ See Michael Passaportis, “A Law and Norms Critique of the Constitutional Law of Defamation”, 90Va. L. Rev. 1985, 2004, p. 1985.

⑦ See New York Times Co. v. Sullivan, 376 U.S. 254, 279 - 280 (1964).

的，也可能包括公众对政府和公职人员强烈、苛刻而又不令人愉悦的言论攻击”，从而确立了公众人物的实际恶意原则，即在没有明确而令人信服的证据证明被告有虚假陈述与实际恶意时，公众人物不得追偿。①

Times 案之后，美国联邦最高法院在 St. Amant v. Thompson 案②中给出了实际恶意原则明确的定义，澄清“罔顾”之意，即针对特定被告“是否对出版的真相感到严重怀疑”。法院强调，调查的重点不在于被告作为理性人是否会对公布文章进一步调查。同时，法院还扩大了符合实际恶意标准所需要的原告类型，在 Curtis Publishing Co. v. Butts 案③中，将实际恶意证明的要求扩大到涉及“公众人物”行为的诉讼。法院解释“目前不担任公职的许多人仍然密切参与解决重要的公共问题，或者由于其名声，在整个社会关注的领域塑造事件。虽然不受制于政治进程的制约，但是像公职人员这样的公众人物在秩序社会中往往起着重要的作用。当然，作为一个阶层，这些公众人物可以像公职人员一样准备大众传播媒介，影响政策，反对批评他们的观点和活动”。

概括而言，目前的诽谤法的内容可总结为：作为公众人物或公职人员的原告必须证明是实际的恶意行为；作为私人的原告不必符合实际的恶意标准，但必须证明虚伪，并在媒体被告对公众关注的言论提起诉讼时确定错误；如果被质疑的陈述涉及公共事务，原告必须至少证明过失并被禁止恢复推定或惩罚性损害赔偿，除非他们能够显示实际的恶意；如果被质疑的陈述涉及私人事务，私人原告不需要显示实际恶意恢复推定或惩罚性损害赔偿。④

---

① See Kathryn S. Banashek, “Can a Public Figure Win a Libel Suite When the Media Reported the Truth? —Defamation and False Impressions”, 69 Wash. U. L. Q. 1010, 1991, p. 1010.

② See 390 U. S. 727 (1968).

③ See 388 U. S. 130 (1967).

④ See M. Linda Dragas, “Curing a Bad Reputation: Reforming Defamation Law”, 17 U. Haw. L. Rev. 113, 1995, p. 121.

三、诽谤侵权的构成

在美国侵权法中，表面诽谤的要件仍存在许多争论。有学者认为，原告在诉讼中需要证明的诽谤侵权构成要素（表面侵权）[①] 有：虚假陈述；未经同意散布给他人；散布者对虚假陈述存在过失；因散布而造成特别损害或没有造成特别损害但陈述是可诉的。《新墨西哥州陪审团民事法律指令》[②] 13－1001 到 13－10014 要求原告证明：被告散布涉及原告的事实信息；该陈述是虚假的、损害名誉的；散布者明知信息是虚假的或罔顾事实真相；原告名誉因该散布信息受到实质损害；被告滥用或不享有散布该信息特权。在 Hill v. Cosby 案[③]中，宾夕法尼亚州法院适用了表面诽谤的 7 个要素：诽谤性的陈述；被告散布信息；针对原告；接收者诽谤性的理解；接收者对针对原告的意图理解；造成特别损害；滥用附条件特权。

在传统的普通法中，不管是书面诽谤还是口头诽谤，表面诽谤的要素包括：涉及原告的虚假陈述；被告向第三人散布且不享有特权；散布人有过错；实际损失或特别损害（口头诽谤）。[④] 在口头诽谤中，原告还需证明散布的内容涉及原告犯有重罪等；而在书面诽谤中，存在三个有利于原告的推定，即被告是恶意散布、言论是虚假的、原告损失。[⑤] 换言之，原告无须证实被告恶意散布虚假言论及自身损失，法院一旦认定原告名誉因被告诽谤受损，就可以获得赔偿。由此，在普通法规则

---

① See Markita D. Cooper, "Between a Rock and a Hard Case: Time for a New Doctrine of Compelled Selfpublication", 72 Notre Dame L. Rev. 373, 1997, p. 376.

② See Clough, 108 N. M. at 806, 780 P. 2d 632. quote: Philip R. Higdon, Abiman Rajadurai, "A Quarter Century Later: Revisiting Defamation in New Mexico", 40 N. M. L. Rev. 197, 2010, p. 197.

③ See No. 15－CV－1658, 2016 U. S. Dist. LEXIS 15795 (W. D. Pa. Feb. 9, 2016), aff'd, No. 16－1362, 2016 U. S. App. LEXIS 22199 (3d Cir. Dec. 14, 2016).

④ See Paul H. Tobias, Litigating Wrongful Discharge Claims, 1 Lit. Wrong. Discharge Claims § 6: 23. 转引自：[美] 丹・B. 多布斯：《侵权法》(下册)，马静等译，中国政法大学出版社 2014 年版，第 968 页。

⑤ 参见 [美] 丹・B. 多布斯：《侵权法》(下册)，马静等译，中国政法大学出版社 2014 年版，第 968 页。

下，书面诽谤遵循严格责任。

但自1964年以降，宪法彻底改变了普通法中的三个推定规则。如果原告是公职人员或公众人物，他必须证实被告散布了虚假信息。如果原告是普通个人，而散布的信息涉及公众的关注，则需要证实被告的过错和实际损失。但散布的信息并非涉及公众的关注，原告可以获得推定的损害赔偿。[①] 可见，宪法对于普通法规则下的严格责任进行了缓和，增加了诽谤的合理性，但亦使诽谤规则更为复杂。

概而言之，美国诽谤案件分为普通法诽谤案件和宪法诽谤案件。两类案件的构成存在差别，宪法诽谤规则产生后，对普通法诽谤规则进行了重大改变，其抗辩事由如真实性抗辩、特权抗辩亦产生重大变化。

第二节　普通法系诽谤侵权抗辩事由之一：真实性

真实性或实质性真实（truth statements）是诽谤侵权的抗辩事由之一。发表诽谤性事实陈述的人，如果陈述属实，则无须承担诽谤责任。[②] 换言之，诽谤诉讼中的被告只要证明真实而无须证明诽谤中的任何一个字就足够了。[③]

一、真实性抗辩的历史溯源

几世纪以来，真实性抗辩一直被英国诽谤法作为一种完全抗辩事

① 参见［美］丹·B. 多布斯：《侵权法》（下册），马静等译，中国政法大学出版社2014年版，第968页。

② Restatement（Second）of Torts § 581A（1977）.

③ See Collins v. Detroit Free Press, Inc., Collins v. Detroit Free Press, Inc., 245 Mich. App. 27, 627 N. W. 2d 5（2001）, appeal denied, 636 N. W. 2d 141（Mich. 2001）; Barry A. Lindahl, Modern Tort Law: Liability and Litigation, 4 Modern Tort Law: Liability and Litigation §36: 23（2d ed.）.

由，并且被早期的美国法采用，[①] 最早可以追溯到 1833 年缅因州的规定，在每一起关于撰写和发表诽谤文章的起诉中，任何被告在审判时均可合法地提供证据，证明被控诽谤的内容真实、为其被控诽谤的事实进行辩护，而该事实一经确定，即应被视为完全正当；除非被控诽谤的事实是出于腐败或恶意的动机。[②] 有争议的是，美国宪法第一修正案改变了这一规则，早期的联邦法官裁定，真实性不适用于诽谤犯罪案件。直到 1804 年的 People v. Croswell 案[③]才结束了真实性抗辩不适用于诽谤犯罪案件的情形。该案的被告律师以误导为由提出了重新审判的动议，认为出于良好动机和正当目的发表的言论，真实性应当成为诽谤犯罪最有力的抗辩事由。尽管动议被法院驳回，但 1805 年纽约立法机构颁布了一项法规，确立了诽谤犯罪的真实性抗辩，只是没有真实性抗辩的探讨。

State v. Burnham 案[④]是第一起涉及真实性作为诽谤犯罪抗辩事由的案件。审理此案的帕克（Parker）法官认为，言论具有激发违反和平的倾向，真实言论之前的"合法场合"值得保护，反驳了"越真实，诽谤越严重"的观点。他意识到诽谤法要求真实性、良好动机和正当目的作为抗辩事由，但当真实性存在时，被告证明责任负担太过沉重。尽管帕克法官将诽谤犯罪与民事诽谤作出统一理解，但他混淆了民事诽谤中真实性抗辩与特权。[⑤] 能否将诽谤犯罪与民事诽谤中的真实性做相同的理解？这似乎是一个难以说清的问题。1841 年美国罗得岛州起草宪法时规定，新闻自由对一国自由、安全至关重要，任何人都可以就任何滥用该自由的任何事项发表自己的看法；在所有民事和刑事诽谤审判

---

① See Roy R. Ray, "Truth: A Defense to Libel", 16 Minn. L. Rev. 43, 1931, p. 49 – 53; Marc A. Franklin, "The Origins and Constitutionality of Limitations on Truth as a Defense in Tort Law", 16 Stan. L. Rev. 789, 1964, p. 789.

② See Marc A. Franklin, "The Origins and Constitutionality of Limitations on Truth as a Defense in Tort Law", 16 Stan. L. Rev. 789, 1964, p. 789.

③ See 3 Johns Cas. 337 (N. Y. 1804).

④ See 9 N. H. 34 (1837).

⑤ See Marc A. Franklin, "The Origins and Constitutionality of Limitations on Truth as a Defense in Tort Law", 16 Stan. L. Rev. 789, 1964, p. 792.

中，除非基于恶意动机出版言论，否则真实性应是对原告的完全抗辩。[①] 由此，民事诽谤与诽谤犯罪似乎被认为是相似的，应当适用相似的规则。但英国法似乎并不承认诽谤犯罪是一般罪行，真实性只是民事诽谤的抗辩事由。[②] 故民事诽谤在刑事诽谤的阴影下进入美国宪法，导致这一条款使人难以理解，原本的民事诽谤的真实性抗辩似乎不再是抗辩事由，而是被“冻结”。[③]

可见，真实性抗辩作为诽谤的抗辩事由，其历史发展充满着质疑和混乱。但明确的一点是，真实性抗辩是目前美国诽谤法中的一项重要抗辩事由。

二、真实性抗辩的标准演变

（一）实质性真实

真实性抗辩作为诽谤侵权的积极抗辩事由，并非要求逐字逐句的真实，而是符合实质性真实原则即可。实质性真实是指即使诽谤言论的准确字面真实不明，只要主旨是真实的，则被告即可免除责任。[④] 也就是说，如果散布的事实与真相类似，并且散布的核心内容与真相的核心内容在实质上是一样的，则真实性抗辩可以适用。[⑤] 例如，在 Liberty Lobby v. Anderson. 案[⑥]中，斯卡利亚（Scalia）法官为说明实质性真实，假设一家报社报道，一个人犯了 35 个盗窃案而实际上只犯了 34 个。虽然该声明是诽谤，和事实不相符，但实际上是真的。因为与事实相似的是，此人是惯常的盗贼，但不正确的是盗窃数量，这是无关紧要

---

① See R. I. CONST. art. I, § 20 (1842).

② See Lord Campbell's libel act, 6 &7 Vict., c. 96 (1843). quote: Marc A. Franklin, "The Origins and Constitutionality of Limitations on Truth as a Defense in Tort Law", 16 Stan. L. Rev. 789, 1964, p. 792.

③ See Marc A. Franklin, "The Origins and Constitutionality of Limitations on Truth as a Defense in Tort Law", 16 Stan. L. Rev. 789, 1964, p. 798.

④ See William L. Prosser et al., Prosser and Keeton on Torts, West Group, 1984, p. 842.

⑤ 参见［美］丹·B. 多布斯：《侵权法》（下册），马静等译，中国政法大学出版社 2014 年版，第 992 页。

⑥ See 746 F. 2d 1563 (D. C. Cir. 1984).

的细节，这对习惯性盗贼是否犯有34或35次盗窃行为没有任何影响。

在具体案件中，实质性真实的判断显得尤为重要，由于实质性真实通常与事实真相并无完全吻合，真实性的证据采纳亦成为法院裁定的关键。那么，如何认定真实性的证据？早期的案例特别要求准确的事实，如散布原告在一棵橡树下犯了通奸罪的真实性不能通过证实在树丛中通奸而被证实。[①] 而目前，认为证据的意义不在于保持以往真实性要求的字面含义，而是特定行为的真实和一般名声或性格的真实之间进行区别，故因特定行为被指控，非常相似的特定行为的证据应该可以被采信。[②] 当然，一个人的性格或一个性格特征的证据不能为了证实与某一特定场合相吻合的行为而被采信。但当诽谤将正在发生的行为归咎于原告时，特定场合的行为的证据可以证实其真实性。[③]

（二）实际恶意规则

在普通法中，一项有效的真实性抗辩要求发布者（出版者）证明整个陈述的真实性，因此被告对他所作的任何陈述负全部责任，部分真实亦不足以支撑抗辩。如果陈述是虚假的，被告就要承担责任。无论被告多么诚实或合理地相信一个最终是虚假的陈述是真实的，被告对陈述的真假所持的心态是无关紧要的。[④] 但1964年美国联邦最高法院在Times案中首次创立了“实际恶意”（actual malice）规则，即公职人员因与其公务行为有关的诽谤性虚假言论而获得损害赔偿的前提是，他能证明被告在明知诽谤性言论是虚假信息或罔顾（reckless disregard）其是否为虚假信息的情况下发表言论。[⑤] 简言之，实际恶意是指明知陈述是虚假的或罔顾陈述是虚假或真实，也被称为“宪法恶意”

---

① 参见［美］丹·B. 多布斯：《侵权法》（下册），马静等译，中国政法大学出版社2014年版，第993页。

② 参见［美］丹·B. 多布斯：《侵权法》（下册），马静等译，中国政法大学出版社2014年版，第993页。

③ 参见［美］丹·B. 多布斯：《侵权法》（下册），马静等译，中国政法大学出版社2014年版，第992页。

④ Thomas Edward Powell, “The Truth Will Not See You Free in Nebraska: Actual Malice and Nebraska's ‘Truth plus Motive’ Defense”, 72 Neb. L. Rev. 1236, 1993, p. 1239.

⑤ New York Times Co. v. Sullivan, 376 U. S. 279 – 280 (1964).

（constitutional malice），即美国宪法所要求的恶意。但后来美国联邦最高法院指出，“实际恶意”一词可能不是用来描述 Times 案及其后产生的主观标准的最佳术语。使用“实际恶意”一词作为明知虚假或罔顾事实真相的速记等同词是“不幸的”，因为该词可能与普通法中的“恶意”（malice）相混淆，在术语“实际恶意”的地方，更好的做法是陪审团指令引用发表虚假的声明或不计后果的罔顾真实或虚假。①

1. 宪法恶意与普通法恶意的区别

在 Times 案之前，法律词典中的“实际恶意”意味着怨恨或者恶意（spite or ill will），即为普通法恶意（common law malice），并没有固定的定义，通常被解释为“与发布诽谤陈述背后的动机直接相关——不当动机、发布时的敌意、缺乏诚意等”。② 可见，普通法恶意一般涉及敌意或伤害意图，如在 Coleman v. MacLennon 案③中，实际恶意标准要求证明“心怀恶意”（evil mindedness）。

区分 Times 案创立的宪法恶意与普通法恶意十分重要，不能将两者混淆。证明普通法上的实际恶意的责任可以通过显示怨恨或恶意来实现，因此普通法恶意必然涉及某种恶意因素，而宪法恶意则完全不需要恶意。④ 此外，普通法是否存在恶意取决于出版商是否对出版对象怀有恶意，或者他是否有伤害出版对象的意图。基于出版商的恶意或滥用特权，这种伤害的意图可能是明显的，也可能是隐含的。而宪法恶意是根据出版商对其所出版材料的态度来确定的，即他是否出于善意收集和出版了这些材料。尽管宪法恶意也与恶意或滥用特权有关，但与出版者对

---

① See Masson v. New Yorker Magazine, Inc., 501 U. S. 496, 111 S. Ct. 2419, 115 L. Ed. 2d 447 (1991).

② W. Wat Hopkins, *Actual Malice: Twenty-Five Years After Times v. Sullivan*, New York: Praeger Publishers, 1989, p. 75.

③ See 98 P. 281, 281 - 282 (Kan. 1908).

④ See W. Wat Hopkins, *Actual Malice: Twenty-Five Years After Times v. Sullivan*, New York: Praeger Publishers, 1989, p. 68.

出版对象的态度没有直接关系。[①]换言之，普通法恶意侧重于被告对原告的态度，宪法恶意则集中于被告对虚假信息的态度。

但不可否认的是，普通法恶意可能是确定宪法恶意是否存在的因素。如 Bentley v. Bunton 案[②]中，德克萨斯最高法院指出：虽然被告对原告的恶意并不等同于实际恶意，但这样的动机可能会提示实际恶意行为。法院认定，被告（新闻记者）无情的“捕猎”原告几个月，尽管存在诉讼威胁。被告告诉原告的姐姐其腐败事实，并侮辱了她的孩子，被告甚至教唆如何匿名登记原告的投诉。这一证据足以支持被告对原告有个人仇恨的结论，支持记者在不顾其指控的情况下作出指控的结论。正如美国联邦最高法院在 Harte-Hanks Communications, Inc. v. Connaughton 案[③]所指出的，虽然法院必须小心谨慎，不能过分依赖被告的动机及合理谨慎的主观状态，但原告有权通过间接证据证明被告的心理状态，而且不能说有关动机或合理谨慎的证据与实际恶意调查从来没有任何关系。

2. 实际恶意的标准

从概念上看，实际恶意的判断标准为“明知虚假”和“罔顾虚假”。明知虚假是一个相对明确的标准，罔顾虚假即为鲁莽漠视真相，但何谓“鲁莽漠视”？在 Times 案中，法院明确指出，“泰晤士报”根据自己的记录检查广告的情况并不能证明实际恶意。随后的 Garrison v. Louisiana 案[④]，法院认为，被告只有在“高度意识到虚假的可能”时才符合 Times 案的恶意标准。1968 年美国联邦最高法院在 St. Amant v. Thompson. 案[⑤]中对实际恶意规则作出了一项重要解释：衡量鲁莽行为

---

① See John Bruce Lewis, Bruce L. Ottley, “New York Times V. Sullivan at 50: despite ctiticism, the actual malice standard still provides ‘breathing space’ for communications in the public interest”, 64 DePaul L. Rev. 1, 2014, p. 27, n. 160.

② See 94 S. W. 3d 561 (Tex. 2002).

③ See 491 U. S. 668 (1989).

④ See 379 U. S. 64, 85 S. Ct. 209, 13 L. Ed. 2d 125 (1964).

⑤ See 390 U. S. 730, 731 (1968). 该案涉及路易斯安那州的一个政治事务候选人发表的声明，该声明透露原告的一些包括腐败在内的违法行为。路易斯安那州最高法院适用 Times 案中实际恶意标准，认定该候选人即使并非故意却也是肆无忌惮地散布关于原告的虚假信息。

的标准并不是一个合理审慎的人是否会发布言论，或在发布前是否会进行调查。必须有足够的证据才能得出结论，即被告事实上对其出版物的真实性存有严重怀疑。在有这种怀疑的情况下发表言论，表明被告罔顾真伪，并显示出实际的恶意。因此 St. Amant 的行为不构成鲁莽行为。换言之，法院要求被告对发布事实的真实性持有严重的怀疑，不仅仅是"偏离合理谨慎的行为"。之后，美国联邦最高法院及下级法院更倾向强调实际恶意的主观标准性质，例如 Bose Corporation v. Consumers Union of United States 案[①]中，美国联邦最高法院在重申独立上诉审查实际恶意原则时，再次强调其主观性质，指出以往的实际恶意问题"完全取决于撰写初始报告时对作者心态的评估，或者当他针对该报告检查该文章时的心态"。Paterno v. Superior 案[②]中法院明确表示："媒体被告应对其总结的内容的虚假承担责任，而非为未达到一定程度的客观性负责"。也就是说，实际恶意的判断更倾向于发布者的主观心态。可见，实际恶意标准并非客观标准而是一个涉及被告心理的主观标准。[③]

尽管将实际恶意标准作为主观标准，但美国联邦最高法院强调，不能仅凭被告自以为是的诚恳推翻实际恶意的证据：[④] 在公职人员提起的诽谤诉讼中，被告不能通过证明自己发表声明时相信其内容属实而自动获得有利判决。事实认定者必须确定发表声明是否确实出于善意。如果故事是被告编造的，是他想象的产物，或者完全基于一个未经核实的匿名电话，那么善意的证明就不可能具有说服力。如果传播的内容本身就不可能成立，只有鲁莽的人才会将其传播，那么他们也不可能胜诉。同样，如果有明显的理由怀疑举报人的真实性或其报告的准确性，也可能被认定为鲁莽行事。

概而言之，实际恶意标准要求被告主观上对其陈述的真实性有重大

---

① See 466 U. S. 485, 104 S. Ct. 1949, 80 L. Ed. 2d 502 (1984).

② See 163 Cal. App. 4th 1342, 78 Cal. Rptr. 3d 244, 36 Media L. Rep. (BNA) 1882 (4th Dist. 2008).

③ See Fern L. Kletter, American Law Reports, 40 A. L. R. 6th, 2008, p. 231.

④ See St. Amant v. Thompson, 390 U. S. 732 (1968).

怀疑，在作出陈述时缺乏谨慎或具有不良动机并不能单独证明实际恶意，但谨慎和动机是需要考虑的因素。被告可以自己的想法和作为作证彻底否定实际恶意。但是，无论所有其他证据如何，被告关于他相信自己陈述真实性的证词并不是决定性的。

三、“真实性＋动机”抗辩

美国诽谤法更多的属于州法，每个州都规定了不同的诽谤标准。在1964年Times案创立恶意规则后，各州开始试图将动机引入真实性抗辩中，即真实性抗辩（truth statesments）向“真实性＋动机”抗辩（truth plus motive defense）演变。换言之，宪法恶意规则影响了普通法上的真实性抗辩事由的标准，由真实性抗辩向“真实性＋动机”抗辩发展，这可能使诽谤的构成更加严格。“真实性＋动机”抗辩的基本理由是“暴露一个曾经经历过糟糕的过去但已经改过自新的人是不正确的”。[①] 事实上，在支持这个抗辩的经典案例中一个被告得知一名受尊敬的社会人士在16岁时被判入狱。将这位社会人士曾经入狱的事情进行发布是不公平的，通过服刑，他已经承担了自己的责任，“进一步追踪他无比残酷”[②]。此外，言论自由应该从属于公共道德，法院不应保护有恶意动机的被告。[③] 但目前的“真实性＋动机”抗辩并不成熟，不仅被一些州拒绝，可能违反了美国宪法第一修正案的规定。[④]

Times案解决后8个月，美国联邦最高法院在Garrison v. State of Louisiana案[⑤]中否定了“真实性＋动机”抗辩，认为该抗辩是违宪的。只有当公职人员确定被告陈述是以宪法恶意行事的时候，才能允许公职

---

① Harnett, Thornton, “The Truth Hurts: A Critique of a Defense to Defamation”, 35 VA. L. Rev. 425, 1949, p. 432 – 437.

② Report of the Committee on the Law of Defamation, CMD. No. 7536 (1948).

③ See Harnett, Thornton, “The Truth Hurts: A Critique of a Defense to Defamation”, 35 VA. L. Rev. 425, 1949, p. 437.

④ See Marc A. Franklin, “The Origins and Constitutionality of Limitations on Truth as a Defense in Tort Law”, 16 Stan. L. Rev. 789, 1964, p. 797.

⑤ See 379 U. S. 64, 73 – 74 (1964).

人员进行刑事补救。布伦南（Brennan）法官强调了有力和广泛公开的公共辩论的重要性：即使言论是虚假的，《宪法》在这方面保障言论自由的伟大原则也排除了对任何明知或轻率的虚假言论附加不利后果的可能性。如果发言者必须冒着在法庭上被证明出于仇恨而发表言论的风险，那么有关公共问题的辩论就不会不受限制；即使他确实是出于仇恨而发表言论，但他真诚相信，言论有助于自由交流思想和查明真相。路易斯安那州的规则允许仅根据造成伤害的意图，而不是通过虚假造成伤害的意图来认定恶意，在这样的规则下，公开反对一位受欢迎的政治家就成了一件危险的事情，结果是不诚实和不称职的人将受到庇护。① 从这一观点可以看出，在讨论公共事务时，"真实性+动机"抗辩是经不起宪法审查的。② 因此，联邦官员在公务范围内发表诽谤性言论享有绝对特权，无论是否存在恶意。③ 但有些州仍然承认"真实性+动机"的抗辩，如内布拉斯加州。在 Pokrok Zapadu Pub. Co. v. Ziskovsky 案④中，法院表示，除诽谤是以良好的动机和正当的目的发布外，真实性抗辩并非完全抗辩事由。内布拉斯加州最高法院推翻了地方法院的判决，原因在于被告没有提出任何证据证明出版商没有恶意的动机。实质上，法院创造了一个可推翻的普通法恶意假设，要求被告证明自己的动机，而不管陈述的明显真相。⑤

有关公共事务的言论不仅仅是自我表达，还是自治的精髓。因此，Times 案创立恶意规则的目的之一在于确保有关公共问题的辩论是无拘无束的、有力的和广泛的，而且很可能包括对政府和公职人员的激烈的、尖锐的，有时甚至是令人不快的攻击。⑥ 但"真实性+动机"抗辩

---

① See Noel, "Defamation of Public Officers and Candidates", 49 Col. L. Rev. 875, 893 (1949).

② See Thomas Edward Powell, "The Truth Will Not See You Free in Nebraska: Actual Malice and Nebraska's 'Truth plus Motive' Defense", 72 Neb. L. Rev. 1237, 1993, p. 1242.

③ See cf. Gregoire v. Biddle, 177 F. 2d 579 (C. A. 2d Cir. 1949).

④ See 42 Neb. 64, 60 N. W. 358 (1894).

⑤ See Thomas Edward Powell, "The Truth Will Not See You Free in Nebraska: Actual Malice and Nebraska's 'Truth plus Motive' Defense", 72 Neb. L. Rev. 1237, 1993, p. 1245.

⑥ See New York Times Co. v. Sullivan, 376 U. S., 270, 84 S. Ct., 721.

与此目的相矛盾。当出版商总是被迫考虑其动机是否被认为是恶意的时候，他决定发布故事的风险胜过公众的利益。这样的结果不是最高法院或创始人所设想的无阻碍、强有力和广泛的公开辩论。美国联邦最高法院担忧强加严格责任，强迫诽谤被告证明一切陈述的全部真相，导致媒体不得不发表真实但难以证明的陈述。[①] “真实性 + 动机”的抗辩比严格的责任标准和普遍接受的真实性抗辩更具限制性：诽谤被告不仅要证明这一陈述的真实性，而且还要证明其以无恶意的方式发表，并为正当的目的而发表。这几乎是不可能会完成的任务。[②]

此外，“真实性 + 动机”抗辩可能产生的自我检查的确切类型和数量很难确定。它可能发生在过程的任何层面，正如一位评论员所说，其中很多本质上是不可测量的；每当记者或编辑遗漏一个单词、一段话或一个完整故事时，不是基于新闻的原因而是基于可能的法律含义发生的。[③] 记者和编辑可能会开始作出决定，不是基于什么是好消息或至关重要的公众关注的主题，而是基于这个故事对公众人物的影响。如果是这样，则对新闻界的控制虽然是间接的控制，却被从民众中解放出来，放在公职人员手中。这样的结果让人想起政府对煽动诽谤的控制，完全违背了这个国家的愿景。[④]

第三节　普通法系诽谤侵权抗辩事由之二：特权

普通法上的特权分为绝对特权（absolute privilege）和条件特权

---

① See David A. Anderson, “Libel and Press Self-Censorship”, 53 Tex. L. Rev. 422, 1975, p. 428 – 429.

② See Robert J. Harley, An Overview of the Uniform Defamation Act, 338 PLI/Pat. 645, 653 (1992).

③ See David A. Anderson, “Libel and Press Self-Censorship”, 53 Tex. L. Rev. 422, 1975, p. 430 – 431.

④ See Thomas Edward Powell, “The Truth Will Not See You Free in Nebraska: Actual Malice and Nebraska's ‘Truth plus Motive’ Defense”, 72 Neb. L. Rev. 1236, 1993, p. 1251.

(qualified privilege)。这两项特权是普通诽谤法严格责任规则下的产物。[①] 在普通法上，如果一项言论被认为是诽谤性的，则虚假和恶意即被推定。在此严苛的体系中，被告为了避免责任的承担不得不证明言论的真实性或诽谤性言论已获得原告同意。[②] 此类事实通常难以证明，因此可能在一定程度上扼杀了有益的言论。为了减轻被告的这一证明负担和鼓励有益言论的交流，普通法上的特权发展起来。[③]

一、特权的历史溯源

特权抗辩可能是诽谤诉讼中最具争议和最复杂的抗辩事由。[④] 18 世纪末，名誉开始商品化并被视为一种财产，就如同商誉，是可以转让而非专属性的。这一概念的转变意味着诽谤法的功能从对一种违反社会规则行为的刑事惩罚转向一种保护名誉财产的市场价值的侵权救济。[⑤] 与此同时，实际恶意变为推定恶意，恶意理所当然地存在于虚假和诽谤性陈述中。故诽谤成为一种严格责任侵权行为，特权应运而生。[⑥] 在 19 世纪之前，普通法上的特权几乎不存在，确切地说，诽谤没有归入到恶意原则中。诚如霍兹沃斯（Holdsworth）所言，"绝对特权和条件特权实质上是一个司法裁决的问题，之前被掩盖在由陪审团决定的恶意的一般

---

① See William L. Prosser, *Handbook of the Law of Torts*, West Pub. Co., 1971, p. 776 – 777; Richard L. Barnes, "The Constitutional Fault Test of Gertz v. Robert Welch, Inc. and the Continued Viability of the Common Law Privileges in the Law of Defamation", 20 Ariz. L. Rev. 799, 1978, p. 808.

② See Richard L. Barnes, "The Constitutional Fault Test of Gertz v. Robert Welch, Inc. and the Continued Viability of the Common Law Privileges in the Law of Defamation", 20 Ariz. L. Rev. 799, 1978, p. 808.

③ See William L. Prosser, *Handbook of the Law of Torts*, West Pub. Co., 1971, p. 776; Richard L. Barnes, "The Constitutional Fault Test of Gertz v. Robert Welch, Inc. and the Continued Viability of the Common Law Privileges in the Law of Defamation", 20 Ariz. L. Rev. 799, 1978, p. 808.

④ See Richard J. Quigg, "Defenses to Group Defamation Actions", 13 Clev. -Marshall L. Rev. 102, 1964, p. 103.

⑤ See Richard J. Quigg, "Defenses to Group Defamation Actions", 13 Clev. -Marshall L. Rev. 102, 1964, p. 103.

⑥ See Richard J. Quigg, "Defenses to Group Defamation Actions", 13 Clev. -Marshall L. Rev. 102, 1964, p. 103.

问题中”。[①] 帕克（Parke）法官对特权的经典描述是：“享有特权的言论是这样的一种言论：在一定的情形下被用来驳斥一项关于原告地位存有偏见的陈述中的推定恶意。”[②] 尽管实际恶意不再被作为诽谤的基本构成要件，但仍被作为特权的外在界限：如果发言者是基于实际恶意，目的是伤害他人而非出于善意，则特权无法行使。[③] 过失的言论并不影响特权的效力，特权理论是建立在一个假设上，即被诽谤的名誉与享有特权的情况在价值上能够比较且决定哪个更具有价值，而特权与基于地位尊严的名誉理论相冲突，原因在于地位尊严是身份的构成，无法衡量个人尊严的价值与社会利益的价值。[④]

诽谤的概念重在诽谤者与被诽谤者的社会关系，而特权重在诽谤者与听众之间的关系。因此，被诽谤者认为诽谤使他在社区中受到损害，诽谤者基于其言论的市场价值而享有特权免责。[⑤] 诚如霍姆斯所言，一项特权能否被认可是一个政策问题，享有特权的言论所获得的利益价值与其所造成的损失应当作出比较。[⑥]

发展于19世纪的普通法上的诽谤特权发生在三种情形中：有传播信息的义务，且该信息对接收者具有重大利益；发言者的利益通过传播信息得以保护，并且一个人真实地认为该利益有义务被保护；发言者与听众对传播的信息享有共同的利益和负有互惠的义务。[⑦]

---

① W. S. Holdsworth, “A History of English Law”, Generic, 1926, p. 347, p. 20 – 21.

② Wright v. Woodgate, 150 Eng. Rep. 244, 246 (Ex. 1835). quote: M. M. Slaughte, “The Development of Common Law Defamation Privileges: From Communitarian Society to Market Society”, 14 Cardozo L. Rev. 351, 1992, p. 371.

③ See William A. Purrington, “An Examination of the Doctrine of Malice As an Essential Element of Responsibility for Defamation Uttered on a Privileged Occasion”, 57 ALB. L. J. 134, 1898, p. 136.

④ See M. M. Slaughte, “The Development of Common Law Defamation Privileges: From Communitarian Society to Market Society”, 14 Cardozo L. Rev. 351, 1992, p. 372.

⑤ See M. M. Slaughte, “The Development of Common Law Defamation Privileges: From Communitarian Society to Market Society”, 14 Cardozo L. Rev. 351, 1992, p. 373.

⑥ See Oliver W. Holmes, “Privilege, Malice, and Intent”, 8 Harv. L. Rev. 1, 1894, p. 3.

⑦ See M. M. Slaughte, “The Development of Common Law Defamation Privileges: From Communitarian Society to Market Society”, 14 Cardozo L. Rev. 351, 1992, p. 375.

二、绝对特权抗辩

特权实际上是完全的免责权，尽管言论存在恶意，但仍无须承担责任。绝对特权主要适用的场合有：司法程序；立法程序；一些案件的行政性散布、得到允许的散布；配偶间的散布及法律要求的散布。[①] 绝对特权保护下的利益非常重要，以至于可以使被告从责任中解脱。[②]

（一）司法程序和准司法程序的绝对特权

依据《侵权法重述（第二版）》第585节至第589节的规定，该类特权对法官和其他司法官员在履行司法职能中的言论或与职能有关的言论进行保护，并且还保护诉状中的诽谤性内容及参与司法程序或与司法程序有关的律师、当事人、证人、陪审员的言论。该绝对特权的基础在于信息的自由表达和充分披露对政府流程的正常运行非常重要，并超过了任何私人的名誉利益。[③]

几乎所有的州法院都认为，法官对其在司法程序中的诽谤享有绝对特权。[④] 赋予法官绝对特权的目的是确保法官在履行职责时能够自由地表达意见和行为而无须顾忌因此导致责任的承担。[⑤] 如果律师对其司法程序中的诽谤性言论亦享有绝对特权，理由与法官的绝对特权相类似，即律师应当能够自由地在法庭上发表意见和履行义务。同时，绝对特权

---

① 参见［美］丹·B. 多布斯：《侵权法》（下册），马静等译，中国政法大学出版社2014年版，第996～997页。

② See William L. Prosser, *Handbook of the Law of Torts*, West Pub. Co., 1971, p. 776－777; Richard L. Barnes, "The Constitutional Fault Test of Gertz v. Robert Welch, Inc. and the Continued Viability of the Common Law Privileges in the Law of Defamation", 20 Ariz. L. Rev. 799, 1978, p. 808.

③ 参见［美］小詹姆斯·A. 亨德森等：《美国侵权法实体与程序》，王竹等译，北京大学出版社2014年版，第716页。

④ See Note: Judicial Immunity and Judicial Misconduct: A Proposal for Limited Liability, 20 Aiuz. L. Rev. 549 (1978).

⑤ See William L. Prosser, *Handbook of the Law of Torts*, West Pub. Co., 1971, p. 777; Richard L. Barnes, "The Constitutional Fault Test of Gertz v. Robert Welch, Inc. and the Continued Viability of the Common Law Privileges in the Law of Defamation", 20 Ariz. L. Rev. 799, 1978, p. 809.

亦适用于司法程序中证人和当事人提供证据及宣誓过程中。[①]

大部分州赋予了准司法程序中相关人员的绝对特权，即在准司法程序中，一个人恶意诽谤另一人，此人亦因绝对特权而免除责任。[②] 一少部分州支持准司法程序的条件特权，明知虚假的诽谤性陈述会导致责任的承担。[③] 另外，还有极少的州没有明确的态度，或同时适用两种特权。[④] 何谓准司法程序？尽管在不同的司法管辖州有些许差异，但它通常是指在性质上与司法程序相近似的听证会，如行政听证会。[⑤] 有些司法管辖州在判断准司法程序时通常会考虑此听证会中与司法程序相类似的制度，如宣誓、作伪证的可能性。[⑥] Rainier's Dairies v. Raritan Valley Farms，Inc. 案[⑦]对准司法程序进行了经典的定义。该案的新泽西州最高法院解释，准司法程序类似于司法程序。该案中需要讨论的程序是奶制品行业的负责人主持的工作之一，奶制品行业的负责人有权颁布规则、制定价格和主持正式或非正式的听证会。考虑到该程序与司法程序具有相类似性、负责人的权限及程序保障制度，法院得出结论，行政程序是准司法程序。新泽西州最高法院分析了与堪萨斯州的案件所确立的规则的不同：执法官员的这一陈述或言论只是司法程序的起步，不能被

---

① See Richard L. Barnes，"The Constitutional Fault Test of Gertz v. Robert Welch，Inc. and the Continued Viability of the Common Law Privileges in the Law of Defamation"，20 Ariz. L. Rev. 799，1978，p. 809.

② See Piper M. Willhite，"Defamation Law：Privileges from Liability：Distinguishing Quasi-Judicial Proceedings from Proceeding Which Are Preliminary to Judicial Hearings"，47 Okla. L. Rev. 541，1994，p. 546.

③ 例如 Lewis v. Oliver，873 P. 2d 668，673（Ariz. Ct. App. 1993）一案，亚利桑那州法院认为准司法程序的相关人员享有条件特权。

④ See Piper M. Willhite，"Defamation Law：Privileges from Liability：Distinguishing Quasi-Judicial Proceedings from Proceeding Which Are Preliminary to Judicial Hearings"，47 Okla. L. Rev. 541，1994，p. 546.

⑤ See Piper M. Willhite，"Defamation Law：Privileges from Liability：Distinguishing Quasi-Judicial Proceedings from Proceeding Which Are Preliminary to Judicial Hearings"，47 Okla. L. Rev. 541，1994，p. 547.

⑥ See Piper M. Willhite，"Defamation Law：Privileges from Liability：Distinguishing Quasi-Judicial Proceedings from Proceeding Which Are Preliminary to Judicial Hearings"，47 Okla. L. Rev. 541，1994，p. 548.

⑦ See 117 A. 2d 889（N. J. 1955）.

视为准司法程序，执法官员在将犯罪者绳之以法过程中的陈述或言论受制于条件特权而非绝对特权。因此，向政府机关举报非法行为不属于准司法程序，只享有条件特权。但新泽西州最高法院对于准司法程序的定义没有得到广泛的响应，一些法院认为执法官员指控违反法律行为的陈述或言论应当是准司法程序。[①]

在 Fridovich v. Fridovich 案[②]中，佛罗里达州最高法院推翻了其在准司法程序中适用特权的立场，认为公共政策决定了准司法程序的条件特权而非绝对特权，因此在准司法程序中，明知虚假或恶意的诽谤性陈述或言论可能构成诽谤。在此案之前，佛罗里达州绝大部分法院认为准司法程序适用绝对特权。但在此案中，爱德华（Edward）射杀了其父，通过调查，政府官员认定其射杀行为是意外事件。之后爱德华成为其父的遗产代理人，而他的哥哥反对爱德华负责其父遗产。结果他的哥哥集结家庭成员达成阴谋，即爱德华故意射杀其父。该射杀事件被重新调查，爱德华被判一级谋杀。在随后的审判中，有两名共谋者承认他们的证明是虚假的，爱德华被改判为过失杀人。爱德华以诽谤的名义起诉共谋者。对此，佛罗里达州最高法院认为官员享有条件特权，但在官员或公诉人初步调查刑事指控过程中个人的言论，甚至是虚假或恶意的言论是否享有绝对特权以避免诽谤责任的承担？解决此问题的关键是平衡两项重要的利益，即个人名誉不受诽谤性言论的攻击和在立法、行政和司法行为中自由全面地披露信息的公共利益。[③] 司法程序中的特权适用于初步调查行为的基本公共政策是鼓励个人自由且无障碍地协助政府官员侦查违法犯罪行为。法院对该案特权的适用存在两种截然不同的观点。少数派认为，为了鼓励民众举报犯罪行为保护社会利益应当赋予绝对特

---

① See Williams v. Taylor, 181 Cal. Rptr. 423, 428 (Ct. App. 1982); Ritchey v. Maksin, 376 N. E. 2d 991, 993 (Ill. 1978); Starnes v. International Harvester Co., 539 N. E. 2d 1372, 1375 (Ill. App. Ct. 1989); Dean v. Kirkland, 23 N. E. 2d 180, 188 (Ill. App. Ct. 1939); Ducosin v. Mott, 642 P. 2d 1168, 1169 (Or. 1981).

② See 598 So. 2d 65 (Fla. 1992).

③ See Van Vechten Veeder, "Absolute Immunity in Defamation: Judicial Proceedings", 9 Colum. L. Rev. 463, 1909, p. 464.

权。但多数派认为该案适用条件特权比适用绝对特权更具优势：条件特权有利于降低讼累，减少不必要的诉讼；条件特权的标准更为严格，诽谤诉讼中的原告必须建立证明诽谤者虚假言论或恶意损害其名誉的证据优势。换言之，条件特权足以平衡社会利益与被诽谤者名誉利益。

（二）立法程序的绝对特权

司法程序的政策同样适用于立法程序。美国宪法规定，对于在国会的演说或辩论，国会成员不得在任何其他场所受到质询，《侵权法重述（第二版）》第590节予以确认。该特权不限于提议立法时进行的会场辩论，且可以延伸至所有立法机构的活动。但立法程序的特权不适用于竞选活动或是将诽谤性内容传播给立法机构事务之外的选民。[①]

（三）行政程序的绝对特权

行政部门诸如警察、各级行政官员和大多数政府雇员与司法和立法机构相当不同，原因在于行政部门的雇员通常不会定期地在有组织的场所进行工作。因此，除了制定法，政府机构的雇员们传统上被给予的免责权不如司法和立法机构的雇员们所享受的绝对特权广泛。[②]

但在联邦层面，国会已经免除了所有联邦政府的雇员在其雇佣范围内的所有侵权责任，但大多数州仅将条件特权延伸至政府官员，即只有在官方职权范围内，基于善意而非恶意时，政府官员才可以免除责任。[③] 目前，各州对于行政程序的特权可以总结出四种观点：[④] 其一，官员或雇员对包括诽谤在内、属于其职权范围并且是裁量性的行为享有绝对特权；其二，州政府中的高级官员享有绝对特权，而低级官员不享

---

① 参见［美］丹·B. 多布斯：《侵权法》（下册），马静等译，中国政法大学出版社2014年版，第998页。

② 参见［美］丹·B. 多布斯：《侵权法》（下册），马静等译，中国政法大学出版社2014年版，第998页。

③ 参见［美］小詹姆斯·A. 亨德森等：《美国侵权法实体与程序》，王竹等译，北京大学出版社2014年版，第717页。

④ 参见［美］丹·B. 多布斯：《侵权法》（下册），马静等译，中国政法大学出版社2014年版，第999页；［美］小詹姆斯·A. 亨德森等：《美国侵权法实体与程序》，王竹等译，北京大学出版社2014年版，第717~718页。

有此类特权；其三，大量的州行政部门的雇员受到保护，包括那些内阁成员以外的雇员们；其四，对于诽谤，州官员们没有普通法规定的绝对特权，而享有条件特权，因恶意或已知虚假而终止。

（四）其他情形的绝对特权

《侵权法重述（第二版）》第592节还规定了夫妻间的绝对特权。大多数观点认为该种诽谤性事项的交流不存在发布问题，因为夫妻形同一体，而一人不存在交流。[①]

三、条件特权抗辩

条件特权需要满足的要素是：言论必须是善意的或非恶意的；言论声明不是虚假而是真实的，[②] 即条件特权保护过失的诽谤言论，不保护故意的诽谤言论。[③] 因此，条件特权通常涉及恶意的问题。从1964年Times案以来，恶意经常是原告胜诉的一个重要因素，如果恶意是诽谤的构成要件，则被告的特权抗辩可能被认为是多余的。[④] 恶意并非原告初步证明诽谤的构成要件，而仅是对一种抗辩的回应。[⑤] 不同于来自社会政策为保护公共部门履行职责的绝对特权，条件特权关涉更多遗留问题，如围绕个人利益及寻求长期以来所形成的诸如自我防卫、邻里和睦、家庭完整及价值等文化文明的认可与强化。[⑥]

条件特权经常被描述为：条件特权的必要条件是言论的传播是善意

---

① 参见［美］小詹姆斯·A. 亨德森等：《美国侵权法实体与程序》，王竹等译，北京大学出版社2014年版，第717页。

② See Piper M. Willhite, "Defamation Law: Privileges from Liability: Distinguishing Quasi-Judicial Proceedings from Proceeding Which Are Preliminary to Judicial Hearings", 47 Okla. L. Rev. 541, 1994, p. 535-546.

③ See Steven W. Workman, "Reports Upon Public Proceedings and Documents: Absolutely Protected by Constitutional Privilege", U. ILL. L. Rev. 1059, 1985, p. 1062-1063.

④ 参见［美］丹·B. 多布斯：《侵权法》（下册），马静等译，中国政法大学出版社2014年版，第1001页。

⑤ See Van Vechten Veeder, "The History and Theory of the Law of Defamation", 3 Colum. L. Rev. 546, 1904, p. 583.

⑥ See A. G. Harmon, "Defamation in Good Faith: An Argument for Restating the Defense of Qualified Privilege", 16 Barry L. Rev. 27, 2011, p. 28.

的，存在需要保护的利益，并且该言论（陈述）被限制在需要保护的利益的范围及以适当的方式向合理的听众散播。① 可见，条件特权通常是与恶意联系在一起的。简单地说，恶意就是意图对某人不利，在法律上意味着没有正当理由故意做不合法的行为。② 在诽谤诉讼中，条件特权的抗辩可能被原告证明的被告恶意所驳回，因为如果被告基于错误的动机行使特权，则被告不值得保护。③ 换言之，条件特权可能因恶意而被削弱。条件特权主要包括有条件地赋予发布特权（occasions making a publication conditionally privileged）、公正评论特权（fair comment privilege）和中立报道特权（neutral reportage privilege）。

（一）有条件地赋予发布特权

有条件地赋予发布特权的情况是基于这样一种公共政策，即只要对保护个人利益、第三人利益或某些公众利益有合理的必要，就必须提供真实的信息。为了使信息能够被自由提供，有必要提供保护，使人们不会因在保护或促进有关利益的适当努力中提供了错误信息而承担责任。如果不提供这种保护，本应提供或接收的真实信息就不会被传播，因为有能力提供信息的人担心，如果他们的陈述不真实，会在诽谤诉讼中被追究责任。因此，这些特权只有在为所赋予的目的行使时才提供免于承担责任的保护，并且要合理地注意对他人利益造成的损害不得超过为达到赋予特权的目的所必需的程度。④ 可见，有条件地赋予发布特权的实质是维护利益的特权，可简称为“利益特权”，主要情形有：

1. 保护发布者利益的言论

《侵权法重述（第二版）》规定：⑤ “如果情况使人正确或合理地相信下列情形，则一项发布享有有条件特权（a）相关信息影响到发布者

---

① See Senogles v. Sec. Benefit Life Ins. Co., 536 P. 2d 1358 (1975).

② See Bromage v. Prosser, 4 B. & C. 247, 255, 107 Eng. Rep. 1051 (K. B. 1825).

③ See Earl Jowitt ed., *The Dictionary of English Law*, Sweet & Maxwell, Ltd., 1959, s. v. “malice”.

④ See Restatement (Second) of Torts Five 25 3 A Scope Note (1977).

⑤ See Restatement (Second) of Torts § 594 (1977).

足够重要的利益，并且（b）接收者对诽谤信息的了解有助于合法保护该利益。”其中，一项未得到直接法律保护的利益是否足够重要，足以产生一项特权来保护该利益不因发布有关他人的诽谤性文章而受到侵犯，这取决于将诽谤性文章为真时对发布者利益的好处与诽谤性文章为假时对他人名誉造成的损害进行比较。即受影响利益的价值以及诽谤性指责的严重性或轻微性可能是决定利益是否因此受到保护的重要因素。①

此特权有点类似普通法中的正当防卫或自助行为。但是发布者应在合理范围内行使条件特权，若发布者过度保护其利益，则该特权丧失。需要注意的是，如果发布者的利益事实上没有受到其发布的信息影响，或者信息的接收者事实上不是接收该信息的适当人员，但发布者有理由相信情况确实满足（a）（b）节规定，则该特权仍然适用。②

2. 保护接受者或第三人利益的言论

特权不仅可以在利己的时候适用，也可以在利他的时候行使，它同样保护第三人的合法权益。《侵权法重述（第二版）》第 595 节规定：“（1）如果有关情况使人正确或合理地相信以下情况，则一项发布享有有条件特权（a）相关信息影响到接受者或第三人足够重要的利益，并且（b）发布人有法律义务向接受者发布诽谤性事项，或者向接受者发布该信息符合通常所接受的适当行为标准。（2）在确定一项发布是否属于通常所接受的适当行为标准时，应考虑的重要的因素是（a）该发布是应要求发布，而不是发布者自愿发布，或（b）双方之间存在家庭或其他关系。”

3. 共同利益

为了保护共同利益，共同利益者之间的有关其利益的言论也应受到条件特权的保护。《侵权法重述（第二版）》第 596 节规定：“数人就某一特定标的有共同利益，当其中任何一人正确或合理地相信，享有共同

① Restatement (Second) of Torts § 594, comment e (1977).

② Restatement (Second) of Torts § 594, comment c (1977).

利益者有知悉该消息的权利，此时的发布享有条件特权。”

共同利益的法理基础最早根源于有法定义务的人必须将信息汇报给利益相关的人，如股东与管理层之间、财产共有者之间。因此，保护共同利益的言论通常包括以下形式：在同一组织内的人员，相互交换有关同一组织行为的或活动的信息，是为了相同的利益；公司管理层与股东之间的信息交流；财产共有人之间的有关共同利益的信息交流。①

4. 亲属关系

亲属关系言论受条件特权的保护，其法理基础除上述共同利益外，家庭观及伦理观的发展也要求作为社会最基本单位的家庭理应存在家庭私密及各种伦理关系，这些也要求亲属成员之间的言论受到保护。

但由于亲属关系的范围比夫妻关系更为广泛，故只能是条件特权的保护。《侵权法重述（第二版）》第597节规定，能使一人正确或合理地相信有影响发布者亲属成员利益的消息且接受消息者知悉诽谤性事项，将因而提供亲属成员利益合法保护的服务。可见，亲属关系的范围很广泛，侵权法在有关人身关系免责中将其分为两部分：一是最亲密的夫妻关系，采用绝对特权；二是次亲密的亲属关系，采用条件特权。

5. 公共利益

《侵权法重述（第二版）》第598节对公共利益的言论特权进行了规定。有关公共利益的言论主要有：向司法机关举报；向有关协会举报或将相关信息通知给有关协会；向工会汇报相关信息；向教育机构举报或汇报相关信息及向执法机关举报等。②

（二）公正评论特权

早期的普通法对保护非事实性言论（如意见性言论）没有提供普遍适用的原则。随着对可证实的事实和诸如观点或评论等对事实特性的描述的区分，公正评论特权进入普通法视野。如果被告真实地陈述其观

---

① See Rodney A. Smolla, *Law of Defamation*, New York, N. Y. Clark. Boardman Co., 1986, p. 8-29.

② See Rodney A. Smolla, *Law of Defamation*, New York, N. Y. Clark. Boardman Co., 1986, p. 8-29.

点所依据的事实，公正评论特权则保护被告对涉及公众利益问题的观点的陈述。如果只有意见而没有意见所依据的事实，则不构成公正评论特权，该特权的实质是保护愿意发表自己不理性观点的发布者和基于合理事实发表意见的发布者。①

在 Greenbelt Cooperative Publishing Ass'n v. Bresler 案②中，原告作为一个开发商试图从市政得到地区规划特别许可证。同时，市政当局正试图从开发商那里购买其他土地。在市议会会议上，一些市民担心原告基于市政当局意图购买其土地而获得特别许可证，故称其为敲诈者。被告（一家报纸）刊登了对会议的描述以及敲诈者的言论。美国联邦最高法院认为，即使是最粗心的读者也一定注意到那样的用词只是修辞上的夸张，是那些认为贝斯莱尔（Bresler）的谈判优势极度不合理的人们所使用的过激言辞。因此，被告不承担诽谤责任。

《侵权法重述（第二版）》第 566 节规定，诽谤传播可能为观点表达方式的陈述，对于此种本质的陈述，仅于其隐含该观点之根据有未揭露的诽谤事实时，才可起诉。可见，该节依据观点或评论是否隐含有现未公开的诽谤事项，将其分为纯粹观点和混合观点。纯粹观点是指基于事实而做的评论，事实既可以是被作者引证的，也可以是接受者已知的事实，观点的作者并没有意图宣称还有其他事实，仅仅是在已经引证的事实上加上个人的观点。作为观点基础的事实，如果是作者自己陈述的，既可能是真的，也可能是假的，通常来说，是否能诉，要看对事实的陈述。而对于从这些事实中得出的观点，它们是纯粹观点，却是不可诉的。混合观点是指不仅没有公开观点所引用的事实，还暗示存在未公开的诽谤事实，即观点所基于的事实是未公开的，且观点中暗含有诽谤的未公开事实。混合观点并非免责的，如果未公开的诽谤事实指向接受者，那就要承担诽谤责任。

---

① 参见［美］丹·B. 多布斯：《侵权法》（下册），马静等译，中国政法大学出版社 2014 年版，第 1023 页。

② See 398 U. S. 6，90 S. Ct. 1537，26 L. Ed. 2d 6（1970）.

（三）中立报道特权

美国诽谤法中的实质恶意标准由美国联邦最高法院在 Times 案中首次创立。在该案及后续案件中，美国法院推翻普通法诽谤规则并认识到在宪法第一修正案中一个关于新闻自由通过诽谤诉讼的望而生畏的障碍。① 作为原告的公众人物为了胜诉，必须证明陈述是充满实质恶意的，意味着被告自身严重怀疑其陈述的真实性。在实践中，实质恶意意味着被告对虚假陈述必须存在故意或重大过失；一般过失无须承担责任。② 实质恶意标准目的在于消除任何旨在使得政治人物（领导人）免受异议的国家行为。正如 Anthony Lewis 所言，Times 案转变了以往的观点，即“我们比以往更加清楚地表明我们处于一个开放的社会，公民可以对统治他们的政府，自由地发表意见”。③ 实质恶意标准被适用后，新闻报道的特权即中立报道特权被广泛关注。目前绝大多数州都认可了中立报道特权，即如果对官方的公开程序或面向公众的会议及讨论公众关注事项的会议进行准确、完整的报道，则新闻发布者即使报道诽谤性事实也免除责任。④

在美国法早期，只要（新闻）发布者仅仅转述他人的表述，标明（陈述）信息的来源并真实合理，发布者就无须因该转述的诽谤言论承担责任。⑤ 然而普通法认为，再次诽谤与初次诽谤对于名誉的损害是等同的，⑥ 这就意味着普通法不承认中立报道特权。但在 1977 年的 Edwards v. National Audubon Society, Inc. 案⑦（以下简称 Edwards 案）

---

① See Dan Laidman, “When the Slander Is the Story: The Neutral Reportage Privilege in Theory and Practice”, 17 Ucla Ent. L. Rev. 74, 2010, p. 79.

② See Dan Laidman, “When the Slander Is the Story: The Neutral Reportage Privilege in Theory and Practice”, 17 Ucla Ent. L. Rev. 74, 2010, p. 79.

③ Anthony Lewis, *Make No Law: The Sullivan Case and the First Amendment*, New York, Random House, 1991, p. 7 – 8.

④ See Dan Laidman, “When the Slander Is the Story: The Neutral Reportage Privilege in Theory and Practice”, 17 Ucla Ent. L. Rev. 74, 2010, p. 79.

⑤ See David W. Robertson, “Defamation and the First Amendment: In Praise of Gertz v. Robert Welch, Inc.”, 54 Tex. L. Rev. 199, 1976, p. 264, p. 392.

⑥ 《侵权法重述（第二版）》第 578 节认同此观点，规定了再次发布者的责任。

⑦ See 556 F. 2d 113 (2d Cir. 1977).

中，法院认可了中立报道特权。该案涉及 1972 年《纽约时报》的一则关于农药 DDT 及其对野生动物影响的公共辩论的文章，该文章报道了奥杜邦协会与美国鱼类和野生动物服务机构联合赞助的出版物指责几名农药行业内不知名的科学家对于鸟类数量的谎言。奥杜邦出版物的主编在随后的采访中确定了几名具体的科学家，尽管大众对于科学家的实际过失存在一些明显的误解。文章包含了来自这些科学家的回应，他们激烈地否认这些指责，并且《纽约时报》随后发布了来自奥杜邦官方的信件，仅仅指责科学家们误解了奥杜邦协会关于农药 DDT 争议的数据。几位科学家起诉了奥杜邦协会和《纽约时报》，一名地方法院法官基于陪审团认定的《纽约时报》的实质恶意驳回了《纽约时报》的动议。而上诉法院首席法官 Irving Kaufman 解释，此案中实质恶意标准的适用并没有保护宪法第一修正案下的利益（新闻媒体的言论自由）。在宪法第一修正案下，媒体发布的有新闻价值的言论不能仅仅因为言论的真实性受到质疑而被压制。因此，他认为，尽管奥杜邦协会的指责是轻率的，但公众人物的名誉利益不能阻碍人们的自由思想的传递。美国联邦最高法院推翻了地方法院（纽约南部地方法院）的初审判决，认可了中立报道特权。

Edwards 案后，美国各法院对中立报道特权态度不统一，并且难以对各法院的适用情形做出准确的估计。其原因在于：[①] 法院对于中立报道特权的适用较为审慎；法院倾向于将中立报道特权作为公正评论特权适用；中立报道特权的适用存在较大分歧。很多法院明确反对中立报道特权，理由是该特权关注的是发布内容的新闻价值，可能导致不必要的名誉利益损害，与美国联邦最高法院在 Gertz 案中的判决相矛盾，即 Gertz 案保障实质恶意标准对于被诽谤者为公众人物情形下的适用。[②] Gertz 案明确显示，（新闻）发布者的免责是基于原告的身份而非发布

---

① See Dan Laidman, "When the Slander Is the Story: The Neutral Reportage Privilege in Theory and Practice", 17 Ucla Ent. L. Rev. 74, 2010, p. 85.

② See Dan Laidman, "When the Slander Is the Story: The Neutral Reportage Privilege in Theory and Practice", 17 Ucla Ent. L. Rev. 74, 2010, p. 88.

的内容，因此发布的内容不能充分满足国家保护个人名誉利益的需求，并且可能要求法官判断发布内容涉及公共利益还是一般利益。[①] 然而，在美国联邦最高法院裁决的 Dun & Bradstreet, Inc. v. Greenmoss Builders 案[②]之后，反对中立报道特权观点的力量减弱。该案涉及一个信用报告机构发给 5 名客户虚假通知的诽谤诉讼，其中一个建筑承包商破产。法院认为，该言论不涉及公共关注问题，只是一个小公司的商业事务，因此实质恶意标准不适用于私人和此类没有新闻价值的案件。可见，美国联邦最高法院仍然倾向于在公共关注的话题上适用实质恶意标准，而非中立报道特权。

尽管中立报道特权被许多法院质疑，但毋庸置疑的是，中立报道特权已经成为一项有效的抗辩事由，在一项对 1986 年至 1994 年的案件的调查中，基于简易判决的中立报道特权占据 62.5%。[③] 第二巡回法院认为，中立报道特权不保护媒体片面或不准确的报道。[④] 第八巡回法院认为，只要报道能够准确地反映事实，就可以适用中立报道特权。[⑤] 加利福尼亚州北区地方法院认可中立报道特权的同时，将其适用范围扩展到“无论最初诽谤者的言论是否可信，公共争议的参与者对另一参与者的严重指责的再次报道”。[⑥]

---

① See Dennis J. Dobbels, "Edwards v. National Audubon Society, Inc.: A Constitutional Privilege to Re-Publish Defamation Should Be Rejected", 33 Hastings L. J. 1203, 1982, p. 1220–1221.

② See 472 U. S. 749 (1985).

③ See Susan M. Gilles, "Taking First Amendment Procedure Seriously: An Analysis of Process in Libel Litigation", 58 Oio St. L. J. 1753, 1998, p. 1774, n. 74.

④ See Cianci v. New Times Publ'g Co., 639 F. 2d 54 (2d Cir. 1980).

⑤ See Price v. Viking Penguin, Inc., 881 F. 2d 1426, 1434 (8th Cir. 1989).

⑥ Barry v. Time, Inc., 584 F. Supp. 1110, 1126 (N. D. Cal. 1984).

结　论

填补受害人的损害是侵权法首要功能，但在逻辑上不能推导出其比行为人为自身或财产利益而积极行为具有更高的价值。侵权责任是侵权构成与抗辩事由共同博弈的结果。因此，以抗辩事由为核心的侵权责任限制制度在侵权法中亦占据举足轻重的地位。作为普通法系的典型代表，美国法传统认为让控辩双方在法庭上公平竞争是达到正义结果的最佳方式，法官作为中立裁判者不会主动揭露事实真相。事实真相只能依靠原告、被告双方通过举证、争辩得以展现。因此，美国侵权法是一部关于诉讼的法律，程序法的对抗性在侵权法中显露无遗。这种强烈的对抗性特征促使原告主张的侵权构成要件事实与被告主张的抗辩事由事实区分相对凸显。那么，如何区分侵权抗辩事由事实与侵权构成要件事实，以解决诉讼双方的证明责任分配问题？通过研究，得出以下结论：

1. 侵权诉讼阶段对侵权抗辩事由事实与侵权构成要件事实的区分。美国侵权法因其诉讼中“对抗主义”模式的程序特征，表面侵权要件事实与抗辩事由事实被明确地放置于不同的诉讼阶段，即先由原告提出证据证明表面侵权构成要件，再由被告提出抗辩事由并承担相应的举证责任。换言之，在被告主张抗辩事由之前，原告无须对抗辩事由的不存在进行举证，表面侵权构成要件的证明与抗辩事由的证明并不存在重叠关系。可见，美国侵权法的表面侵权理论着眼于原告、被告主张，从诉讼程序视角分析承担侵权责任必经的两个步骤，展现出侵权抗辩事由的独立性。

2. 侵权行为类型对侵权抗辩事由类型适用范围的基本区分。基于侵权令状制度的传统，美国侵权法关注每一种具体侵权行为构成规则，表面侵权理论的提出与发展将侵权的事实构成抽象化、固定化，同时将相应的抗辩事由固定化。因此，侵权行为类型当然地成为美国侵权法抗辩事由类型的划分标准：故意侵权行为的抗辩事由、过失侵权行为的抗辩事由、严格责任的抗辩事由及名誉侵权的抗辩事由。这一划分标准为抗辩事由的适用范围提供了较为清晰的指引，如同意抗辩、防卫抗辩、紧急避险都属于故意侵权行为的抗辩事由，不适用于过失侵权行为和严格责任。

3. 侵权抗辩事由的适用对侵权行为类型划分标准的突破。美国侵权法发展出了一套与侵权行为类型相对应的侵权抗辩事由体系，但随着责任分摊理念的产生，传统范式下的故意侵权行为、过失侵权行为与严格责任的严格区分似乎走向缓和。例如，比较过失作为过失侵权行为的抗辩事由，被适用于严格责任，继而在故意侵权行为中被逐渐提及，甚至适用。可见，侵权行为类型的划分标准只是为侵权抗辩事由的适用提供了方向性的基本框架，但不具有决定性意义。

4. 侵权行为类型下的抗辩事由事实与侵权构成要件事实并非泾渭分明。美国侵权法中很多抗辩事由被命名为“抗辩事由”，但实质被作为侵权构成要件的防御事实，仍由原告承担证明责任。例如，同意抗辩作为故意侵权行为的抗辩事由仍充满争议，根本原因在于同意抗辩在侵权责任的认定中是否具有独立价值受到质疑。因此，区分抗辩事由与构成要件事实的关键在于抗辩事由的独立价值，即抗辩事由为被告行为的不可责性提供了独立的事实基础，由被告提供证明责任具有合理性，而构成要件事实中的防御事实仅发挥否定构成要件的作用，不具有独立性。